国際儒学联合会 叶嘉莹 主编　陈斐 执行主编

◆ 域外诗谭　海外汉学家中国古代诗人研究译丛 ◆

白居易的生平與時代

[英]阿瑟·韦利　著
顾钧　陶欣尤　译

华文出版社
SINO-CULTURE PRESS

图书在版编目（CIP）数据

白居易的生平与时代 /（英）阿瑟·韦利(Arthur Waley) 著；顾钧，陶欣尤译. -- 北京：华文出版社，2024. 11. --（域外诗谭：海外汉学家中国古代诗人研究译丛 / 叶嘉莹主编）. -- ISBN 978-7-5075-6090-9

Ⅰ. K825.6；I207.227.42

中国国家版本馆CIP数据核字第20243SX599号

白居易的生平与时代
BAIJUYI DE SHENGPING YU SHIDAI

著　　者：［英］阿瑟·韦利
译　　者：顾　钧　陶欣尤
责任编辑：吴文娟
出版发行：华文出版社
地　　址：北京市西城区广安门外大街 305 号 8 区 2 号楼
电　　话：总 编 室 010-58336239　发 行 部 010-58336267
　　　　　责任编辑 010-58336192
邮政编码：100055
网　　址：http://www.hwcbs.cn
经　　销：新华书店
印　　刷：北京新华印刷有限公司
开　　本：880mm×1230mm　1/32
印　　张：9
字　　数：240 千字
版　　次：2024 年 11 月第 1 版
印　　次：2024 年 11 月第 1 次印刷
标准书号：ISBN 978-7-5075-6090-9
定　　价：68.00 元

版权所有，侵权必究

总　序

文化自信体现在一个国家、一个民族对自身所拥有的文化基因的充分肯定和积极推广，是对自身文化生命力和影响力的坚定信心。中华优秀传统文化是文化自信的重要来源。

任何一个文化大国的崛起，既要有对本民族传统文化的自觉自信，还要有博大的胸怀，去包容、理解、关注并善于学习其他民族的优秀文化，会通以求超胜。这是当今时代赋予我们的机会和使命。

中华传统诗歌，在域外古今通行的名称曰"汉诗"。域外研究和创作汉诗，始于汉诗东渐，迄今约已两千年之久。汉诗文化输出后，或多或少融入域外本土文化，在亚洲文化圈及诸多国家形成了独特的中国文化情结。这一特殊的文化现象，在世界文化交流史上有着重要的研究价值。钟情汉诗乃世界各国汉学家与汉诗诗人的共同爱好。这一爱好从历史上看，同中国与其他友好国家的文化情谊一样久远，可谓"异域知音代有人"。

我们编辑出版的这套"域外诗谭译丛"系列，是由国际儒联支持，叶嘉莹先生主编、陈斐执行主编，华文出版社组织高校古代文学与中外比较文学领域文化名家、学者共同编译的反映异域"知音"所思所想的读物。该系列精选10种来自日本、美国、英国、加拿大的著名汉学家撰写的中国古代诗人传记性研究论著，由海内外有影响力的知名译者进行翻译。本套译丛旨在传播海外著名汉学家的研究成果与思想精华，推动海内外诗词文化研究的交流互鉴。

中华民族很早就洞察到了"和实生物，同则不继"的道理，以开放、包容的心态积极借鉴、吸纳外来文明成果，这是中华文明绵延不绝、永葆生机的奥秘所在。仅就诗歌而言，隋唐之际，伴随着丝绸之路上的声声驼铃而来的西域诸民族音乐，在中原流行开来，促成了"燕乐"的繁荣，催生了"词"这一崭新的文体。五四新文化运动的宁馨儿"新诗"，更是在对外国诗白话译作的揣摩、效仿中成长起来的。今天，中小学课本选录了不少外国文学作品，域外诗人佳作已经像李白《静夜思》那样，深深融入并塑造了中国人的思想内核与情感结构：雪莱"冬天来了，春天还会远吗"的希冀，不知温暖了多少身处逆境的中华儿女；普希金"但愿上帝保佑你，另一个人也会像我爱你一样"的忧伤，不知引起了多少炎黄子孙的共鸣。

同样，中华文明的优秀成果，特别是诗歌名篇，很早就走出国门，为世界各国人民所欣赏。20世纪英美诗歌的重要流派——意象派，就深受中华诗词影响。唐代诗僧寒山，也被很多美国文艺青年奉为精神偶像。近代以来，为了满足本国读者了解中华伟大诗人的需求，海外汉学家撰写了不少传记性著作，本译丛所选即是其中的精品。虽然由于语言、文化及时空的隔阂，它们难免存在误读、疏漏、过滤或偏见，但基本呈现了诗人的生平经历、诗歌成就及人格魅力。而且，也正因为汉学家具有天然的"异域之眼"——文化背景、学术传统、批评语境、问题意识、社会期待等都与中国学者有异，所以他们更容易提出令我们耳目一新的观点，这不仅实现了中华伟大文学经典"意义的增殖"，也推动了中华文化走向世界、融入世界的潮流。现在，我们把这些"陌生的熟人"择优翻译回来，一方面期望"他者镜像"能够促使我们更好地认识"自身面目"，另一方面也期望为"自身"发展，特别是传统文化现代化、当代文艺研究与创作，提供有益的启示。

目前，人工智能技术使信息获取、交流变得空前便捷，但也有可能使人困于"茧房"而不自觉。算法究竟是升起一道道的"硅幕"，还是架起一座座的桥梁，全看人类的选择。真实的"丛林"，不只是弱肉强食，更有共生互助，否则无法存在。人工智能高速迭代的风险，警告人类比任何时代都要沟通包容、团结互助，但世界依旧冲突频发、干戈不息。

"山川异域，风月同天"，诗和远方是人类超越时空、跨越国度的共同向往，希望这套展现了中华文明永恒魅力、凝聚了多国人民"知音"之谊的译丛，能够促进人类的交流与合作，为世界带来更多的和平与幸福！

目　录

前言　　001
第一章　十年苦学　　001
第二章　校书郎　　021
第三章　盩厔县尉　　035
第四章　翰林学士与左拾遗　　053
第五章　京兆府户曹参军　　071
第六章　下邽丁忧　　087
第七章　太子左赞善大夫　　108
第八章　《与元九书》　　127
第九章　江州司马　　136
第十章　从忠州到长安　　155
第十一章　杭州刺史　　178
第十二章　从苏州到洛阳　　200
第十三章　太子宾客分司东都　　228
第十四章　最后岁月　　243
译后记　　271

前　言

关于白居易只有简单的记录,没有完整的传记。最长的记录是《旧唐书·白居易传》,[①]只有二十页,其中约一半是摘抄他的文章。但传记的阙如不是因为材料少,实际上他的大量作品被保存下来,其中不少带有自传性质,所以我的主要困难反而在于如何控制本书的篇幅。另一个困难是如何让读者不被过多的人物关系所困扰。中国人的名字很难记住,特别是那些面目模糊的。对于白居易亲朋好友中个性鲜明的,我给予了重点描述,而那些不太鲜明的则做了简单化处理和适当删减,特别是他妻子杨家的七八个亲戚,虽然关于他们有不少轶事,但我感觉难以给读者留下清晰和有趣的印象。

本书只是一部历史,我没有编造任何的事件和思想,偶尔会推测白居易没有明确表达的考量和意图,这种情况我会说明。小说风格的传记即使不编造人物和事件,也存在很大的弊端。那些添加给人物的想法和问题(诸如"他现在应该怎么办?犹豫不决

[①] 详见《旧唐书》卷一百六十六,"列传"第一百一十六。——译者注。以下"译者注"不做标记,原书作者注标记为"韦利原注"。特此说明。

将是致命的。"),反映的是传记作者对奇特情节的追求,而无助于读者真正了解传主。总体上来说,我对于白居易生平的描述主要依据他的诗文,包括标题和序言。中文作品的"题"不仅是标题,常常说明诗文写作的背景,而"序"内容则更为丰富。因此从一个作家的诗歌中可以获得切实可靠的传记信息,往往比官方史书中的记录更值得信赖,当然这不意味着我们可以把他诗歌中的每一句都当真。

　　白居易的大量诗作可以准确地系于某年,或前后一两年。原因之一是,与其他中国诗人相比,他更爱提及自己的年龄。另外,《旧唐书》"本纪"部分对中唐时期政权的记录特别翔实,从中我们可以发现白居易诗中提及的友人被授予官职的确切日期。白氏的著作虽然大致按照年代编排,但根据内容、声律被细分为几个类别,因此同一时期的作品常常散在各处,只有费一番卡片检索的功夫才能大致按照年代顺序阅读其全部作品。我在没有坚实理由的情况下不会轻易地将作品系于某年,但反复说明"大约这个时期""现在或稍晚一点"也会让人厌烦,因此有时会出现这样的情况:我交代一首诗"作于824年",而实际上"作于824年或825年"是更为准确的表述。

　　有些问题本身很有趣,但我故意回避了。如果无法引用中文原作,讨论白居易本人以及他前后的诗人如何用韵基本上就是徒劳无功。对于他身后直到今天的声名我也只是一笔带过。因为要想令人满意地讲清这一点,光是交代有哪些著作显然远远不够,必须说明是哪些批评家在什么样的社会环境中得出了相关的结论。或许有人认为,从入选诗文集的篇目多少,以及作品被印刷的频率可以推定白居易在各个时代的文学地位。但早期的不少选集已经不复存在，我们也并未掌握各种版本，至于每一版印多少册则更是不得而知。

对于白居易和佛教的关系我同样只是简单论及。他的作品是了解中唐佛教史的重要文献资料，佛教史也是我的一个研究领域，但佛教术语过于专门，在这本主要面向普通读者的书中不太适宜作详细讨论。虽然我把本书命名为《白居易的生平与时代》，但不准备把他一生中所有的政治事件一一呈现，而只是提供上下文必要的政治和社会背景。

我在 1946 年出版了《中国诗歌》（*Chinese Poems*）一书，其中翻译了大约一百首白居易的作品，在本书中我尽量不引用那些旧作，除了对解说他生平实在绕不过去的几首。本书第一章和第十一章的部分内容曾在《康希尔》（*Cornhill*）和《芭蕾》（*Ballet*）上刊载过，非常感谢两份杂志的编辑部同意授权再次发表。

感谢早稻田大学的特蕾西（Honor Tracy）女士从日本寄给我圆仁《入唐求法巡礼行记》。

阿瑟·韦利
1948 年 1 月

第一章　十年苦学

公元772年①正月二十日，白居易出生于新郑县祖父家中，新郑是河南②的一个小县，位于黄河南岸。祖父白锽于773年去世，大约此时全家搬至新郑西边约二十英里的荥阳（郑州）。多年以后，白居易说自己"生长在荥阳"，直到"十一二"才离开。③由此可知，他一定是在782年或783年被带到了他的下一个家——下邽，这是渭河边的一个小地方，位于当时首都长安以东约三十英里处。白居易的曾祖父白温住在下邽，白居易很可能是去和一位舅爷或是和堂兄弟们住在一起。是谁将他带到下邽我们不清楚，他的父亲当时远在江苏的徐州任职，他的母亲可能也在那里。

这是一个政治动荡时期。东北部地区正在反叛唐朝，782年四个地方节度使（朱滔、田悦、李纳、王武俊）建立了独立行政权，并且僭用"王"的称号。④783年，德宗调遣西北边塞的一支军队镇压第五个反叛的节度使（在河南境内割据的李希烈），⑤但该支军队在首都长安外围驻扎时，因不满他们的长官而发生了哗变，他们冲进长安大肆洗劫宫殿，和他们一起作乱的还有当地的居民。唐德宗被迫西逃。"四王"之一的朱滔的兄长朱泚据长安称帝，看上去大唐王朝气数已尽，就像二十年前安禄山叛变时一样。但到784年秋天，组织涣散的叛军就偃旗息鼓了，德宗得以回到了长安。

正是在这样一个混乱的时代,白居易逐渐成为一名诗人。他告诉我们,早在五六岁的时候他就开始学习写诗,到九岁的时候已经"谙识声韵"。⑥在他的文集中有一组诗,被标记为写于800年二月以前。其中一首是为一位返回四川的武先生⑦送行,显然写于783年至785年他在陕西期间。这是一首常见的送别小诗,开篇是这样的:

> 花落鸟嘤嘤,南归称野情。
> 月宜秦岭宿,春好蜀江行。⑧

该诗最后一句是"人羡别时荣"。确实是这样,因为武士曹要去的成都远离北方的战乱频仍。属于同一时期的诗作还有《凉夜有怀》,排在白氏文集中上面引用那首的前面:

> 清风吹枕席,白露湿衣裳。
> 好是相亲夜,漏迟天气凉。

需要说明的是,"裳"并不是只有妇女才穿,"漏"是一种水钟,最后,这首诗显然不是一首爱情诗。

连续几年农业歉收。785年夏天和秋天发生了大旱灾,长安的井都干涸了。白居易在后来写的一首诗中告诉我们,因为"时难年饥",大约在786年时家人分散了,"弟兄羁旅各西东"。⑨他大约"十三四"时被带到远离北方动乱的长江下游的苏州和杭州。正是在这一带("江南")他写出了第一首有明确时间标识的诗《江南送北客因凭寄徐州兄弟书》。这里"兄弟"包括堂兄弟,很可能就是他叔叔白季殷家的孩子,叔叔当时是江苏西部离徐州不远的沛县的县令。

> 故园望断欲何如!楚水吴山万里余。
> 今日因君访兄弟,数行乡泪一封书。

最后一行是老生常谈。此外白诗中的一些词句几乎一字不落地出现在二流诗人李端(732—792)的作品中,[10]后者当时在杭州任职。此后白居易有明确时间标识的作品是关于王昭君的两首小诗,这是一个传统的题材。故事是这样的:一位汉朝皇帝让画师为所有宫女画像,其他人都贿赂画师以求美化,只有昭君自信自己的美貌,没有行贿,画师恼怒之下大大丑化了昭君。没多久匈奴单于呼韩邪请求与汉朝通婚,在画像中寻找中意的妻子,皇帝觉得他正好可以借此打发昭君。当昭君收拾行装准备离开时,皇帝才发现他失去的是宫女中的第一美人,想挽回但为时已晚。下文是两首之一,当时白居易才十六岁:

> 满面胡沙满鬓风,眉销残黛脸销红。
> 愁苦辛勤憔悴尽,如今却似画图中。[11]

除此之外,在早期作品中,白居易明确标明日期的只有《病中作》(789):

久为劳生事，不学摄生道。
少年已多病，此身岂堪老？

"摄生道"的意思是我们所谓的"照顾好自己"，或者说得更宽泛一些，"保健"。首联白居易说的"劳生事"，究竟是什么意思呢？很可能是指他在为乡试做准备。当时白氏家族经济困难，我们知道，经年内战，物价上涨了三倍。白居易这段时间很可能在当地官府做一些抄抄写写之类的杂役。

白居易早期的不少诗作都与离别相关，其中一首与众不同，不是真正地与远行者说再见，而是作为写诗的练习，题目是《赋得古原草送别》：

离离原上草，一岁一枯荣。
野火烧不尽，春风吹又生。
远芳侵古道，晴翠接荒城。
又送王孙去，萋萋满别情。⑫

此外，还有几首是关于朋友的离世，以及痛苦的"寒食节"——在这个时节所有的灯火必须熄灭：

路旁寒食行人尽，独占春愁在路旁。
马上垂鞭愁不语，风吹百草野田香。⑬

白居易作品中首次涉及佛教,可能是一首关于芍药的诗,献给了一个叫正一的和尚:

> 今日阶前红芍药,几花欲老几花新?
> 开时不解比色相,落后始知如幻身。
> 空门此去几多地,欲把残花问上人。⑭

他还给另一个和尚写过一首诗,是在一次旅行途中寄宿于彭城(徐州)⑮的景空寺:

> 不与人境接,寺门开向山。
> 暮钟鸣鸟聚,秋雨病僧闲。
> 月隐云树外,萤飞廊宇间。
> 幸投花界宿,暂得静心颜。⑯

"病僧"估计是因为得了疟疾,这个病在当时很普遍。

白居易早期诗歌中的一个主题是和"骨肉"兄弟的分离,他们"羁旅各西东""流离道路中"。另外一位诗人此时的诗作也多以此为主题,虽然他比白居易年长四十五岁。我是指韦应物,白居易于785年至786年在苏州时,他是那里的地方长官,"以幼贱不得与游宴",多年后白居易回忆韦应物以及杭州刺史房孺复时说,"尤觉其才调高而郡守尊"。⑰当时,书籍流通范围有限,白居易可能很晚以后才读到韦应物的诗作,但他肯定听人吟诵过一些。韦应物《寒食日寄诸弟》和白居易早期的作品很相似:

禁火暧佳辰，念离独伤抱。
见此野田花，心思杜陵道。
联骑定何时，予今颜已老。

白居易早期诗歌中没有快乐的篇章。一次，他和一位名叫崔存度的朋友在浙江东北桐庐的山馆中喝酒，写下一首诗来"散穷愁"，但这只是暂时的：

江海漂漂共旅游，一尊相劝散穷愁。
夜深醒后愁还在，雨滴梧桐山馆秋。⑱

白居易在一首标记写于越州（今绍兴，距杭州东南大约四十英里）避难时期的诗中，说自己已经在沧海畔住了十年，但是在夜晚的梦中"归秦"，秦是陕西的旧称。⑲"十"只是一个概数，因为793年时他已经在位于绍兴西北四百英里的符离，显然是和自己的兄弟们在一起。战乱使大家族四分五裂，但至少有一个好处：让旅行者们涉足中国的不同地区。

794年，白居易的父亲白季庚在湖北北部的襄阳（符离西南二百英里）去世，六十五岁去世时只做到襄州别驾并不算成功，但白季庚有其荣光时刻。781年，约两万叛军从山东进攻徐州，他组织起了由地方官吏和农民组成的两千人志愿军，坚持抵抗了四十二天，直到政府军队的到来。这一事件导致徐州与发生叛乱的东平郡（治所在山东西部）从此分属两个行政区。

我们不知道父亲去世时白居易是否在襄阳。他早期的诗歌中没有提到这个地方，也没有提到浙江西部的衢州，在任职襄阳之前白季庚曾在此任职。关于白居易和父亲的关系我们几乎一无所知，他见父亲的机会一定很少。我们从高彦休写于白居易去世三十年后的《阙史》中得知，父亲去世后，母亲艰难度日，白居易和弟弟"常索米丐衣于邻郡邑"。这看上去是他们向外人乞讨，但我认为实际情况并非如此。兄弟俩（弟弟白行简生于776年）无疑是在不同的亲戚那里寄食。白居易在哪里度过了大约两年多的服丧期，我们不清楚。799年春，他和长兄在江西东北部的浮梁县，此前的行踪我们同样一无所知。三月底前他动身前往东都洛阳，在路上开始写《伤远行赋》，快到洛阳时完成了。[20]该赋语言刻板，在文学方面没有什么亮点，但提供了白居易这段时期生活的诸多信息。其中第一次提到了他的母亲，这时卧病在洛阳，白居易此行的目的是送去银两，以便她可以得到更好的照顾。大哥白幼文从自己的"微禄"中拿出了这笔钱，弟弟白行简在洛阳侍奉，尽心尽力，但"讵当我之在傍"。白居易感到母亲自从他"行役"后一直很担心。[21]从此似乎可以清晰地看出，白居易这段时间在做一些小事。

《燕诗示刘叟》似乎是一个隐喻，白居易以此来为自己离家辩护。他要求燕子不要为雏燕离巢而怨恨，而是应该记得自己"为雏"时"高飞背母"的情形。白居易是四个孩子中的一个，他在诗中提到"一巢生四儿"，显然是用来对应自己和兄弟们的。[22]但为了要让双燕的雄与雌相对仗，白居易这首诗应该写于父亲去世之前。

从浮梁到洛阳的途中，白居易绕道去了安徽中部的宣州，799年秋天，参加了那里的乡试。他和宣州的联系大概来自叔叔白季康，后者在附近的溧水任县令。考试题为《射中正鹄赋》和《窗中列远岫诗》。这两部作品都保留下来了，用于考试的赋相当奇特。除了题目，还给出一句话，其中每一个字都必须作为韵脚来使用。这次考试给出的句子是"诸侯立戒众士知训"八个字，白居易的赋只有十一行，但他把这八个字都用上了。

白居易应试诗的主题异常契合当时的情形。"窗中列远岫"是谢朓（464—499）诗中的一句，谢大约于490年任宣城太守，写了很多诗描绘从他官邸看出去的风景，以及在宣城北部敬亭山的漫游。如果不知道这个典故，白居易肯定会被卡住。但这对他来说丝毫没有难处，因为谢朓的这首诗收入了《昭明文选》，这部六世纪的作品选集是科举应试者的常备读物。白居易应试诗的最后几行是：

碧爱新晴后，明宜反照中。
宣城郡斋在，望与古时同。

白居易的应试作品让考官很满意，由此获得了第二年春天在长安参加省试的资格。考生在正式文件中称为"贡"，和荔枝、柑橘、象牙等物品是一样的。新年之际这些物品会展示在皇帝的面前，而考察所贡之人则在此之后，至少唐朝早期的情况是如此。白居易早年诗歌中有一首标示为写于洛阳，可以确定是即将出发前往首都之前，题目为《冬夜示敏巢》：

炉火欲销灯欲尽，夜长相对百忧生。
他时诸处重相见，莫忘今宵灯下情。

诗名的构成说明他很可能是杨家的一员，㉓白居易最终成了杨家的女婿。

白居易在后来的一首诗中告诉我们，他一个人出门前往首都，"弊裘瘦马"，到长安时宵禁的鼓声已经响起：

冬冬街鼓红尘暗，晚到长安无主人。㉔

799年最后的日子里（几乎已经到了"春天"），他写了一首诗描绘了新建的马燧将军的墓。㉕马燧在平定781年至785年的叛乱中居功厥伟。795年秋天他去世后，宦官们诱骗他的儿子把在长安的园苑（后来更名为"奉诚园"）献给了皇帝。九世纪的诗人常常用这个园子来象征世俗财产和荣耀的转瞬即逝。白居易写道："原上新坟委一身，城中旧宅有何人？妓堂宾阁无归日，野草山花又欲春。门客空将感恩泪，白杨风里一沾巾。"㉖这不算太好的诗。但值得注意的是，它明确地攻击了那些夺取马燧财产的人，也是对宦官的第一次抨击，可以视为白居易的首篇政治诗。

在那个时代，如果考生的姓名没有被一个有影响力的人在主考官面前提及，他成功的机会是很小的。作为一名资深官员，陈京在如何安排皇家墓地问题上具有最大的发言权，800年元旦，白居易将下面这封信呈送给了他：

正月日，乡贡进士白居易谨遣家僮奉书献于给事阁下：伏以给事门屏间请谒者如林，献书者如云，多则多矣，然听其辞，一辞也，观其意，一意也。何者？率不过有望于吹嘘剪拂耳。居易则不然，今所以不请谒而奉书者，但欲贡所诚、质所疑而已。……大凡自号为进士者，无贤不肖皆欲求一第、成一名，非居易之独慕耳。既慕之，所以窃不自察，尝勤苦学文，迨今十年，始获一贡。每见进士之中，有一举而中第者，则欲勉狂简而进焉。又见有十举而不第者，则欲引驽钝而退焉。

…………

伏以给事天下文宗，当代精鉴，故不揆浅陋，敢布腹心。居易鄙人也，上无朝廷附离之援，次无乡曲吹煦之誉，然则孰为而来哉？盖所仗者文章耳，所望者主司至公耳。今礼部高侍郎为主司，则至公矣，而居易之文章可进也，可退也，切不自知之，欲以进退之疑取决于给事。给事其能舍之乎？

…………

谨献杂文二十首，诗一百首，伏愿俯察悃诚，不遗贱小，退公之暇，赐精鉴之一加焉。可与进也，乞诸一言，小子则磨铅策蹇，骋力于进取矣。不可进也，亦乞诸一言，小子则息机敛迹，甘心于退藏矣。进退之心，交争于胸中者有日矣，幸一言以蔽之，旬日之间，敢伫报命。尘秽听览，若夺气褫魄[27]之为者，不宣。居易谨再拜。[28]

第一章 十年苦学 | 011

这封信给人印象不佳。白居易之所以写,部分出于获取剪拂和照顾,虽然他声言自己并无此意。信的语气带有谄媚卑下的味道,让人不舒服。但我们必须理解当时的风气。一个年轻的无名之辈给一位大人物写信只能如此,㉙如果不采取谦卑奉承的态度将被认为是无礼的。他是否收到了给事的回信,我们不知道,即使收到了也不会是鼓舞人心的,这从白居易考试前的最后一首诗可以看出,该诗很可能写于他二十八岁生日那天。

> 轩车歌吹喧都邑,中有一人向隅立。
> 夜深明月卷帘愁,日暮青山望乡泣。
> 风吹新绿草芽坼,雨洒轻黄柳条湿。
> 此生知负少年春,不展愁眉欲三十。㉚

"向隅立"用我们的话来说,意味着"遭受冷落"(left out in the cold)。白居易在长安找到了什么样的住处,境况如何,我们都不清楚。

几周后,他写了一篇《中和节颂》,中和节是二月的第一天,㉛从794年起成为一个公共节日,此前这段时期的假日只有三月三日的上巳节,而上巳节常常和寒食日叠加。

> 巍巍我唐,穆穆我皇。
> 纂承九叶,照临八方。

白居易在文中写下了很多这类常见的爱国颂词。

当时在制度上设有多种考试，但实际进行的只有两种：明经和进士。前者的考试范围是五经，后者只考一部经典，但需要写诗赋各一篇。两种考试都需要就道德原则和现实的政府管理写出策论文。参加明经考试的人很少，只有官方认可的解释才被接受，所以这个考试主要靠记忆力。而进士考试则被认为是对才能和创造力的考察，通过的人会看不起明经，认为他们只是在做苦工。白居易的父亲和祖父都曾参加明经考试，但通过考试后个人的上升渠道很窄，白居易自然选择了参加进士考试，这可以给他的诗赋写作才能提供发挥的空间。赋的题目是《论语·阳货》中的"性相近也，习相远也"，用于作为韵脚的格言只有六个字，[32]但必须按照顺序依次出现，不像在宣州参加乡试时那样可以随意使用，篇幅则不得少于三百五十字。

诗题为五个字的《玉水记方流》，这是颜延之（384—456）一首诗[33]中的第一句，在上下文中的意思是"河中有玉水流转角成方"。如果应试者不知道这句的出处，很可能会出现多种误解。比如，"玉水"是山东的一条河流，也完全可以是住在河边的某人的笔名；而"方"除了"正方形"也意味着"当地"。这句诗很可能被理解为："玉水先生记录下了当地河流的情况"。就像乡试中的诗题一样，这一句所在的诗篇也出自《昭明文选》，对此白居易无疑早已烂熟于心。他的应试诗在很大程度上不好翻译，其中包含了一些优美的对仗，如：

似风摇浅濑，疑月落清流。

考试还需要写五篇论文("策")。前四篇是关于总体原则。虽然进士考试的要求是熟悉一部经典,但是这四篇论文的题目均含有典故,如果考生不熟悉《周易》《尚书》《论语》及道家经典,就不知道如何下笔。

考题是根据汉代经学(约公元前一世纪至公元一世纪)的观点设计的,认为老子是孔子的师父,并且企图融合老子的形而上学体系和孔子的伦理学体系。考生们需要知道如何调和两种学说之间的矛盾。白居易面对的是这样的问题,老子说"绝学无忧",而孔子说"不学将落",㉞如何解决呢?他的答案是沿着我们可以预期的思路:老子的话乃是对博学者发出的警告,而孔子的话则是警告那些"废圣哲之道"的人。

道家的自然观是机械的,尤其表现在王充(公元一世纪)百科全书式的作品《论衡》中,考官问道,既然"天地有常道,日月有常度,水火草木有常性",那为什么邹衍(公元前四世纪)吹律而寒谷暖,为什么鲁阳公可以挥戈回日,为什么《庄子》中的那个人可以在吕梁蹈水仿佛走在平地上。㉟白居易站在了流行传统的一边,认为"天地无常心,以人心为心"。

另一个考题与《诗经·大雅·烝民》中的两句有关:

既明且哲,以保其身。

这和《论语·卫灵公》中的"无求生以害仁"如何协调呢?我们的答案是两者无法协调。诗歌中的主人公仲山甫,生活在公元前九世纪,根据当时的标准是一个好人,因为他按照规矩祭祀自己的祖先,而作为回报祖先也给予他佑护。为原则而献身是后来才有的概念。白居易肯定不能以此作答。他采取的解释路线是,仲山甫效力于明君,无须为自己的原则做出牺牲。进一步说,在任何情况下,牺牲自己的原则为了存活,实际上在道德上已经死亡了;而为了自己的原则牺牲生命则可以获得永不磨灭的荣耀,从而"存活"在人们的心中。这样的解释并不能令我们满意。

另一个考题(实际上是五道中的第一道)和现实事务有密切的联系。《周礼》中的一段似乎忽略了商业和贸易的存在,㊱而《论语》中"因人所利而利之"(《尧曰》)的话被认为是赞成商业和贸易的。此外,《周易》中说神农(中国的文化英雄)确立了"日中为市"的制度。㊲考生被问如何协调《周礼》与《周易》《论语》之间存在的明显的矛盾之处。白居易的回答是,田畜蚕绩是到处都可以从事的活动,而贸易只适用于产于一地的物品,这就是为什么《周礼》只列出了普遍的农活,目的是反对游手好闲。白居易很可能认为这样的问题是毫无意义的。《周礼》开篇将商人列为社会九个阶级中的第六个,㊳《论语》中谈到"利"也是在一般意义上,不是专指贸易。因此,几个文本之间并无特别的矛盾之处,关于贸易在国民生活中应该扮演的角色也没有什么争论。统治阶级利用他们的地位已经取得了各种贸易垄断权(比如酒的专卖),所以一致反对商人阶级,主张非官方的贸易应该予以弹压。

第五道题完全关系当下。736年,唐政府采取了一种称为"常平"的政策:在丰年以高于市场的价格收购谷物,防止农民受到低价的损害,而在荒年以低于市场的价格卖出。考生需要回答是否赞同这一政策。白居易当时还没有什么行政经验，采取了完全赞同的态度。多年后，他认识到（详见下文），如果卖给政府谷物是强制性的，而政府支付的不是货币，而是价值不明的物品（如几匹数量不少、质量低劣、已经不值钱的丝绸之类），那么常平买卖很容易演变成变相的征税。[39]

前四个考题为观察那个时代的思想生活提供了有趣的视角。一大批著述，虽然时间相距千年，内容涵盖不同的社会发展阶段，但都被作为智慧的渊薮平起平坐地看待。这些文本放在一起比对时，自然会显示出一些令人尴尬的矛盾。人们越来越感到需要建立统一的思想体系。方案之一是在儒学内部寻求"正统"，在很长一段时间里它已被一些论调和异端思想所遮蔽。但问题的复杂性在于，佛教此时已经抓住了社会各个阶层的人心，以至于任何思想信仰如果不融合佛教形而上学的基本理念，就不会在中国获得普遍认可。一批改革者已经准备融合儒家思想和佛教哲学，到后来发展成为人们所说的"新儒家"（理学）。我们将会看到，白居易和这一运动有所联系，但始终处于边缘，并且越来越倾向于全盘接受佛教。

由于父亲去世和家庭经济困难，白居易参加科举考试比一般情况晚了八年。但他是幸运的，因为此前很多年考试结果在很大程度上取决于私人关系——考官的偏爱和考生的游说。800年的主考官高郢（740—811）是一个刚正无私的人，他决心"拒绝请托"，也不理会考生们各种自卖自夸的行为，包括事先散播自己的文学创作（在这方面白居易同样未能免俗）。800年是多年以来一个难得的机会，让贫穷且无朝廷援手的人有了成功的可能。

白居易在不自信和压抑中生活了很多年,其影响不是马上就能克服的。即使被录取张榜揭晓后,白居易仍念念不忘自己的"固陋""惧不克副公之选"。发榜后的第十天,他写了一份《箴言》,其中充满了这类文字:"公之德,之死矢报之。报之义靡他,惟励乃志,远乃猷,……庶俾行中规,文中伦;学惟时习,罔怠弃;位惟驯致,罔躁求。……无曰擢甲科,名既立而自广自满。"

这个时期,考试上榜者与考官之间形成了紧密的联系。成功的考生成为考官的政治跟随者,即使他们后来位高权重,也不能忘记旧恩。他们实际上构成了考官的一笔政治投资。有一则关于白居易的朋友崔群(772—832)的故事:他的妻子问他为什么不像其他成功人士一样投资地产,崔群回答说自己已经做了更好的投资,意指经他之手刚刚通过进士考试的学子。不用说,考生彼此之间的纽带也是同样紧密的,会由此形成政治团体和阴谋团伙的基础。

几周后,白居易出发去洛阳。《及第后归觐留别诸同年》一诗结尾处用欢欣雀跃的语气一扫早年生涯的持续阴郁。我们必须从宽泛的意义上理解"亲",因为大家一定记得,白居易的父亲在794年已经去世了。

> 十年常苦学,一上谬成名。
> 擢第未为贵,贺亲方始荣。
> 时辈六七人,送我出帝城。

轩车动行色，丝管举离声。

得意减别恨，半酣轻远程。

翩翩马蹄疾，春日归乡情。

注　释

① 我这里所说的"772年"是指西历，虽然比中国旧的纪年法中的772年早一点，但基本上是对应的。——韦利原注
② 现在的省份，如河南，在九世纪是不存在的。我使用现在省份的名称只是为了方便对于中国地理有所了解的读者。——韦利原注
③ 白居易在《宿荥阳》中写道："生长在荥阳，少小辞乡曲。迢迢四十载，复向荥阳宿。去时十一二，今年五十六。……"
④ 朱滔、田悦、李纳、王武俊自称"冀王""魏王""齐王""赵王"。
⑤ 李希烈自称天下都元帅，平息叛乱的是姚令言。
⑥ 白居易在《与元九书》中写道："及五六岁，便学为诗。九岁谙识声韵。"
⑦ 白居易在题下注中说，这个武先生是被刺杀于815年的宰相武元衡的哥哥（"士曹即武中丞兄"）。他可能是《新唐书·宰相世系表》中提到的"武谭"。——韦利原注
⑧ 该诗题为《送武士曹归蜀》。根据清朝学者汪立名的《白香山年谱》，该诗作于元和元年（806），地点是长安。
⑨ 该诗为《自河南经乱关内阻饥兄弟离散各在一处因望月有感聊书所怀寄上浮梁大兄于潜七兄乌江十五兄兼示符离及下邽弟妹》："时难年饥世业空，弟兄羁旅各西东。田园寥落干戈后，骨肉流离道路中。吊影分为千里雁，辞根散作九秋蓬。共看明月应垂泪，一夜乡心五处同！"
⑩ 如李端《江上逢司空曙》："共尔髫年故，相逢万里馀。新春两行泪，故国一封书。"又如《晚夏闻蝉寄广文》："故国白云远，闲居青草生。因垂数行泪，书报十年兄。"
⑪ 《王昭君二首》作于贞元四年（788），诗题下白居易自注："时年

十七"。另外一首为:"汉使却回凭寄语,黄金何日赎蛾眉。君王若问妾颜色,莫道不如宫里时。"

⑫ 诗的尾联将"离别"与"春草"联系起来,化用了著名的《楚辞·招隐士》(约公元前二世纪)中的语句:"王孙游兮不归,春草生兮萋萋。"这篇作品收入《文选》卷第三十三。关于这首诗有一个故事(存在不同版本):白居易十四五岁时将《赋得古原草送别》呈送给著名诗人顾况,后者虽然对年轻诗人一直心存偏见,但被这首诗深深打动。这个故事很可能不足为凭,因为如果确有其事,白居易一定会在某个地方提及,比如《与元九书》。——韦利原注

⑬《途中寒食》。

⑭《感芍药花寄正一上人》。

⑮ 有一种观点认为该诗为贞元十年(794)在襄州作。

⑯《旅次景空寺宿幽上人院》。

⑰ 详见白居易《吴郡诗石记》:"贞元初,韦应物为苏州牧,房孺复为杭州牧,皆豪人也。韦嗜诗,房嗜酒,每与宾友一醉一咏,其风流雅韵,多播于吴中,或目韦、房为诗酒仙。时予始年十四五,旅二郡,以幼贱不得与游宴,尤觉其才调高而郡守尊。以当时心言异日苏、杭苟获一郡,足矣。……"

⑱《宿桐庐馆同崔存度醉后作》。

⑲《江楼望归》:"满眼云水色,月明楼上人。旅愁春入越,乡梦夜归秦。道路通荒服,田园隔房尘。悠悠沧海畔,十载避黄巾。"

⑳ "赋"常常以散文开始,渐渐进入韵文。——韦利原注

㉑《伤远行赋》有如下相关信息:"贞元十五年春,吾兄吏于浮梁。分微禄以归养,命予负米而还乡。出郊野兮愁予,夫何道路之茫茫!茫茫兮二千五百,自鄱阳而归洛阳。……况太夫人抱疾而在堂,自我行役,谅夙夜而忧伤。惟母念子之心,心可测而可量。虽割慈而不言,终蕴结于中肠。曰予弟兮侍左右,固就养而无方。虽温清之靡阙,讵当我之在傍?……"

㉒ 全诗如下:"梁上有双燕,翩翩雄与雌。衔泥两椽间,一巢生四儿。四儿

日夜长，索食声孜孜。青虫不易捕，黄口无饱期。觜爪虽欲弊，心力不知疲。须臾十来往，犹恐巢中饥。辛勤三十日，母瘦雏渐肥。喃喃教言语，一一刷毛衣。一旦羽翼成，引上庭树枝。举翅不回顾，随风四散飞。雌雄空中鸣，声尽呼不归。却入空巢里，啁啾终夜悲。燕燕尔勿悲，尔当返自思。思尔为雏日，高飞背母时。当时父母念，今日尔应知。"

㉓ 这是一种可能，因为白居易的妻兄名为杨慕巢，但也有可能是白居易自家兄弟。

㉔《醉后走笔酬刘五主簿长句之赠兼简张大贾二十四先辈昆季》。

㉕ 所有版本的白氏文集都称他为"高将军"（此诗题为《过高将军墓》），显然是"马将军"的误写。"高""马"两个字在草书中很相似。这两个姓氏的混淆在其他地方也出现过，如孟浩然《醉后赠马四》一诗的题目，《唐百家诗》本、活字本等作《醉后赠高四》。白居易在《秦中吟》第三首（《伤宅》）中对马燧园苑被骗取充公再次进行了批判。——韦利原注

㉖《过高将军墓》。韦利此处只翻译了大意。

㉗ "夺气褫魄"出自张衡《东京赋》，收入《昭明文选》卷第三。——韦利原注

㉘《与陈给事书》。

㉙ 三年后韩愈的《与陈给事书》（《昌黎先生文集》卷第十七）也是如此。——韦利原注

㉚《长安早春旅怀》。

㉛ 贞元五年（789）设立。

㉜ "君子之所慎焉"。

㉝《赠王太常》，收入《昭明文选》卷第二十六。

㉞ 分别出自《老子》第十九章和《左传·昭公十八年》。

㉟ 详见《论衡·寒温篇》《淮南子·览冥训》《庄子·达生》。

㊱ "凡庶民不畜者，祭无牲；不耕者，祭无盛；不树者，无椁；不蚕者，不帛；不绩者，不衰。"（《周礼·地官司徒下》）——韦利原注

㊲《周易·系辞下》。——韦利原注
㊳ "以九职任万民,一曰三农生九谷,二曰园圃毓草木,三曰虞衡作山泽之材,四曰薮牧养蕃鸟兽,五曰百工饬化八材,六曰商贾阜通货贿,七曰嫔妇化治丝枲,八曰臣妾聚敛疏材,九曰闲民无常职转移执事。"详见《周礼·天官冢宰上》。
㊴ 白居易更详细的回答,参见《礼部试策五道》。

第二章　校书郎

在白居易启程回家后不久,他的外祖母陈氏①在徐州附近的古丰去世,后来在为她写的墓志铭中白居易说她将自己和弟弟白行简"鞠养成人"。②我们记得,白居易的祖母薛氏在777年去世,而他的母亲(最迟从780年以后)一直在江苏和他父亲在一起。外祖母去世后不久,当时唐朝时常出现的叛乱在徐州爆发了。800年夏天徐泗濠节度使张建封去世,此前曾任当地守军将领十二年,朝廷派来了一名临时指挥官(韦夏卿),正式继任者将随后任命。这位临时指挥官为了加强自己的地位,将从东部路过此地的军队加入当地驻军中。原先的驻军发生哗变,杀死了韦夏卿,确立了自己的指挥官张愔。③政府最终被迫以张愔为留后。这一系列事件发生后,白居易写下了《乱后过流沟寺》一诗:

九月徐州新战后,悲风杀气满山河。

唯有流沟山下寺,门前依旧白云多。

常见的情况是,省试及第的年轻人会被掌管地方事务的节度使或其他高级官员邀请作为助手。正是为了获取这样的职位,白居易写了一首长诗给崔衍(约730—805),当时他是掌

管宣州在内广大地区的宣歙池观察使。白居易在诗中赞扬了崔衍的治理才能:

> 政静民无讼,刑行吏不欺。④

白居易的诗提示了一个事实:他虽然出色地通过了乡试和省试,却仍然没有得到一份工作,既无法侍奉母亲,也无法成家立业。但他的诉求此时似乎没有得到满足。

第二年年初,在他二十九岁生日,用中国的算法就是三十岁的时候,白居易写下了一首题为《花下自劝酒》的诗:

> 酒盏酌来须满满,花枝看即落纷纷。
> 莫言三十是年少,百岁三分已一分。

801年春,白居易情深意长的一位堂兄在旅途中去世,地点离家遥远,"路无药石"。这位兄长终身在符离做一个小官,被葬在靠近符离的濉水南侧的"新阡春草之中"。⑤他的房舍很小,收入很少,无法举行一个更像样的葬礼。这位兄长可能是前面提到的白季康的儿子、白敏中的同父异母哥哥,正是这个白敏中成为白居易后半生的骄傲。大约在这个时候他结识了一位名叫明准⑥的和尚,在旅途中寄给他这首诗:

> 日暮天地冷,雨霁山河清。
> 长风从西来,草木凝秋声。

> 已感岁倏忽，复伤物凋零。
> 孰能不憯凄，天时牵人情。⑦

白居易接着问什么样的法术"易修行"，可以使他忘记得失，不生烦恼⑧。

导师一般不太喜欢被问及"易修行"的方法，白居易作为弟子的求教也就不可能得到任何激励人心的答案。明准后来和崔衍（就是白居易试图投靠但无结果的那位）一起做了不少善事，他被人关注主要是作为石料方面的权威，知道哪种石头用于雕刻佛经可以一直不会被磨灭，直到弥勒佛（未来佛）重新降临。明准在打坐冥想的时候，采石场的精灵似乎给了他超凡的指示，让他具有了超常的能力。但白居易的佛教启蒙老师不是这位卓越的工匠，而是洛阳一位叫作智凝的和尚。804年初白居易告诉我们，早在三四年前他即跟随智凝学习，向他寻求"心要"，被告以八言：观、觉、定、慧、明、通、济、舍。根据白居易的定义，"观"意味着"以心中眼，观心外相"，由此产生了对于内外不同之处的知觉，并且确定只有内心是真实的。这样的认识导致了"定"，而"定"产生了超凡的智慧，"如珠在盘，盘定珠慧"。"明"的状态是用内心"观览"世间万物，但并不做出任何反应，就像镜子不被它所映照的形象所影响。这种"明"不断加强，直到变成"通"——一种精神变化自在的状态。在这样的精神状态下发展出了巨大的慈悲，以一济万。最后是"舍"，意味着抛弃慈悲，因为最终意识到"苦既非真，悲亦是假，是故众生，实无度者"。⑨

本书不是佛教的专题研究，因此我不能详细论述这一精神上升所蕴含的所有意义，以及达到各个层级的顺序问题。人类可以分为两种，一种认为世界的困难可以通过合理的经济发展和财富分配来解决，另外一类则认为除了精神层面，其他方面难有真正的进步。不管这两种理念的得失如何，一个靠施舍、寄居（退避）在舒适的寺庙里的人容易（可能太容易）接受后一种观念。白居易本人从来没有成功地达到第八级"舍"。在他的作品中，对于人类苦难的同情所占的比例超过其他诗人。他成熟期的诗文——歌行、讽刺、祈愿，很多都带着同情怜悯的基调，甚至晚年（此时人很容易无动于衷）也是这样。838年那个艰难的冬天，他为自己在炉边享受温暖感到羞愧，此时他想到了，"何处征戍行，何人羁旅游？穷途绝粮客，寒狱无灯囚"。⑩ 801年秋天，白居易再次动身前往长安，在路上写了不少旅行的诗，和他早年的作品很相似。

进士及第者如果只是顺其自然，常常需要等好几年才能有被任命的机会。那些不愿意等待的人可以参加我所谓的安置考试（Placing Examination），由吏部主持。考生必须首先满足一个条件，就是他的父亲不能是商人、手工业者或罪犯。五位官员必须为他担保，其中一位必须有所交往，而且这名考生必须和其他四人一起报名形成一个五人组，互相担保各种行为端正。通过考试的人将立刻被授予官职。可供选择的考试形式有多种，白居易选择了书判拔萃科。选择这一科的考生要求决断三件事，可能是法律、道德、仪式方面的，或者也可能只是小的社交礼节。答案必须用"判体"这种特殊格式书写，对仗、雕琢、古旧的文字以及其他一些必要的形式主义使书判成为中国文学中最为掉书袋和做作的文体。刘迺（725—784）曾呼吁取消这一考试，他大胆地质问，如果孔子必须参加这项考试，必须用这样一种古怪的文体来表达他的思想，情况会是怎样。⑪

将这种风格翻译出来是不可能的。我们自己的法律术语和它完全不搭界，因为它的词汇是文学的、半诗歌的，而不是技术的。中国当然有技术的、法律的词汇，但在"判"中不予使用。我们的诺曼法语技术术语（继承了一套国外的法律词汇）在任何方面都无法与"判"的古风相比，"判"源于中国整个的古老文学传统。我尽量能做到的是给出一个差强人意的英文版。有些画报会登载"社会困境"这样的专栏，如果不考虑古风，有点让人想起"判"。比如一个困境是这样的：A 和 B 在一起时，丢失了她的戒指，那天晚上吃饭时 A 发现戒指戴在 B 的手指上，她想报警，但 C 小姐劝阻了她。如果用"判"的古雅节奏，大致会是这样："Never synne sarer than reving of high prys, ne thralldom near than bindeth heath to hearth. What will my shiner on thine hand's extremitie? Shall town-watches then be cald? Nay, in sooth, Rites helpen B, but Code wardeth A. So straitly stood, liefer me were to bide by C her consaile. Thus is my point published."。当然，真正的"判"是这个长度的十倍。

白居易在这次考试中写了三篇"判"，其中之一被保存了下来，题目是这样的："太学博士教胄子毁方瓦合司业以非训导之本不许。"白居易站在了博士一边，用了大量复杂缠绕的古文辞和典故，完全无法翻译成英文。

八位考生通过了，[12]其中一位年轻人叫元稹（779—831），他是五六世纪统治中国北方的北魏宗室鲜卑拓跋部后裔。和一个被推翻的外族政权联系在一起没有提高他的社会地位，但在另一方面也不意味着他被视为一个外来者。当拓跋王朝549年被推翻时，北魏鲜卑人家族已经彻底汉化了，只被当作"洛阳人"看待。元稹的境遇与白居易相似，其父做到了比白居易父亲大一点的官，但在元稹仅七岁时去世，使妻儿处于困难的境遇。元稹早熟，十四岁就通过了省试，是可以参加这一考试的最小年龄。但和白居易不同，他参加的是明经考试，而不是进士考试。他很早就开始写诗，每天跟随著名诗人杨巨源（约760—832）学习。在吏部考试中遇到白居易的时候，他刚刚二十三岁，已经写了"几百首诗"。白居易和元稹的友谊可能是中国历史上最著名的，考试后他们都被授予了秘书省校书郎的职位。校书郎薪水很低，每月一万六千钱，大约相当于五英镑。但还有谷物的补贴，而且每个月只需要去秘书省两次。白居易的同僚是十多位青年才俊，实际上校书郎的职位是为了储备人才，留作日后发挥作用。大约在这段时期白居易写了百篇"判决文"，用上文描绘的奇特的风格写成。他写这些文章部分原因是准备吏部考试。但我们被告知它们同时在书肆出售。人们通常认为，古代中国作家不靠写作挣钱。总体来说，这是对的。写作的报酬常常是间接的，文学受到很大的尊崇，如果一个有地位的作家没有被给予合适的职位，对于政府来说是不光彩的事情。但有时人们也为了报酬而写作。比如，失去亲人的家庭会邀请著名作家撰写墓志铭，乃是很普遍的现象。这种情况经常被提及，我们知道一个叫李素的人812年去世后，他的家人送钱给和白居易同时代的著名作家韩愈（768—824），请他写墓志铭。[13]诗歌也可以卖钱，比如，这个时期的两位作家李贺（791—817）和李翱（?—827）就不断地把自己的诗卖给教坊，由乐工们将之谱曲。因此有理由认为，白居易是将百篇判决文卖给了书肆。我们知道，801年他出发前往长安时"无一囊钱"，[14]他写这些判决文一方面是为了准备吏部考试，另外也是在被授予官职获取俸禄之前维持日常生活。802年白居易没有写一首诗，但是《白氏六帖》[15]辛苦的编写工作很可能是这个时期完成的。白居易只需要一个月办公两次，显然有足够的空闲时间来做此事。这是篇幅为三十卷的文学类书，分在不同的词头下（这类书常见的情况），以"天"开始，以"草木杂果"结束。大部分例句来自经典，但对其他著作也有征引，其中有些今天已经见不到了。白居易无疑借助了不少已有的类书，有些他引用的比较冷僻的书很可能未曾寓目。该书的目的是帮助文学创作。比如你在写一首关于凤凰的诗时，想征引有关凤凰的著名文句，但不可能都记住，如果此时你查看《白氏六帖》中关于鸟的部分，就会看到"凤兮凤兮，何德之衰"（《论语·微子》）、"凤凰于飞，翙翙其羽"（《诗经·大雅·卷阿》），以及其他类似的经典语句。现在只需要将这类典故尽可能多地拖进你的诗中，就可以冒充一个有学问和品位的人，显得对于过去的文学信手拈来。白居易将这么多精力用于如此机械的工作，是一点不让人奇怪的。当时的习惯是在诗文中填进大量深奥的典故，因此这样的著作有广大的需求量。白居易的朋友元稹编写了《元氏类集》，达到了惊人的三百卷之多！但该书似乎需求量不大，到宋朝就失传了。

《白氏六帖》要幸运很多,一直是标准的参考书。860年盛均为之续作,十二世纪时孔传(孔子第四十七世孙)从最新的典籍中摘抄文句,做了第二次续编。原作和孔续现在通常印成一本书。从十八世纪开始,学者们将《白氏六帖》作为校对旧书异文的一个资料来源。该书在中世纪的日本极为流行,为《源氏物语》这类著作做注释时经常被引用。

《白氏六帖》这样的书有时被"献给"皇帝,如果得到赞赏,作者将被升官。但是德宗皇帝年纪大了,意倦神疲。他这个时期的愿望是"不被打扰",白居易没有把他编的类书呈上是明智的。我们无法明确知道他是否把书卖给了书商,但如果他没有这么做,我们将无法理解它为什么会在市面流通,因为此时白居易几乎不可能找人进行抄写。

到这时为止白居易一直借住在华阳观,一座为了纪念华阳公主而建立于777年的道观。803年春,他在属于前宰相关播(719—797)的一处宅邸中租住了一个亭园,处于长安东市的东部。在白居易的时代,东市已经留存不多,交易市场移至西市,所谓东市已经几乎完全成为住宅区了。

长安城大约有一百万居民,它南北约三英里,东西的长度也差不多如此。我们在书上读到的很多长安庭园一定很小,即使如此,这么密集的人口在欧洲是难以找到城市与之匹敌。长安被一条大道分成两部分。在大道的两旁是五十个"坊"(里),周边用墙围起,墙门到了夜幕降临时会被关闭。白居易的庭院靠近东墙,正好处于首都一处游览观光胜地——曲江——的北面。另外,附近还有赵景公寺,其中著名的壁画(一条龙)出自中国最为人所知的画家吴道子（约 680—759）之手。灵花寺中有一座来自于阗的古代黄铜像。这些寺庙周边安静，远离位于长安北部的宫殿及其周边的政府机构，但是离春明门、通化门很近，通过这两个门可以前往白居易祖先所在的下邽。搬进新居之后，白居易发现在庭院的一角有竹林的零星遗存。一个曾经在关播手下做事的人告诉他，竹林是关播亲手栽种的。但是他去世后，房子被租给了陌生人，大部分竹子被砍下来做了篮子、扫帚等物品，只存留了一些可怜的短桩，周围长满了杂草和小树丛，已经几乎看不出竹子来了。白居易开始整理，很快，"日出有清阴，风来有清声，依依然，欣欣然，若有情于感遇也"⑯。

白居易的诗歌中的音调也开始变得欢快起来：

> 帝都名利场，鸡鸣无安居。
> 独有懒慢者，日高头未梳。
> 工拙性不同，进退迹遂殊。
> 幸逢太平代，天子好文儒。
> 小才难大用，典校在秘书。
> 三旬两入省，因得养顽疏。
> 茅屋四五间，一马二仆夫。
> 俸钱万六千，月给亦有余。
> 既无衣食牵，亦少人事拘。
> 遂使少年心，日日常晏如。⑰

这首诗是写给元稹和多位朋友的，其中几位和他一起参加了最近的吏部考试。特别是王起(760—847)和崔玄亮(768—833)成为白居易终身的朋友,后者在下面的章节中会不断出现。

803年夏白居易拜访了一位名叫张敦简的画家,为呈送给他的画作写了一篇札记,在其中他写道,"厥有山水、松石、云霓、鸟兽,暨四夷、六畜、妓乐、华虫咸在焉。凡十馀轴,无动植,无小大,皆曲尽其能。……迫而视之,有似乎水中了然分其影者。……至若笔精之英华,指趣之律度,予非画之流也,不可得而知之。今所得者,但觉其形真而圆,神和而全,炳然俨然,如出于图之前而已耳。张始年二十馀,致功甚近,予意其生知之。艺与年而长,则画必为希代宝,人必为后学师。……"⑱

正如您已经注意到的,白居易基本认为绘画的唯一目标是"以似为工"(正如我们说肖像之类),这也表明他奉行的是当时通行的看法。值得注意的是,他关于张敦简的画说过"形真"不能只通过技术熟练来获得,更需要"神会"。但是他没有像几个世纪后的艺术评论家那样进一步明确指出,画家在模仿自然的同时,也表达自我的情感。

在任何情况下,从白居易的著作可以清晰地看出,他对绘画感兴趣要么是把它当作记录(首要的是关于自己不同时期生活的记录),要么是作为佛教热情的体现。但对于在唐代很多作家作品中占据突出地位的书法,他几乎不涉及。

看上去803年的秋天他休假了。他的叔叔白季轸最近从徐州升迁至河南中部的许昌担任县令。县衙在八世纪末的战火中被焚毁,叔叔刚刚重建。借着这样的机遇(也可能就在现场)白居易写了篇重建记(803年10月),⑲对于叔叔的政绩予以表扬。

804年年初他到了洛阳。大约在这段休假期间他在徐州和刺史张愔一起吃饭,谈起了一段往事:"徐州故张尚书(张愔之父张建封)有爱妓曰盼盼,善歌舞,雅多风态。予为校书郎时,游徐、泗间。张尚书宴予,酒酣,出盼盼以佐欢,欢甚。予因赠诗云:'醉娇胜不得,风袅牡丹花。'……"多年后,白居易听说了盼盼的最新消息:"尚书既殁(806),归葬东洛。而彭城有张氏旧第,第中有小楼,名燕子。盼盼念旧爱而不嫁,居是楼十余年,幽独块然,于今尚在。"[20]

803年的最后一个月,高郢和郑珣瑜(738—805)同时成为宰相,前者是白居易进士考试的主考官,后者则是他参加吏部考试时的负责人。为了表示对两位恩师的祝贺,白居易写了《泛渭赋》,在"序言"中,他说804年春天,自己"始徙家秦中,卜居于渭上",无疑是指和下邽的家人住在一起。在赋中,他再次说明每个月只需要两次去办公(三旬而两入)。在这样的情况下,显然不需要继续租住长安常乐里的亭园了。下邽离长安城只有半天骑马的路程,而且如果时间晚了的话,他经常可以在华阳观过夜。

这篇赋描写了白居易在渭河上泛舟的田园生活,渭河离他的家门只有一百步。他对于德宗有所溢美,说在他的治理下"华与夷而无氛埃"。确实,804年是特别平和的一年。但事情并不总如渭河的风光那么诗情画意。就在几个月前,由于803年的歉收,老百姓必须"揭瓦"以支付赋税,一个叫成辅端的艺人(或者应该叫杂耍艺人,这时候还没有正规的戏剧演出)在他的一次表演中毫不留情地予以了揭露,结果被抓起来并杖击致死。[21]著名作家韩愈被贬官至广东的阳山，因为他提出了冬季赋税延期缴纳的建议。

804年，白居易的朋友元稹在远方的洛阳住了很长时间。在这之前他只是白居易吏部考试和秘书省众多熟人中的一位。但到804年春天他已经在白居易的情感世界里占据了一个特殊位置。这段时期白居易写过一首《曲江忆元九》：

春来无伴闲游少，行乐三分减二分。
何况今朝杏园里，闲人逢尽不逢君。

804年还有一首，题为《西明寺牡丹花时忆元九》：

前年题名处，今日看花来。
一作芸香吏，三见牡丹开。
岂独花堪惜，方知老暗催。
何况寻花伴，东都去未回。
讵知红芳侧，春尽思悠哉。

"芸香"是指秘书省。"暗"我想是指白居易的眼疾，两三年后我们经常听到他谈及视力障碍问题。805年的《赠元稹》也可以归入这一类：

自我从宦游，七年在长安。
所得惟元君，乃知定交难。

....

不为同登科,㉒不为同署官。

所合在方寸,心源无异端。

805 年的第一个月德宗去世,享年六十三岁,他统治了二十五年——在唐朝算得上相当不短的一个时期,他登基时的情况白居易只依稀记得。他的功过可以从两方面来看。一方面,他统治期间取消了各种杂七杂八的徭役,建立了一个总的税收体系——用钱来计算,使中国摆脱了中世纪的财政制度;另一方面,他赋予宦官军事大权以及随之而来的政治控制权。德宗之后是一个奇特的政治插曲,它的结束标志着唐朝历史的一个关节点,也适合用来结束白居易生平的一段历程。

注 释

① 这个外祖母是白居易祖父的侄女,这意味着白居易的父亲娶的是自己的甥女。唐朝法律对此是严格禁止的(参见《唐律疏议》卷三),但没有证据显示这一婚姻遭到了任何反对。法律只是道德问题的判断标准之一。——韦利原注
② 《唐故坊州鄜城县尉陈府君夫人白氏墓志铭》。
③ 张建封之子。——韦利原注
④ 《叙德书情四十韵上宣歙崔中丞》。
⑤ 《祭符离六兄文》。
⑥ 关于明准,参见《宋高僧传》卷二十七。——韦利原注
⑦ 《客路感秋寄明准上人》。
⑧ Klesa 在梵文中的意思是"烦恼",中国人一般也是这么理解的。我不确定,但可能是在巴利文佛典中这个词的意思发生了畸变。——韦利原注

⑨ 《八渐偈》。

⑩ 《新沐浴》。

⑪ 《旧唐书·刘迺传》。

⑫ 书判拔萃科六位：白居易、元稹、崔玄亮、李复礼、吕颖、可舒恒；博学鸿词科两位：王起、吕炅。

⑬ 详见韩愈《河南少尹李公墓志铭》，《昌黎先生文集》卷第二十五。

⑭ "归无一囊钱"，参见《秋暮西归途中书情》。——韦利原注

⑮ 《白氏六帖》十世纪中期刊印于成都。参见《宋史》卷四百七十九《世家传》。——韦利原注

⑯ 《养竹记》。

⑰ 《常乐里闲居偶题十六韵兼寄刘十五公舆王十一起吕二炅吕四颖崔十八玄亮元九稹刘三十二敦质张十五仲方时为校书郎》。

⑱ 《记画》。

⑲ 《许昌县令新厅壁记》。

⑳ 《燕子楼三首并序》。

㉑ 详见《顺宗实录》卷一。

㉒ 白居易这里说的当然是进士、明经考试。对于同时参加吏部选拔考试的人来说没有特别的纽带联系。——韦利原注

第三章　盩厔县尉

在登基之前的数年，德宗的继承人顺宗曾经受到两个人物的影响，这两人并不是统治集团的成员，但由于特殊的才能而位置显赫。一位是书法家王伾，来自杭州，说话带有浓烈的地方口音；另外一位是王叔文，越州（绍兴）出身的围棋高手，①后者经常向太子说明老百姓的悲叹和苦恼。804年深秋，太子脑出血发作，永久地失去了说话的能力并且无法做出决断，这意味着他自己不能书写，思想也不再受别人影响。这使他805年初登基后完全无法处理政事，大权掌握在两位王氏的手中。他们两人很聪明，不给自己安排很高的官位，而是通过出身名门、声誉卓著的韦执谊来发号施令。王叔文和韦执谊关系一度很亲密。

统治阶层到目前为止已经习惯于宦官掌权，对于两个有才能的平民突然发号施令感到愤怒。顺宗朝的几乎所有事情最终依赖韩愈写的实录。②这篇文章是对王氏以及依附者的生动的责难，以此来警告不能让"小人"（与世袭的官员阶层相对）来控制政务。但即使是在这篇文章和其他敌对的描述中，也有一些资料表明，无论如何王叔文（也包括他的同事）有一种真诚的愿望，企图改善他们所来自的那个阶级的命运。比如皇室成员、京兆尹李实，以残忍和榨取知名。让大家高兴的是，他此时被解职。出京时他必须绕道溜出,因为害怕被愤怒的民众拦截。另外一个例子是皇家养鹰(隼)者,他们养成了到处敲诈的习惯,通常的做法是把鸟网撒到老百姓家的门上或者墙上,不付钱就不移开。他们还拥入酒肆大吃大喝,然后不付钱就扬长而去。这类宫廷敲诈勒索行为现在也被弹压。我们知道,王叔文认为财政是政权的关键。他让一位被普遍信任的资深政治家杜佑(735—812)担任财政长官,自己则充当他的副手。他还成功地将皇家禁军的指挥权从宦官手中夺过来,交给长期在军队任职且军功卓著的范希朝(约740—814)。王叔文这么做无疑是为了巩固自己的地位。八个月后,宦官和上层政客合力让生病的皇帝退位。他的长子,即后来的宪宗继承了皇位,王伾和王叔文以及他们的合作者都被流放了。只有一个例外是宰相韦执谊,③他在王叔文被流放前的一段时间一直与他争执不下,他同时又是杜黄裳(738—808)的女婿,而杜是激烈反对王氏集团的。但是韦执谊知道眼前只是短期的延缓,自己早晚会被处置,以至于每一个脚步声都让他充满了恐惧。他总有一种预感:自己将在"岭南"的贬谪地终老。有个故事,说他当了宰相后,发现自己衙署的墙上赫然挂着一幅地图,有几天他不敢正视它一眼。当他最终看过去的时候,他发现是一幅崖州地图,崖州基本是中国的最南端了④。这是很险恶的,因为高级政治犯一般都流放到那里。王氏倒台后他坚持了三个月,然后被流放到了崖州,在那里他很快去世了。

805年二月十一日,韦执谊成为宰相。十九日白居易写了《为人上宰相书》。这里的"为人"当然是编造的,"宰相"很清楚是指韦执谊。⑤写信者自称"某游长安仅十年矣"。其实现在是白居易在长安的第七年（从799年算起），"仅十年"在中文表述中常常代表七年及以上。书信引用了韦执谊的任命书，其中顺宗写道："其代予言，允属良弼"，这清楚地说明了皇帝所遭受的病患的折磨。新的宰相被敦促采纳建议，"唯以两耳听之，两目视之，一心思之"。"古者宰相以接士为务，今则不接宾客而已矣。古者宰相以开阁为名，今则锁其第门而已矣。"宰相将会发现，如果他不怕麻烦及时了解信息，"天下之户口日耗，天下之士马日滋。游手于道途市井者不知归，托足于军籍释流者不知反。……田畴不辟，而麦禾之赋日增；桑麻不加，而布帛之价日贱。吏部则士人多而官员少，奸滥日生；诸使则课利少而羡余多，侵削日甚"。信的结尾处写道："目不识相公之面，名不闻相公之耳，相公视某何为者哉？岂非介者耶，狷者耶？今一旦卒然以数千言尘黩执事者，又何为哉？实不自揆，欲以区区之闻见裨相公聪明万分之一分也，又欲以济天下憔悴之人死命万分之一分也。相公以为如何？"

韦执谊如何回复这封信，我们不得而知。白居易有一首诗，虽然可能是多年后写的，但无疑指涉韦执谊的败落：

卖药向都城，行憩青门树。
道逢驰驿者，色有非常惧。
亲族走相送，欲别不敢住。
私怪问道旁，何人复何故。
云是右丞相，当国握枢务。
禄厚食万钱，恩深日三顾。

> 昨日延英对，今日崖州去。
> 由来君臣间，宠辱在朝暮。
> 青青东郊草，中有归山路。
> 归去卧云人，谋身计非误。⑥

除了上文中我引用的白居易赠给元稹的诗，还有其他几首短诗（其中二三首的英译文收入 Chinese Poems 第 121 页）也写于 805 年，但没有给我们提供什么生平信息。806 年一月二日，新皇帝宪宗从大明宫正南的丹凤门楼上宣布大赦天下，同时宣布了一个褒奖名单，并下旨赐给老年人食物和衣服。我们不知道白居易是否看到了百官围绕御楼祝贺的盛况。元稹醒得太晚没能赶上，只和李建、庾敬休（后面我们还会讲到他们两人）一起在曲江边静静地散了散步。

白居易和元稹将参加另外一场考试，在四月举行。这是制科（才识兼茂明于体用科）考试，主要是就时事写一篇长文，回应一个问题（本身有一定的长度），一般认为由皇帝亲自命题。

白居易写道："元和初，予罢校书郎，与元微之将应制举。退居于上都华阳观，闭户累月，揣摩当代之事，构成策目七十五门。及微之首登科，予次焉。凡所应对者，百不用其一二，其余自以精力所致，不能弃捐，次而集之，分为四卷，命曰《策林》云耳。"⑦

后文在考察白居易的政治生涯时，我将讨论白居易的这七十五篇文章，这里我只关注白居易和元稹实际在考试中提交的长文（策）。关于这些考试文章，元稹四五年后皮里阳秋地写道:"旧说:制策皆以恶讦取容为美。予与乐天,指病危言,不顾成败,意在决求高等。初就业时,今裴相公戒予,慎勿以策苑为美。予深佩其言,然而怪其多大拟取。有可取,遂切求潜览,功费累月,无所获。先是穆员、卢景亮同年应制,⑧俱以辞直见黜。予求获其策,皆手自写之,置在筐箧。乐天、损之辈,常诅予箧中有不第之祥,而又哂予决求高第之僭也。"⑨

皇帝给出的问题的大意是:自安史之乱(755—763)以来,国家每况愈下。如何恢复往日的繁荣?哪些过去的错误应该纠正?未来可能出现哪些问题必须预防?白居易的回答是:"人疲由乎税重,税重由乎军兴,军兴由乎寇生,寇生由乎政缺。"他没有指出具体的"政缺"在哪里,只是从总体上要求政府"政教日肃""诚信日明",这样做(熟悉的词句!)"天下将萌之寇(指叛乱的将领)不遏而自销"。⑩

人们期望他尝试分析一下七世纪中期以来多次分裂运动产生的原因,特别是在东北长期存在的对政府的不忠。我们要想找出为什么有人做出对我们不利的行为,可能唯一的方法是暂时停止道德层面的判断。否则我们可能将他们的所作所为仅仅归咎于他们的邪恶,而看不到他们行为背后更具体的原因。我想这就是白居易的情况,也正因为如此他的论证在我们看来在关键时刻跌入了抽象之中。

元稹对于同一问题的回答更详细,也更具有原创性。他将王朝的衰落主要归结为不切实际的选拔官员的方式,由此提倡一个全新的考试制度。礼部将轮流举行两种考试,第一种关于唐朝的礼仪和法律,考试内容是一种经典或者一部正史。那些只表现出记忆能力的考生将被放入一个低的层级。另外一个考试是针对那些希望测试自己文学能力的人。他们可以写赋，诗和"判决文"，但他们如果通过考试，只能被称为"文士"，只是表明他们具有文学才能，并不一定适合处理实际事务。对于这两种考试，任何人，包括身份卑下的人都可以参加，并不是只有士族阶层才能参加。吏部不再举行第二次考试（拔萃考试），它只是根据前面考试的结果授予官职，然后根据考绩表现给予提拔和降级。

这是一个革命性的建议。如果能够实施的话，它意味着治理中国的是那些熟悉当时制度而不是古老神话和传统的人，是社会上有能力的人而不是少数世袭贵族的成员。它意味着能写华丽诗文只被认为是一种文学才能而不是管理才能。如果元稹的建议被接受，中国的历史面目可能会大为不同。他把自己的文章看作一个实际的建议，而不只是一篇应付考试的文章。"伏愿陛下以臣此策委之有司，苟或可观，施之天下，使天下之人曰：'惜哉汉文，虽以策求士，迨我明天子，然后能以策济人。'"⑪

白居易通过考试后被任命为盩厔县的一个小官，盩厔县位于长安以西大约五十英里的地方，白居易806年秋天赴任。元稹要好些，他在门下省任左拾遗，主要责任是对朝廷的政策提意见，⑫也可以解释为通过他作为渠道将意见传达上去。职位的名字是"拾遗"，原初的意思是任此职的官员对经他上传的文件中的疏漏做出提醒。但元稹的行为从一开始就清楚地表明，他认为自己不仅要批评政策，而且要制定政策。他在被任命后不久就草拟了一份重振王朝的十点计划：一、"教太子以崇邦本"，让老迈重听、做不了其他事情的文臣特别是武将担任太子的师傅或随从是非常不可取的，他在另外的文章中也曾批评过；二、"任诸王以固磐石"，由于安史之乱时有些王子的不忠表现（如永王璘），一段时间以来皇帝的儿子被禁锢在宫中，而此前他们经常担任地方高官以保持边远地区和中央的联系；三、"出宫人以消水旱"；四、"嫁诸女以遂人伦"；五、"无时召宰相以讲庶政"；六、"序次对百辟以广聪明"；七、"复正衙奏事以示躬亲"；八、"许方幅纠弹以慑奸佞"；九、"禁非时贡献以绝诛求"，一种常见的现象是，地方官员回京时向朝廷贡献搜刮来的大量钱财以求晋升；十、"省出入畋游以防衔蹶"，皇家畋猎规模和花费巨大，常常雇用数以千计的农民来驱赶猎物，同时也占用了皇帝本来应该处理公务的时间。这些无疑都是元稹要求减少畋游的真正原因，他以皇帝的安全为由（"以防衔蹶"）只是一种委婉的措辞。元稹第三条计划"出宫人以消水旱"的理由是，由于从民间夺走了太多的"阴"会导致旱灾。但人类的行为能否影响到大自然的变化，是一个悬而未决的问题，正如我们在上文看到的。但我想这里元稹只是为了说明自己建议的合理性，而同时不触怒皇帝本人。[13]后来白居易担任拾遗时，也讨论到了元稹现在涉及的一些问题。

  这些计划得到了裴度（765—839）以及不少重臣的支持，但是根据元稹的说法，它们被宰相郑珣瑜（738—805）错误地报告给了宪宗。元稹被宪宗召见，并被要求说明"十点"的意思。宰相很愤怒，根据元稹的《听庾及之弹乌夜啼引》中的几句来看，他被抓起来并被投入监狱。[14]很可能裴度和其他支持者干预了此事，因为九月十日，也就是在宪宗接见几周之后，我们发现元稹已经自由了,虽然被贬到洛阳一个很小的官位上(河南尉)。这项任命没过几天,他的母亲去世了,接着是通常的守孝期,元稹从政坛上消失,直到809年的春天。

按照规定,白居易在盩厔县的工作是分判众曹、收率课调。⑮但他到达后却在很长一段时间里代理昭应(长安以东十英里)一位离任县尉的工作,同时也履行自己在盩厔县的职务。在写给元稹的一首诗《权摄昭应早秋书事寄元拾遗兼呈李司录》中,他谈到了在两处的工作,坦陈自己是"铅刀",也就是说,业绩乏善可陈,上级越早找到代替自己的人越好。⑯元稹(此时还是拾遗)试图安慰白居易,说事情应该倒转过来。他本人位列朝班而白居易远在县城,就像"放鹤在深水,置鱼在高枝"。⑰八月末白居易给另外一个朋友的诗中写道,由于连续下了三天雨,"邑居尚愁寂,况乃在山林"。⑱也就在这一时期白居易病倒了,由此得到了他的第一个假期:

始知吏役身,不病不得闲。⑲

秋天白居易去骆口出差,骆口位于盩厔县西南,去往汉中和四川的路上,利用这个机会他到山中漫游:

今日勤王意,一半为山来。⑳

这次游览与白居易同行的是住在盩厔的朋友王质夫。王来自著名的山东"琅琊王氏"家族,这一家族诞生了伟大的书法家王羲之

(321—379)以及一批著名的学者和艺术家。王羲之继承了"古风"的趣味和教养,以及"竹林七贤"的洗练风格,并将之传于后世。806年冬,王质夫再次陪伴白居易访问了南山的仙游寺。与他们同行的还有一位住在盩厔的年轻人——陈鸿,后来成为著名的作家。三个人谈到了唐玄宗(762年去世)的晚年,王质夫建议白居易就这个题目写一首诗。"乐天因为《长恨歌》[21]……歌既成,使鸿传焉。"[22]

《长恨歌》是一首一百二十行的七言叙事诗。它讲述了唐玄宗(685—762)迷恋杨贵妃(719—756)的故事。安禄山叛变迫使玄宗逃离长安,禁军士兵拒绝前进,除非杨贵妃被处死,玄宗被迫同意。在四川流亡以及退位回到首都后,他一直沉浸在对于她的思念之中。一个道士借此蛊惑玄宗,声称可以和死者建立联系。这个道士"上穷碧落下黄泉",最终在一个道教仙宫中找到了杨贵妃的灵魂,她让道士带回人间送给玄宗的是"钿合金钗",以此"旧物表深情"。

就同一个主题进行诗歌写作是常见的事情。白居易的歌行和陈鸿的故事同样是以一种友好的竞争精神来完成的,白居易将故事和他本人的歌行一并收入了自己的文集,作为对陈鸿的表彰。《长恨歌》的译本很多,最新收入 Soame Jenyns 的《唐诗二集》(*Further T'ang Poems*),很容易入手;另外一个译本出自 Witter Bynner,收入 R. C. Trevelyan 主编的《中国文选》(*From the Chinese*)。[23]经常有人认为该诗受到了当时流行歌谣的影响。确实,这首长篇歌行不属于高雅文学的传统,当白居易写《长恨歌》的时候,他很可能想到的是《季布故事》这类藏于敦煌石窟中的曲词,《季布故事》的梗概已被翟林奈（Lionel Giles）博士翻译出来。[24]但是白居易的《长恨歌》和这类作品的差异仍然是巨大的。《长恨歌》流丽、优雅、纤细,而敦煌曲词粗野、素朴、顽健。《长恨歌》结构匀整,而敦煌曲词（一些仅是片段,但《季布故事》基本是完整的）只是勉强地坚持到故事结束。白居易缺少的是引发对于主要人物兴趣的能力。皇帝、贵妃以及道士对我们来说显得虚幻而不够真实。这篇作品技巧娴熟,非常优雅,但过于注重人为和外表的技巧,以致无法深刻地打动读者。尽管如此,它取得了巨大的成功。白居易告诉我们,当高霞寓将军（772—826,以自大、粗鲁、语言粗鄙著称）想要找一名歌女时,她说:"我诵得白学士《长恨歌》,岂同他妓哉？"[25]于是提高了自己的价码。

　　《长恨歌》应时而生,出现在一个恰当的时刻。玄宗晚年的浪漫传说经过足够长时间的沉淀已经成为可以利用的诗歌材料,而这不会冒犯皇室。另一方面,玄宗去世还不到五十年,他统治时期的事情还没有被人遗忘。关于白居易对《长恨歌》的看法,我后面讨论他对本人和其他人诗作的意见时还会讨论。

　　807年春,我们看到白居易忙于料理他在盩厔县小官舍的花园。他从乡野带来了一枝蔷薇栽种在了自己的院子里：

> 移根易地莫憔悴,野外庭前一种春。
> 少府无妻春寂寞,花开将尔当夫人。[25]

　　为了访友和散心,他偶尔骑马去长安。我们发现,他在首都时和杨虞卿、杨汝士两兄弟互相拜访,杨氏兄弟住在靖恭里,位于白居易原先住处的南边。在一首诗中,白居易描绘了几天假期和长安朋友们觥筹交错之后于一个春日骑马返回盩厔:

> 金光门外昆明路,半醉腾腾信马回。
> 数日非关王事系,牡丹花尽始归来。㉗

夏天时期的公务使他再次来到骆口,他写道:

> 今年到时夏云白,去年来时秋树红。
> 两度见山心有愧,皆因王事到山中。㉘

同一个夏天白居易还写了题为《观刈麦》的诗:

> ……丁壮在南岗。
> 足蒸暑土气,背灼炎天光。
> …………
> 复有贫妇人,抱子在其旁。
> 右手秉遗穗,左臂悬弊筐。

白居易问自己(就像他在其他诗中所做的那样):"今我何功德,曾不事农桑?"在盩厔的工作让他密切接触到了穷困和重税压迫下的农民。在另外的诗中他描绘了自己看到手下人为了征收最后一把谷物而鞭打农民时的恐惧。我们将会看到,后来当他的地位可以影响政府决策时,他没有忘记盩厔县的老百姓。

盩厔县在行政上听命于京兆府。一天,白居易去长安办事,写下了另外一首有关花的诗,题为《京兆府新栽莲》:

> 污沟贮浊水,水上叶田田。
> 我来一长叹,知是东溪莲。
> 下有清泥污,馨香无复全。
> 上有红尘扑,颜色不得鲜。
> 物性犹如此,人事亦宜然。
> 托根非其所,不如遭弃捐。
> 昔在溪中日,花叶媚清涟。
> 今来不得地,憔悴府门前。

792年,陈京(上文引用过白居易写给他的信)曾提出大力削减集贤院的政策并付诸实施。集贤院是咨询机构,拥有一个大型的图书馆。807年7月,陈京的政策被逆转。新的安排包括恢复集贤院校理这一类的官员。㉙当年秋天白居易被召回集贤院担任校理,同时名义上还保留盩厔县尉的职位。要了解他在集贤院做些什么工作,看一个具体的例子可能要比读唐代制度文献中关于集贤院的记录更为清晰。802年,皇帝问了一个关于神策军来历的问题,在过去一段时间里,宦官的权力就来自神策军。宰相府中的人无法解答这个问题,于是被提交给了集贤院,蒋乂(747—821)详尽地给予了解答。宰相高郢(800年白居易通过进士考试时的主考官)深受感触。据传闻,他说了一句:"集贤院确实有才人啊。"几个月后——一月四日——白居易被召到了翰林院南面的银台门,被告知等待进一步的指示。第二天他被通知前往翰林院报到,并撰写五篇应试的文章。

白居易成功地通过了考试,像通常的情况一样,一位宦官来到他的住处宣布了这个好消息,白居易成为翰林学士。

翰林院的主要职能是起草文件,如任命状、致外国君主的信件、为死者招魂的文书等,都是以皇帝的名义写的。㉚白居易通过的五份写作考试是:一、边镇节度使加仆射制;二、与金陵立功将士等敕书;三、与崇文诏;四、批河中进嘉禾图表;五、太社观献捷诗。前三份要用显示皇帝身份的浮夸古雅的字句来写。808 年至 810 年,白居易写了几百篇这样的文字,现在仍然保存在他的文集之中。有些对于了解当时的历史有所助益,但它们自然无法告诉我们白居易本人的感情和经验。

807 年秋,白居易制定了进士考试五篇文章的主题(进士策问五道)。第一个问题他请考生注意经典中明显的矛盾之处(一种常见的做法),问考生是否认为"学者未达其微旨"。在第二个问题中,他引用了一系列矛盾说法(类似《道德经》第四十一章中的话),如"大信不约",要求"众君子试为辨之"。第三个考题是白居易本人非常感兴趣也是他不断思考的一个问题。他认为(也是当时一个普遍的看法)在上古时代有到各处采集民歌的官员,他们将采集来的诗歌献给皇帝,让他知道老百姓都在想些什么。白居易告诉考生,现在"有司"迫切希望恢复这一制度,要求他们表态是否赞成这一做法。他本人的政治诗歌——五十首新乐府和十首《秦中吟》,㉛我将在下一章中讨论——显然可以作为一个范本，展示民间歌谣如何有效地唤起人们对于眼前腐败政治的关注。最后一个问题有关经济（和以往一样）。他让考生注意到谷物和丝绸价格的不断下跌，以及由此造成的农民的困境，他问考生这是因为征收和分配商品的方式不正确，还是在货物和货币之间没有获得良好的平衡。可惜的是，对这些问题的回答没有被保存下来。

808年四月末，白居易被任命为拾遗——元稹曾经担任过的职务。他在谢表中明确表示有权对经手的文件中的政策提出批评。在写于这段时间的诗中，我们发现他现在已经在新昌里有了自己的房子，新昌里位于他原先居住的常乐里的南边。白居易最崇拜的两位诗人陈子昂（656—698）和杜甫（713—770）最高只做到了拾遗，他在被任命几周后写的诗中提醒自己注意这一事实。他自己则前途未可限量，正处于从政生涯顺利上升的阶段。在八月十九日写的诗中，他告诉我们他最近结婚了。㉜正如我前面提到的，他娶的是杨家的女儿，来自"弘农杨氏"，杜甫的妻子和《长恨歌》的女主人公杨贵妃都来自这一家族。虽然白居易和杨氏一起生活了三十八年，但我们对于这位白太太所知甚少。白居易至少有七首诗是写给妻子的（分别在809年、811年、814年、815年、817年、821年和842年），但它们都包裹在缺少个性的语言当中，从中我们几乎无法了解白夫人的情况及他们夫妻间的感情。在第一首诗中白居易要求妻子不要抱怨自己不富裕的经济状况，并且列举了一连串著名女士的名字，她们都欣然接受丈夫的贫穷。他补充说，妻子"虽不读书"，但一定听人们讲述过这些模范妻子的故事。㉝在第二首诗中他指责妻子不在身边"秋捣衣"——她可能是回家省亲去了。㉞在第三首中,他对她提出要求:"莫对月明思往事,损君颜色减君年。"㉟无论如何,她比黔娄的妻子更好过,黔娄的贫困是众所周知的㊱。821年,当杨氏被封为"弘农郡君"时,白居易提醒她,这不是因为她有任何作为值得表彰,而是完全依靠自己的地位和影响。二十一年后,当他七十岁而她大约五十二岁时,他献给她唯一一首表达了赞赏之情的诗歌:

偕老不易得,白头何足伤。㊲

但是,白居易在诗的结尾自比梁鸿(公元一世纪著名的隐士),而把杨氏比作梁鸿之妻孟光。㊳这并不是热情的赞美,因为孟光常被描绘成肥胖、丑陋、面色蜡黄。我们确实有这样的印象,弘农郡君是一个简单的女人,可能是非常普通的女人,她深爱白居易,但无法分享他内心深处的思想和感情。

大约在这个时期,白居易被要求作一幅画像,㊴以便挂在集贤院里。画家是著名的李放。在后来的岁月里白居易随身携带的可能就是这幅画像的复制品。817年时,他悲伤地发现自己的面容和早年的画像已经大大不同,因此又找人重新画了一幅,但这第二幅没有再被提及过。842年,当他第三次坐在画家面前时,他的思绪回到了当年李放的画像:年轻的翰林学士多么神采奕奕啊。

注 释

① 围棋是在有 361 个点的棋盘上玩的复杂的游戏。——韦利原注
② 《顺宗实录》在韩愈之前已经有人撰写,韩愈的文本也是经过部分修改的。——韦利原注
③ 关于"宰相"这个职位,参看本书第六章中的论述。——韦利原注
④ 在广东以南的海南岛。——韦利原注
⑤ 无疑信是写给宰相韦执谊的。信中的所有细节都能证明这一点,除了"主上践祚未及十日,而宠命加于相公者"这句话有些问题。实际上,韦执谊被任命是顺宗登基后十五天,所以很明显"十日"应为"二十日"。——韦利原注
⑥ 《寄隐者》。
⑦ 《策林序》。
⑧ 785 年。——韦利原注
⑨ 《酬翰林白学士代书一百韵》。
⑩ 《才识兼茂明于体用科策》。
⑪ 《才识兼茂明于体用科策》。正如我们看到的,元稹希望其言辞激烈的建议可以确保他在考试中获得成功(succès de scandale),但没有理由相信他不是出于真诚提出这些建议的。——韦利原注
⑫ 关于拾遗这个职位的定义,参见《旧唐书》卷四十二"职官一"。在《新唐书》中这段话被大量删减,以至于无法理解了。——韦利原注
⑬ 详见元稹《献事表》。
⑭ "……四五年前作拾遗,谏书不密丞相知。谪官诏下吏驱遣,身作囚拘妻在远。……"徐松年将这首诗翻译成了法文,见 Anthologie de la Littérature Chinoise(1933 年版)第 188 页。
⑮ 白居易诗《新栽竹》第一句"佐邑意不适"说明他并不喜欢盩厔的工作,邑是"县"的诗意的表达。——韦利原注
⑯ 全诗如下:"夏闰秋候早,七月风骚骚。渭川烟景晚,骊山宫殿高。丹殿子司谏,赤县我徒劳。相去半日程,不得同游遨。到官来十日,览镜生二毛。可怜趋走吏,尘土满青袍。邮传拥两驿,簿书堆六曹。为问纲纪

㕍，何必使铅刀。"
⑰ 元稹《酬乐天》。
⑱ 《秋霖中过尹纵之仙游山居》。
⑲ 《病假中南亭闲望》。
⑳ 《祗役骆口因与王质夫同游秋山偶题三韵》。
㉑ 这首诗在英文中以 Everlasting Wrong 最为人所知。但"恨"这里意味着"做错事情的感觉"，也就是"悔恨"（remorse）。——韦利原注。韦利将此诗题目译为 Song of the Everlasting Remorse。——译者注
㉒ 陈鸿《长恨歌传》。此文有多个版本，详见《文苑英华》卷七百九十四。陈寅恪有关《长恨歌》的笔记（《长恨歌笺证》），见《清华学报》第 14 卷第 1 期（1947 年 10 月）。——韦利原注
㉓ 出版信息如下：Oxford: Clarendon Press, 1945.——韦利原注
㉔ 参见翟林奈的《敦煌六百年》（Six Centuries at Tun-huang）第 20 页。张祜曾拿《长恨歌》中寻找杨贵妃灵魂的诗句开玩笑，说这让他想起了佛教中目连地狱寻母的故事。"……张祜微笑，仰而答之曰：'祜亦尝记得舍人目连变。'白曰：'何也？'曰：'上穷碧落下黄泉，两处茫茫皆不见。非目连变何邪？'（《太平广记》卷第二五一）——韦利原注
㉕ 《与元九书》。
㉖ 《戏题新栽蔷薇》。
㉗ 《醉中归盩厔》。
㉘ 《再因公事到骆口驿》。
㉙ 810 年，韩愈在《送郑涵校理序并诗》（《昌黎先生文集》卷第二十一）说，"校理则用天下之名士能文学者"。
㉚ 白居易以皇帝名义写的任命书包含了 811 年四月至 814 年他不担任任何职务时的一些文件。比如，任命张弘靖为宰相（811 年四月），任命李绛为宰相（811 年十二月），任命崔群为中书舍人（812 年四月），赠裴垍（811 年去世）的哀荣（811 年七月），任命韦贯之为宰相（814 年十二月），杜佑的退休令（812 年六月），任命武元衡为宰相（813 年三月），任命韩愈为比部郎中、史馆修撰（813 年三月）。情况似乎是这

㉚ 样,当824年元稹为编文集时,白居易向翰林院申请自己所起草文件的副本,但被给予了一些错误的文本。奇怪的是,白居易没有从头到尾看一遍。——韦利原注

㉛ 在《新乐府》序言中,白居易说写于"元和四年"(809)。在《秦中吟》序言中,说写于"贞元、元和之际",这可能意味着是大约804年至810年,但是很模糊。在《伤唐衢二首》之二中他写道:"忆昨元和初,忝备谏官位。是时兵革后,生民正憔悴。但伤民病痛,不识时忌讳。遂作《秦中吟》,一吟悲一事。"这意味着《秦中吟》大约作于808年至809年。——韦利原注

㉜ 在给妻子的姐姐写的祭文(《祭杨夫人文》)中说的年份是"元和二年"(807),但根据干支纪年,实际应该是元和三年戊子(808)。——韦利原注

㉝ 《赠内》。

㉞ 《寄内》。

㉟ 《赠内》。

㊱ "譬如假谷于夷、齐之门,告寒于黔娄之家,所得者不过橡栗、缊褐,必无太牢之膳、锦衣狐裘矣。"(《抱朴子·祛惑卷二十》)——韦利原注

㊲ 《二年三月五日斋毕开素当食偶吟赠妻弘农郡君》。

㊳ "徒夸五噫作,不解赠孟光。"

㊴ 将白居易画像的时间进行排列是很困难的,他自己的说明前后不一致。可能有四幅画像,分别画于807年、811年、817年和842年。——韦利原注

第四章　翰林学士与左拾遗

分裂

从808年到810年，白居易沉浸在公务之中。他的作品，无论是散文还是诗歌，在很大程度上都指向当时的社会和政治问题。因此用一章的篇幅来讨论他所面临的公务是合适的。我的主要材料除了当时的一些历史文献，将是他作为拾遗写给皇帝的奏状、五十首《新乐府》和十首《秦中吟》。我还将偶尔利用百篇"判"（802年）和七十五份"策"（806）。所有材料加起来超过两百份，要全面涵盖它们显然是不可能的，我将主要讨论白居易关注的比较重大的问题。

前文我已经一两次提到安禄山①的叛乱，虽然它发生在755年，差不多是白居易出生前二十年，但作为中国历史上一个标志性事件，一直缠绕在白居易和他同时代人的头脑中，所以应该再做一些叙述。进一步来看，白居易时代的动荡在某种意义上正是此前叛乱的延续。

在中国历史学家的眼中，安禄山是一个"土匪""叛国者""罪犯"，他挑动中国人反对合法的统治者。我们今天这个时代还常常可以看到这类名称被加在一些领导者头上，但如果换一种同情的态度，他们又可以被看作爱国者、解放者、改革者，以及更一般意义上的被压迫阶级的代表。确实,安禄山正是以这样的姿态展示在他的支持者面前,在他生前以及死后都是如此。唐朝的历史虽然是在它覆灭后正式编纂的,但包含的大部分材料却是它还存在时编写的。我们没有理由(像很多欧洲历史学家所做的那样)站在反对安禄山的一边,重复关于他胆小、狡猾、肥胖等飞短流长,我们也不需要把他当作一个"圣人"(像他的支持者那样)②。我们确实无法在千年之后的今天重构他的个人品格和行为。但无论如何,我认为可以指出一些大的社会和政治原因,其结果导致了发生在范阳的分裂活动。

安禄山发动叛乱的基地是范阳,临近今天的北京,他的势力范围延伸至河北中部到渤海湾。从七世纪开始,生活在这一区域的人,无论是上层还是农民,都心怀不满。为了理解上层人士的不满,有必要知道谁是这段时期传统意义上和社会上接受的贵族,而不是法律上强迫认可的。唐朝从建立(618年)起,北方就一直存在着两股势力的分歧,一是帮助唐王朝建立而大富大贵的家族,另外则是六世纪以来在北魏统治下日趋显赫的家族。后者是"合作者",但属于特别的类型。北魏鲜卑希望自己不被认为是野蛮的征服者,而是中国的合法继承者,为此需要尽快地学习中国文化。"五大家族"——崔、李、郑、卢、王③——充当了导师的角色。④他们因为教授鲜卑人中原农业文明的要义而被给予了高官厚禄。他们特别将家族礼仪和祖先崇拜教给了一直过着游牧生活的征服者,强调认真履行这些原则就可以保证五谷丰登。甚至在九世纪,我们还可以发现非汉族家庭向五大家族的成员寻求礼仪方面的指点。这些鲜卑家族以及他们的分支主要来自东北,也正是在这里,对于唐朝的反对一直持续到王朝结束。为了打破他们抱成一团的势力,他们被禁止通婚。但是我们只要看一下白居易所交往的贵族朋友的母亲和妻子的姓氏,就可以知道,在九世纪时,"五大家族"仍然在大量通婚。他们为自己的血统而非常骄傲,他们的骄傲(就像爱德华时代的英国贵族)体现在只有被大量行贿才会在他们的圈子之外选择婚姻的对象。我们在历史书上读到的卢家、崔家、王家看上去常常居住在长安或者洛阳,但那只是他们各自家族的成功人士。家族的其他人员则居住在河北和山西,但有理由相信,他们构成了东北上层阶级不忠于朝廷的一个很大因素。七世纪末,当契丹⑤头领孙万荣占领了部分河北并且宣称自己是可汗时,不仅农民,而且官员中的不少人士都站在他的一边。孙万荣被镇压之后,严厉的报复措施不仅针对汉族人,也针对支持他的当地人,很多人逃到了山林之中。这是697年和698年的事情。虽然契丹人占据河北最北部地区一直到八世纪,而且不断地南侵,但是当地的汉人一直没有给中央政府造成什么麻烦,直到755年情况发生了变化。镇压孙万荣及其此后的一些事情被后来很多代人记忆。

在东北边境的广大地区,汉人和契丹人混居。汉人倾向于放弃农业从事养马和打猎,契丹人习惯了汉人的饮食但并没有采用汉人制作食物的方式。这个地区在食物方面无法自给自足体现在杜甫大约写于755年至756年的一首诗中。他说安禄山保留有一支船队往来于长江三角洲和辽东湾之间,主要是运送优质大米("云帆转辽海,粳稻来东吴"),因此他和首都之间形成了直接的竞争,首都也是通过内陆的河道从同一个地区获取粮食供应。⑥大米供应的竞争可能是安禄山和唐朝政府分裂的一个深层次原因。

我们后面会看到，815年至817年吴元济叛乱的动因是公开明确地争夺连接长江和黄河的水路的控制权，这一水路正是从南方运送粮食到首都的通道。

安禄山叛乱以及后续事件发生之后，东北实际上处于独立的地位。⑦汉人、鞑靼人混居以部落为单位，而不是以官方组织为单位。⑧对于他们来说，首领是可汗，而他们期待的继承人是他的儿子——年轻的可汗。这样一来，大部分的边防指挥官变成了世袭，无视中央政府的规定，也不向中央政府缴税。受到轻而易举镇压浙江、四川小规模叛乱的鼓舞，809年秋，中央政府发起了大规模的对于王承宗的征讨，王来自契丹部落，刚刚从父亲那里继承了河北西部的控制权。战争拖拖拉拉持续了一年，最终也无胜败可言。810年夏，白居易在一系列奏状中，敦促政府和王承宗和解。他指出，将军们虽然偶尔报告胜利的消息，但反叛者还是不断扩大地盘，所以有理由相信战报是并不可靠的。在最后一份奏状（写于王承宗同意谈判之后）中，他申述道，这场战争已经不再关乎王朝荣誉和花费的问题。从中亚雇佣来的政府士兵已经出现不忠于朝廷的迹象，全面崩溃就在眼前，唐王朝的前景堪忧，危在旦夕，用武力解决问题已经没有希望了。"终须罢兵，何如早罢？"⑨

白居易的建议被采纳了。七月，王承宗作为成德节度使的职位得到了政府的认可，他担任这一职务直到820年去世。白居易建议和谈使用的一个论据是吐蕃和回鹘"皆有细作，中国之事，小大尽知。今聚天下之兵,唯讨承宗一贼,自冬及夏,都未立功,则兵力之强弱,资费之多少,岂宜使西戎、北虏一一知之?"⑩

边境

当755年安禄山叛乱时,唐政府被迫将驻扎在中亚的守军调回来镇压,到763年时,唐朝的边疆不再是龟兹的库车,而是陕西凤翔的西端,离首都大约一百英里。吐蕃征服了今天甘肃省的大部分地区。那里的守备军和长安隔绝,只偶尔有所联系,他们坚持在那里抵抗了很多年。白居易和他同时代的人一样,觉得像拥有十二万居民的凉州这样的重要城市落入吐蕃手中,对于唐王朝来说是一个耻辱。他的新乐府的第二十五首题为《西凉伎》,其中他让一个老兵批判了这样的现实:十万士兵驻扎西部边关,"饱食温衣闲过日",而凉州的老百姓却因陷入困境而伤心欲绝。根据老兵的说法,收复失地的想法似乎从来没有进入官兵的脑中("将卒相看无意收")。

白居易命中注定要以官方的身份给吐蕃高层写三封信。第一封是以皇帝的名义写给吐蕃宰相钵阐布。很有趣的是,此人是一个佛教沙门。808年,回鹘人从北边南下,将吐蕃人驱逐出了包括凉州在内的甘肃部分地区。这次失败后,吐蕃多次试图与唐朝联盟。他们原则上同意将甘肃西部的安乐、秦、原三州⑪归还给唐朝。但是吐蕃宰相的最后一封信在这一点上有意回避,白居易明确地表示,除非三个地区归还唐朝,否则联盟是不可能的。他建议最好与驻扎在甘肃边境的节度使确定细节问题。787年,两位中国使节——郑叔矩、路泌——在吐蕃失踪,而且无法获得有关他们的任何消息。吐蕃人现在说郑叔矩已经死亡，但是路泌还活着，白居易要求将路泌送回唐朝，而郑叔矩的遗骨也应该运回来由他的家人安葬。⑫

这封信的写作时间大约是 808 年初冬。第二封信则写于那一年的最后几天，是白居易代表朱忠亮写给吐蕃东道节度使论结都离等人的，朱忠亮最近刚刚被任命为甘肃边疆的指挥官。这位吐蕃节度使抱怨唐朝的各种令其不安的举动：燃烧篝火和越过边境，更严重的是，自去年起修建了一条新的防线。白居易回答说，篝火不是战争信号，仅仅是为了"焚宿草"，这样的事情每年都发生，而士兵们越过边境仅仅是为了找回失散的马匹和牛群。至于防线，虽然唐朝与吐蕃的关系有所改善和加强，正常的预防措施还是需要采取的，双方修复各种各样的防御工事是再自然不过的。白居易进一步强调："况城是汉城，地非蕃地。岂乖通理，何致深疑？"⑬第三封信写于 810 年秋，以皇帝的名义写给另一位吐蕃宰相。信的主旨是说唐朝所要求的三州是其有权获得的利益的很小一部分。吐蕃宰相在写给唐朝的信中（上面所引是回信）宣称，相关地区"非创侵袭"，因此"不可割属大唐"。白居易反驳说，"此本不属蕃，岂非侵袭所得？今是却归旧管，何引割属为词？"白居易强调，如果要修订盟约，"即须重定封疆，先还三郡"。⑭

吐蕃人现在将郑叔矩、路泌（写上封信时已经去世）的遗体以及其他一些战俘送回唐朝，其中一个年轻人名叫刘成师，关于他的身份显然有些混乱，因为白居易说，"其刘成师元非刘辟子侄，本是成都郡人，已令送还本贯"。⑮但这是一个有问题的说法，刘辟在 806 年作为叛国者已经被处决。唐政府显然希望抓住并惩罚他逃往吐蕃的侄子。

唐政府的政策是不惜代价维持和回鹘人的良好关系。788 年，唐朝将一个公主嫁给了回鹘的可汗。回鹘人是游牧民族，养育的马匹超过他们实际的需要，于是用来与唐朝交换丝绸。回鹘可汗维持了一个豪华的宫廷，有些丝绸无疑成为宫廷女性的用品，但大多数可能被他们再次出口到中亚和伊朗。五十匹丝绸（理论上说五十尺长）⑯用来交换一匹马，由于马匹的数量有时一次就达到一万匹之多，要生产用于交换的丝绸就成为长江和淮河流域丝绸业的沉重负担，即使使用比较粗糙的丝线纺织并把每一匹的长度减少为三十多尺（但还是计算为四十尺），纺织女工们仍然无法满足需求量。回鹘人对他们得到的丝绸感到不满，并且通过他们的可敦（中国公主）传递怨言。807 年，皇帝命令购买马匹的费用部分用丝绸、部分用国库中的金币支付，与此同时停止用粗糙的丝线进行纺织。808 年，回鹘人送来了比以前多一倍的马匹，让唐朝倍感尴尬。

809 年夏，白居易代表皇帝写了一封信给回鹘的可汗爱登里逻。回鹘的六千五百匹马已经到了。如果用近似的整数一万匹来计算，价格（按照五十匹丝绸一匹马）是五十万匹丝绸，由于巨大的军事开销和连续几年的旱灾，这是唐朝政府无法负担的。皇帝建议赊账二十五万匹，同时说明，回鹘送来的马越多，唐朝的债务就会越重，所以双方最好就将来进口到唐朝的马匹数量达成某种谅解。信的其余部分是关于如何采取措施增加摩尼教徒在中国的福祉，摩尼教徒大部分是回鹘人。韩信受胯下之辱的故事在中国家喻户晓。迫于当时的形势，唐朝皇帝需要像韩信一样。这一政策充分证明了其合理性，在此后的三十年中，唐朝的北部边疆没有出现严重的困境，尽管回鹘势力在这段时期不断增长。

白居易还给其他外国政府写过信，包括缅甸、南诏、朝鲜。中国和缅甸（骠王国）的交往的历史可以在 G. H. Luce 的《古骠王国》(*The Ancient Pyu*)⑰和 G. F. Harvey 的《缅甸史》(*History of Burma*) 中找到。802 年，骠王国国王雍羌派遣他的儿子出使唐朝，陪同的是骠王国的一个音乐团。809 年冬，白居易在代表皇帝写的一封信中宣布，封骠王国国王为检校太常卿，他的儿子及手下高官也被封了类似的官职。皇帝送给国王一些"信物，具如别录"，还祝福他冬寒时节"平安"。⑱白居易对骠王国音乐的认识，我将在后面的章节予以讨论。

宦官

白居易这段时期一个明显的立场是反对宦官。宦官只存在于古代，在现代社会没有对应的阶级。他们主要来自南方的福建和广东，那里的人口大部分是原住民。南方的州县被要求提供一定数量的阉割男孩。获取他们就像获取其他奴隶一样，要么是通过强迫，要么是通过剿匪（实际上是捕获奴隶）。到了宫廷，这些男孩被交给上了年纪的宦官——称为"父亲"——进行培训。在理论上，宦官的位置相当于家奴，特别是为皇帝的后宫提供服务。但是到八世纪的时候，这个功能已经相对不重要，主要交给了低级别的宦官。此外，还有约五千名高级宦官，很多人掌握军政大权，其活动大致如下：一、他们是朝廷的供应者，他们带领爪牙突袭市场，有时仅象征性地付钱或者强行征用。二、他们指挥两支庞大的"神策军"，[19] 驻扎在首都附近。这完全不同于皇帝的护卫队。三、他们监督地方军队的指挥官，直接向皇帝报告指挥官的工作效率和政治可靠性，而地方指挥官的报告必须通过枢密院上报，该院由宦官控制。四、他们充当朝廷的密探，监视官员们的活动，常常带有如"慰抚使"这类荣誉头衔。五、他们充当"功德使"，也就是说，管理长安及其附近的道教、佛教寺庙以及礼仪事务。这意味着他们管理着众多的僧侣，包括经常来到首都长安的印度、中亚、日本、朝鲜僧侣。从某种程度上来说，他们成为佛教的保护者，我们将看到，842年唐政府对于佛教的弹压被推迟，因为一个宦官"功德使"表示了反对。

在我们的社会中有发挥类似功能的人物。皇宫附近的商店店主会抱怨宫廷买东西不付钱。在很多国家的军队中存在这样那样的政委。维多利亚时代的 Stockmar 男爵和 John Brown，我们这个时代的"私人顾问"和听话的科学家，都扮演过唐朝宦官的角色。九世纪所谓的政党只是官僚派别，存在一些宿怨，而不代表经济或社会利益的分歧。真正的政治斗争存在于宫廷和官僚机构之间，用中国人的术语，就是内外之间。这段时期的历史在此后的几个世纪（同样的斗争依然存在）被书写，而书写者无疑是"外"，而不是"内"。所以，总体来说，历史告诉我们的关于宦官的情况都是负面的，当然个别的宦官还是得到了表扬。据我所知，唐朝没有一个人建议取消宦官制度，只有两次比较大的行动来限制宦官的权力：一次暴力而短促，发生在835年，另外一次谨慎而和缓，在845年，但都没有成功。

与白居易产生矛盾的宦官主要是吐突承璀。809年十月他被任命为征讨河北西部王承宗叛乱大军的最高首领（诸军行营招讨处置使）。这是史无前例、相当出格的。宦官最近担任了多支军队的都监，但还没有一个宦官担任总指挥的职务。白居易给皇帝写道，"臣恐四方闻之，必轻朝廷；四夷闻之，必笑中国；王承宗闻之，必增其气"。[20]白居易同时质疑，那些专业的军队领袖是否愿意听从宦官的指挥。他的抗议最初被忽略了，但在一大批资深官员的支持下，皇帝最终被迫让步。吐突被任命为"宣慰使"，主要负责反对分裂的宣传。

吐突在新皇帝还是太子的时候就和他关系亲密，在拥立他为皇帝过程中起到了关键作用。806年末他出任神策军左军指挥官，很可能就是白居易下面这首诗中所谓的"中尉"：

> 晨游紫阁峰，暮宿山下村。
> 村老见予喜，为予开一樽。
> 举杯未及饮，暴卒来入门。
> 紫衣挟刀斧，草草十余人。
> 夺我席上酒，掣我盘中飧。
> 主人退后立，敛手反如宾。
> 中庭有奇树，种来三十春。
> 主人惜不得，持斧断其根。
> 口称采造家，身属神策军。

"主人慎勿语，中尉正承恩！"[21]

前文我提到，强行征用物品不是为了朝廷卫队，而是供宫女使用。这是由一个头衔为"宫市使"的宦官来组织实施的，最初任命是在797年。用于强行征用的毫无说服力的理由是让几百个没有工作的人得以就业。白居易反对"宫市"的观点体现在一首诗（《新乐府》第三十二首）中，该诗描述了一个卖炭的老翁将他的产品运到市场上，被宫市使的手下看上，为他的一千斤炭（半吨多重）只付了"半匹红纱一丈绫"。[22]

宫廷道教

在白居易之前和之后的时代有很多关于道士的故事，说他们如何劝说皇帝相信可以获得长生不老的药物。白居易时代的文人阶层对于早期道家经典普遍持一种尊崇的态度，就像对于儒家著作一样。但他们大部分人不相信道教的奇迹，当时一些著名的作家在诗歌以及给皇帝的奏状中嘲笑了鼓励这套愚蠢的鬼把戏。有一个故事是关于宰相李藩的，810年时他被宪宗皇帝问及是否相信神灵、仙人、长命这类事情。李藩知道皇帝对此感兴趣，于是用犀利的言辞谴责了此类信仰的荒诞和完全错误。但没有产生什么效果，几年后宪宗被一个叫柳泌的"来自山中"的道士完全控制住了。有一种说法是，柳泌的"长命丸"导致了宪宗的死亡，年仅四十二岁。

几年之后白居易自己也做了这方面的尝试，他大约在809年写了一首长诗和一篇歌行嘲讽寻找长命草药的行为。这些我在

《170 首中国诗》(*170 Chinese Poems* 132 页以下) 已经予以翻译。前一首《梦仙》㉓可以看作一个警告,警告普通民众不要浪费时间用于炼丹;后一首《海漫漫》特别指向了皇帝本人:

> 秦皇汉武信此语,方士年年采药去。
> 蓬莱今古但闻名,烟水茫茫无觅处。
> 海漫漫,风浩浩,眼穿不见蓬莱岛。
> 不见蓬莱不敢归,童男丱女舟中老。㉔

土地与税收

前文我已经谈到废除各种劳役和建立一种在货币基础上的总的税收制度,这一制度在 780 年公布出来,某种程度上于 788 年开始实施,此时由于三十年内战引起了通货膨胀。九世纪初,主要商品如谷物、织物等的价格严重下降,由于政府没有制造足够的钱币造成通货紧缩日益严重,因此 788 年制定的税务法则变得沉重而让人无法承受,农民必须用比以往多两到三倍的谷物和织物(丝绸、麻布等)来完成缴税任务。从白居易 806 年的一篇文章可以清楚地看出,向农民征税的形式是货币和实物并用。白居易坚持认为,账簿记录应该都是以货币为单位,就实物来说,农民也只用他生产的东西来缴税——谷物和织物。一年征税两次(这是征税的标准制度)虽然很重,但还是无法满足政府开支的需求。在诸多提高财政收入的方法中,有一种被称为谷价调整法(和籴法)。八世纪时为了平抑谷物价格，政府在年成好的时候以高于市场的价格收购谷物，而在歉收的年份以低于市场的价格出售谷物。这逐渐发展为按照任意价格被迫卖给政府谷物，而付给卖方的货币或物品没有太多价值，如品质不佳、难以处置的丝绸和布匹。大致是808年在给皇帝的奏状中，白居易说自己从两个渠道知道这个制度："臣久处村闾，曾为和籴之户。亲被迫蹙，实不堪命。臣近为畿尉，曾领和籴之司。亲自鞭挞，所不忍睹。"㉕白居易建议，如果政府需要谷物，应该允许用谷物代替钱币来缴纳。这不仅减轻了农民的负担，也免除了政府用于平准的花费。

政府对于这一建议的回答很可能是，除非白居易可以保证用这种方法不会减少财政收入，否则他的建议中应该包括如何解决政府赤字的方案。白居易的意见似乎说明，政府是强迫以低于市场的价格买入谷物，在这样的情况下采用他的建议显然会减少财政收入。

在《策林》的一篇文章中，白居易讨论了钱币的缺乏。他说，造成这一情况的原因是制造一文钱的费用超过了一文钱，这限制了政府能够铸造钱币的数量，而由于对金属的巨大需求，将一文钱熔铸后一个人能得到超过一文钱的价值。唯一补救的措施是"国家行挟铜之律，执铸器之禁"，这样"铜无利也，则钱不复销矣"㉖。但这样的措施没有被采纳，钱币短缺的问题在此后的二十年中持续存在。

809年时白居易给一位没有具名的朋友写了一组（五首）诗歌，他认为此人极有可能很快掌握权力。其中一首关注到了农产品价值日益降低，以及不根据实际情况强求用货币来缴税的不合理规定：

> 私家无钱炉，平地无铜山。
> 胡为秋夏税，岁岁输铜钱。㉑

白居易得出的教训是，老百姓应该只被要求缴纳他们耕作的土地上能够生产的东西。

淘金热

从理论上讲，这段时期每个人都有国家分配的土地，在他去世时可以将部分土地传给子女，部分则交还给国家。但实际上，只有国家还有土地时老百姓才能分到，但很少能得到他们应该获得的。官员根据他们的官职获得相应的土地，寺庙和高级宦官更是获取了大量土地，剩下不多的土地被分配给普通老百姓。那些获得土地的农民发现很难缴纳繁重的赋税后，他们越来越多地离开土地涌向金银矿山，尤其是在南方。在同一系列的另一首诗中白居易写道：

> …………
> 银生楚山曲，金生鄱溪滨。
> 南人弃农业，求之多苦辛。
> 披砂复凿石，砯砯无冬春。
> 手足尽皴胝，爱利不爱身。
> 畬田既慵斫，稻田亦懒耘。
> 相携作游手，皆道求金银。

毕竟金与银，何殊泥与尘。

且非衣食物，不济饥寒人。

…………㉘

牢狱

白居易 809 年的另外一份奏状涉及的是十多个囚犯，他们被监禁在河南最西部的阌乡、湖城的牢狱中。许多年前，他们被发现挪用公款，被财务部门交给地方官员处理。"其妻儿皆乞于道路，以供狱粮。其中有身禁多年，妻已改嫁者；身死狱中，取其男收禁者。……前后两遇恩赦，今春又降德音。皆云节文不该，至今依旧囚禁。……古者一妇怀冤，三年大旱；一夫结愤，五月降霜。以类言之，臣恐此囚等忧怨之气，必能伤陛下阴阳之和也。"㉙白居易接着要求案件交由宰相进一步调查，如果大赦不适合这些人，那么应该宣布一个特殊的保释条令，立即释放这批囚犯。虽然他们的罪行是很严重的，但还没有达到无限期拘禁的程度。白居易同时指出，财政和盐铁官员可能把相似的罪犯交给了地方官员处理。所有这些案件都应该重新审查和汇报。

至于其他案件，白居易没有写奏状。他还试图引起民众对于牢狱问题的关注，为此写了一首乐府诗。这个在唐代的行为就相当于我们给《泰晤士报》写一封信，或者更像在大众媒体上写篇文章，因为乐府诗一旦流行起来，会在长安到处传唱。这首乐府诗是《秦中吟》的第九首，题为《歌舞》：㉚

> 秦中岁云暮，大雪满皇州。
> 雪中退朝者，朱紫尽公侯。
> 贵有风云兴，富无饥寒忧。
> 所营唯第宅，所务在追游。
> 朱轮车马客，红烛歌舞楼。
> 欢酣促密坐，醉暖脱重裘。
> 秋官为主人，廷尉居上头。
> 日中为一乐，夜半不能休。
> 岂知阌乡狱，中有冻死囚。

以上的例子足以说明白居易当时需要面对的社会和政治问题，以及他对此的态度。我不打算全面描绘当时唐朝社会的全貌，因为那样做需要的不只是一个章节，而是整整一本书了。

注　释

① 关于安禄山的家族背景，参看我即将出版的《李白的诗歌与生平》（The Poetry and Career of Li Po）。根据《旧唐书·安禄山传》（卷二百上），他原来的名字是"轧荦山"，是突厥语"斗战"的意思。——韦利原注。《李白的诗歌与生平》于1950年出版。
② "圣人"在这个上下文中可能只意味着"皇帝"。——韦利原注
③ 李氏家族来自西北边境而不是东北边境。郑氏家族来自河南。卢氏家族来自范阳——叛乱的源头。崔氏家族的两个分支来自更南边的河北，王氏家族则来自山西的太原。在不少情况下这些家族与郡望之间只有历史性的联系。白居易的朋友李建来自"陇西李氏"，但这不意味着他在陇溪拥有土地或者甚至去过那里。李建出生（764年）前陇溪已经被吐蕃

占领,并且一直在吐蕃人手中。白居易来自"太原白氏",但他似乎从来没有去过太原。——韦利原注
④ 除了李氏家族,其他四家被统一称为山东集团,"山东"是指华山以东的广大地区,和今天"山东省"完全没有关系。——韦利原注
⑤ 契丹十世纪时在中国北方建立了一个王朝,从这个王朝产生了 Cathay 这个长期以来西方指称中国的词语。——韦利原注
⑥ 杜甫《后出塞五首·其四》。杜甫接着说到了一些奢侈品(越罗与楚练),这些和稻米都是被安禄山和他的手下消费的。一切取决于是否可以把"云帆"理解为船队。其他材料(比如《新唐书》卷二百二十五《逆臣列传》)泛泛地提到了安禄山的购买物,但我没有看到海路运输在其他资料中出现过。——韦利原注
⑦ 在 807 年,范阳、魏博等十五个道七十一个州"不申户口",中央政府"每岁赋税倚办"只靠着浙江东西、淮南等八个道四十九个州,参见《资治通鉴》卷第二百三十七当年条目以及胡三省注。——韦利原注
⑧ 我这里使用"鞑靼"包含突厥、蒙古和通古斯人。
⑨ 《请罢兵第二状》。
⑩ 《请罢兵第二状》。
⑪ 这些地区大致相当于现在的同心、固原和天水。——韦利原注
⑫ 《与吐蕃宰相钵阐布敕书》。
⑬ 《代忠亮答吐蕃东道节度使论结都离等书》。
⑭ 《与吐蕃宰相尚绮心儿等书》。
⑮ 《与吐蕃宰相尚绮心儿等书》。
⑯ 所使用的术语 chien 大致意味着双线丝绸,比普通丝绸花费更多时间。"匹"大约四十尺长。
⑰ G. H. Luce, "The Ancient Pyu", *Burma Research Society's Journal*, XXVII, Part 3, 1937.——韦利原注
⑱ 《与骠国王雍羌书》。
⑲ 宫廷的军队被称为"神策军",我倾向于认为"神策"意思是"Holy Plan",虽然有些材料显示与此相反。——韦利原注

⑳ 《论承璀职名状》。
㉑ 《宿紫阁山北村》。
㉒ 关于《卖炭翁》，可以比较 170 Chinese Poems 的第 137 页。韩愈在《顺宗实录》卷一中也讲了同样的故事："尝有农夫以驴负柴至城卖，遇宦者称宫市，取之，才与绢数尺，又就索门户，仍邀以驴送至内，农夫涕泣，以所得绢付之，不肯受，曰，须汝驴送柴至内……"——韦利原注
㉓ 《梦仙》（170 Chinese Poems 第 132 页）的第 15 行提到的安期生、羡门等都是仙人。——韦利原注
㉔ 《海漫漫》为《新乐府》第四首。
㉕ 《论和籴状》。
㉖ 《策林》第二十篇《平百货之价》。
㉗ 《赠友五首》之三。
㉘ 《赠友五首》之二。
㉙ 《奏阌乡县禁囚状》。阴阳组成了自然界。仇恨可以杀人一直是东亚的一种强烈的思想信仰。——韦利原注
㉚ 一作《伤阌乡县囚》。

第五章　京兆府户曹参军

白居易于 808 年至 810 年从事了大量的政治活动并取得了相当程度的成功，这在很大程度上归功于宰相裴垍（765—811）的鼓励和支持。裴垍 788 年在贤良方正能直言极谏科考试中获得第一名的成绩。802 年，他作为吏部侍郎批阅了元稹和白居易的试卷，两人参加书判拔萃科考试并顺利过关。806 年，裴垍出任中书省高官，并担任翰林学士。808 年夏，三位通过贤良方正能直言极谏科制举考试的年轻人牛僧孺、皇甫湜、李宗闵猛烈抨击政府的管理和上了年纪的宰相李吉甫（758—814）。李吉甫非常不满，要求裴垍重新审查并修改考试结果。裴垍报告说，批评是合理的，没有理由拒收考试合格者。为了报复，李吉甫将当初的几位考官贬谪到地方上，同时罢裴垍为户部侍郎。白居易在写给宪宗的奏状中，指出那些考官突然离开中央政府和像裴垍那样的人被降级引起了普遍的惊愕，因为这些人都是具有非凡才能的公仆，而裴垍也因发现和提携年轻人而赢得了良好的声誉。白居易指出，在 780 年的考试中，一位成功的应考者严厉地批判了政府管理，德宗皇帝不但没有质疑考官的决定，还表示了极大的喜悦，并且将这个应试者自第四等拔为第三等。白居易写道，每个人都相信，现在的麻烦是由部分考试失利者为宣泄不满而挑起的。① 一股强大的社会舆论站在了白居易一边，808年秋，宰相李吉甫虽然保留了头衔，但离开首都出镇淮南。比他年轻的裴垍出人意料地接替他成为政府首脑。这样在整个809年白居易很幸运地在一个政见完全相同的宰相手下工作，裴垍之所以能得到宰相的位置部分原因也来自白居易对于他的支持。裴垍给予了白居易连续的帮助，特别是在宦官问题上，810年他设法将吐突承璀贬谪到兵器库一个不重要的位置上。

810年末，裴垍突发脑溢血。他虽然部分恢复了，但被迫辞职，并于811年去世。他的去世对于白居易和元稹来说不仅是巨大的个人损失，也是一个巨大的政治灾难——他们失去了主要的支持者。811年初，李吉甫从东部回到首都，再次成为政府首脑。此前白居易因为808年为制举主考官辩护而彻底得罪了李吉甫。

无疑是因为裴垍的影响力，元稹在808年末守丧完毕后被授予了一个颇为重要的职务——东川监察使。他于809年春出发，以百倍的热情投入自己的新工作中，关于擅自征税和没收财产的详细报告源源不断地被送到长安的御史台，其中很多都与严砺及其手下人有关。严砺自806年冬起担任东川节度使，最近刚去世。被严砺私吞的每一匹丝绸，每一筐干草都被元稹详细地记录在案。该案件被御史台移送到中书省。中书省命令，只要有可能就要将私吞的物品归还原主，对于还活着的罪犯处以两日薪俸的罚金，因为他们是从犯，应该宽大处理。当年夏天元稹被任命为洛阳御史台的长官。

在809年及之前，白居易写了六十首政治讽喻诗，因此没有太多时间写我们可以称之为个人诗歌的抒情诗，也是不奇怪的。

他写的几首情感亲密的诗歌主要是给元稹或与之有关。他这段时期一首很有特色的诗是写给樊宗师（约770—820）的——《赠樊著作》，樊的职位是著作，起初的职责是编纂国史，但到九世纪这个职位似乎只是一个空头衔了。在这首诗中我们发现，元稹及其在东川的业绩和孔戡（死于810年）、阳城联系在一起，后两人是白居易这段时期心目中的英雄。

阳城出身于一个因动乱而没落的官宦家庭。无钱买书，他在集贤院（807年白居易在这里任职）找到了一份抄写员的工作，在空闲时间通过偷偷阅览图书馆的藏书，他获得了相当程度的学识。六年后，他隐退到河北东南沧州的一个山村中。他没有结婚，据说因为出于对两个弟弟异常的关爱，他害怕如果"异性"来到自己的家庭会疏远和两个弟弟的关系。他因为解决乡村的纠纷而为当地人所知，即使是远处的居民也来找他而不是找地方官解决矛盾。大约在780年李泌（722—789）②拜访了阳城，留下了很深的印象。李泌是个古怪的人物，民间相信他能和仙女进行交流，并且操练方术。在783年至784年的政治混乱中他对皇帝表现了极大的忠诚，虽然官僚阶级都不赞成，认为他是一个江湖骗子，但他787年出任宰相。上任后，李泌立刻邀请阳城出山，先是担任著作郎，后来成为谏官。人们普遍认为，这样的任命会送了阳城的命，因为他会不顾一切地批判当权者。超出每个人意料的是，阳城每天和他的弟弟饮酒作乐，对公共事务表现得漠不关心。

大约在这个时候，韩愈写下了著名的《谏臣论》，他先从《易经》中引用了一段又一段话，接着狠狠批评阳城完全名实不符。③

在现实中,阳城自然只是"故意掩饰",像古代中国复仇小说中的主人公。阳城所一直等待的关键时刻出现在795年陆贽(754—805)被贬谪的时候,陆是当时最能干最无所畏惧的政治家。阳城上了奏状,要求召回陆贽,外放裴延龄(死于796年,曾阴谋反对陆贽)。阳城快要被抓起来的时候,太子(即后来不幸的顺宗)进行了干预。④阳城被从御史台免职,但被授予了太学学监的职务。他上任后的第一个行动是告诉学生们,他们在学校里需要学习的是忠孝,并且说希望离家很长一段时间的学生可以放假回家。第二天,他班上大约二十名学生就不见了。他最终因为在家里掩藏一个官府追捕的学生而惹了麻烦,被贬为道州刺史。道州位于湖南南部,在当时被认为是天涯海角。约三百名学生在皇宫外面游行示威,三天三夜都不愿意离开,但朝廷的决定是无法改变的。

阳城发现道州每年必须向朝廷进贡若干名矮人。那里大部分是本地人,矮人大约是黑人,类似现在马来亚的黑人。他上了一份奏状,谴责了这一做法,成功地使之终止了。

白居易在《道州民》一诗中这样写道:⑤

> 道州民,老者幼者何欣欣。
> 父兄子弟始相保,从此得作良人身。
> 道州民,民到于今受其赐,欲说使君先下泪。

阳城的行政管理成为了美好的温情主义的代名词。他对待自己的下属像家里人一样,奖惩根据他们所应得的,而不是官方的规章制度。他的上级（观察使）为税收无法征讨而担心，阳城利用递交年度报告的机会对此作了解释。在年度报告中，官员根据他们的工作效率被分级为上上、下中等。和普通做法不同，阳城在报告中说明自己身为刺史一直致力于谋求老百姓的福祉，但在税收方面相当乏力，所以自我评级为下下。当派去道州督赋的判官发现阳城不在官署，询问到哪里可以找到他时，"吏曰：'刺史以为有罪，自囚于狱。'"在第一个官员无法劝诱阳城回到衙门后，第二个被派去采取强制行动。阳城被看作一个圣人，干预他的行动是危险的，第二个去劝说的官员在前往道州的中途逃跑了，此后再也没有露面。805 年，顺宗继位后发了一道谕旨，召阳城回长安，但发现他此时已经不在世了。⑥后来可能有人对这个故事添油加醋，但主要内容基本符合阳城去世后不久白居易和元稹写的相关诗歌中的追忆和描述。

孔戡和阳城不一样，他受到白居易的推崇不是因为他的人格和处事原则，而是因为一个特别的事件展示了他的风骨和勇气。804 年，卢从史出任山西节度使，孔戡是他的幕僚。当他发现卢计划反叛唐朝，而自己又无法劝说他放弃这一计划时，他离开了卢的幕府，大约在 807 年退隐到洛阳。他将对于皇帝的忠诚放在了对于上司的忠诚之上，这对于一个幕僚来说是非常难以做到的，正如白居易在《哭孔戡》一诗中所写，⑦显然他认为这种行为是特别值得推崇的。

诗中提到的第三个人物是刘辟的嫂子。刘辟在四川发动叛乱（见上文），于 806 年被处决。关于他嫂子的其他事情均不得而知。白居易在给樊宗师的诗（《赠樊著作》）中，要求给予阳城、元稹、刘辟的嫂子、孔戡在历史上一席之地。这篇作品在形式上可以说是一首诗歌,它所要达到的目的和元稹不久之后写给韩愈的书信是一样的,在信中元稹要求韩愈将一个叫甄济的人写入历史。⑧白居易的诗如下:

> 阳城为谏议,以正事其君。其手如屈轶⑨,举必指佞臣。
> 辛使不仁者,不得秉国钧。元稹为御史,以直立其身。
> 其心如肺石⑩,动必达穷民。东川八十家,冤愤一言伸。
> 刘辟肆乱心,杀人正纷纷。其嫂曰庾氏,弃绝不为亲。
> 从史萌逆节,隐心潜负恩。其佐曰孔戡,舍去不为宾。
> 凡此士与女,其道天下闻。常恐国史上,但记凤与麟。
> 贤者不为名,名彰教乃敦。每惜若人辈,身死名亦沦。
> 君为著作郎,职废志空存。虽有良史才,直笔无所申。
> 何不自著书,实录彼善人。编为一家言,以备史阙文。

樊宗师是当时最多产的作家之一,但具有奇特讽刺意味的是,他的几乎所有著作都没有流传下来,因此即使他采取了白居易的建议转向撰写当代人的传记,他也没有能够将善人从无名状态中拯救出来。另一方面,正史恰当地记录下了阳城、元稹、孔戡的生平事迹。但就我所知,从来没有人讲述过刘辟嫂子的故事,如果不是白居易简单地提到她,我们不会知道这个人的存在。⑪

802年,元稹娶了一个十九岁叫韦蕙丛的姑娘。⑫她死于809年七月,留下了三个儿子⑬和一个叫保子的女儿。元稹写了一系列悼亡诗，其中之一是《梦井》，我多年前曾翻译过：

梦上高高原，原上有深井。登高意枯渴，愿见深泉冷。
徘徊绕井顾，自照泉中影。沉浮落井瓶，井上无悬绠。
念此瓶欲沉，荒忙为求请。遍入原上村，村空犬仍猛。
还来绕井哭，哭声通复哽。哽噎梦忽惊，觉来房舍静。
灯焰碧胧胧，泪光凝同同。钟声夜方半，坐卧心难整。
忽忆咸阳原，荒田万馀顷。土厚圹亦深，埋魂在深埂。
埂深安可越，魂通有时逞。今宵泉下人，⑭化作瓶相憬。
感此涕汍澜，汍澜涕沾领。……

809 年秋，白居易在写给元稹的诗中谈到了他们这段时间感受到的孤独和压抑，"蕙风晚香尽"⑮这一句，我想是暗指元稹妻子之死；因为她的名字叫蕙丛。但蕙丛不是元稹恋爱的第一人。⑯他和白居易都曾暗示过一段热烈但显然是非常短暂的罗曼史，似乎发生在 795 年。⑰它被用当时的隐语写成在梦中与一位仙女相遇，但显然这意味着一场普通的人间恋情。在此后的八九年当中，两人都告诉我们，元稹仍然难以忘却那段神秘的情感冒险，过着完全的单身生活。整个事情似乎非常秘密并且在很多方面是不道德的，或者不管怎么说都是一个让人深深懊恼的事件。这是我们从两首描写这一事件的诗中可以得到的信息，一首是元稹本人写的，一首是白居易写的。两首都很隐晦，充满典故，可能他们并不想让外人完全了解此事。

809 年，河南尹诬告诸生尹太阶，后者因此自杀了。本来元稹应该把这件事情报告给长安，这是他的职责所在，但是他却一反常规企图凭借自己的力量将府尹赶下台。府尹通过向长安求助，被告知继续行使自己的职权，元稹则遭到了严厉的批评，被要求立刻返回长安并向上级报告。元稹以一种焦躁和压抑的状态返回，"泣血西归，无天可告，无地可依，喘息将尽，心魂以飞"（《祭翰林白学士太夫人文》）。他接着告诉我们白居易的母亲如何安慰他，特别关照他穿暖和一些，并且按时吃药，总之对他关怀备至。[18]元稹在首都只待了几天，然后就突然接到命令要求他立刻前往湖北江陵担任一个小官（士曹掾）。白居易下内值归途中"邂逅相遇于街衢中"，他写道："自永寿寺南，抵新昌里北，得马上语别，语不过相勉保方寸、外形骸而已，因不暇及他。"元稹显然是得到命令要求傍晚之前离开首都。他在长安近郊的山北寺稍停，白居易由于公务在身，无法去那里与他见面，于是让自己的弟弟白行简去给元稹送行。后来，通过官方的邮差，他送给元稹一个含有二十首新诗的卷轴，"意者欲足下在途讽读，且以遣日时，销忧懑，又有以张直气而扶壮心也"[19]。

有时候会出现这种情况，如加在元稹身上的处罚在被贬谪的人还没有抵达任所就被撤回。白居易上了三份奏状要求谅解元稹，但只有第三份文件被保留了下来。他回顾说，自从元稹被任命为谏官，只要发现腐败就揭露出来，不管他所谴责的人的官位和权势。这使他树敌很多，得罪了不少权贵，特别是皇室成员李公佐。[20]为了报复，李散布了不少关于元稹的谣言。如果放逐元稹，将来就没有人敢于揭发有权有势者的不当行为。白居易承认，在洛阳府尹这件事情上，元稹越出了自己的职权范围，但为此他已经受到了惩罚——减少薪俸。白居易认为,大家都认为元稹被贬官不是由于洛阳府尹事件,而是因为他在从洛阳到长安的路上与中使刘士元在驿站发生了冲突。刘士元"踏破驿门,夺将鞍马,仍索弓箭,吓辱朝官。"㉑实际上,这是争夺住宿的优先权。白居易指出,如果宦官不受惩罚,而元稹却被贬官,那么宦官对于旅行官员的暴行就会变得越来越让人无法忍受。

白居易继续写道,元稹在东川的监察结果使一些地方刺史得到了惩戒,追回了被已故节度使严砺错误征用的物品;他同样成功地揭露了滥用官员住宿驿站票据的情况。元稹被贬谪将对不法者发出信号,他们可以安全地再次开始他们的非法行为,"从此方便报怨,朝廷何由得知?"白居易接着又举了一个例子,801年崔善贞秘密地报告了李锜准备在东部发动叛乱的消息。没有人注意到他的这个警告,他被抓起来并被直接送到了李锜的大营中,结果被投入监牢活活烧死。但几年后的807年,他被证明是正确的。李锜反叛了,因为没有听从崔善贞的警告,"至今天下为之痛心。"㉒但是白居易和其他朋友的抗议没有产生效果,元稹在江陵一直待到814年。

810年四月,白居易作为拾遗的任期结束了。三年前(807)宦官梁守谦来到他家,带来了他被选入翰林院的消息,这次再次来到他家,要求他交给皇帝一份他想担任职务的说明。显然,皇帝已经听到了一些风声,白居易基于人情物理希望得到一个薪俸更高的职位,但这个位置又不会让他离开长安。在《奏陈情状》中,他说母亲病重,自己没有什么财产,目前的薪俸无法使母亲得到很好的照顾,因此请求在长安任职,可以获得更高的薪俸,但并不需要越级提拔。最终他被授予户曹参军的职位,俸钱是每月"四五万",而此前的薪俸是两万五千钱。白居易在一首欣喜不已的诗中写道:

> 诏授户曹掾,捧认感君恩。
> 感恩非为己,禄养及吾亲。
> 弟兄俱簪笏,新妇[23]俨衣巾。
> 罗列高堂下,拜庆正纷纷。
> 俸钱四五万,月可奉晨昏。
> 廪禄二百石,岁可盈仓囷。[24]
> 喧喧车马来,贺客满我门。
> 不以我为贪,知我家内贫。
> 置酒延贺客,客容亦欢欣。
> 笑云今日后,不复忧空罇。
> …………[25]

白居易担任这个新职务完全是为了提高薪俸。我们没有听说他在京兆府做过任何工作。虽然他不再需要对政令提出评判意见,但他仍然可以在一些常识性的问题上给出自己的建议。作为翰林学士,他继续负责起草皇帝诏令的最终版本。但 810 年的秋天和冬天的大部分时间他请了病假,而且似乎退隐到了乡间。在一首题为《秋山》的诗中,他说自己在久病之中失去了寻求快乐的能力,今天第一次才能出来登山,将白石作为卧枕,攀登时抓住青萝,他感到"意中如有得,尽日不欲还"。他接着写道,人生时间短暂，但在这短暂的时间内，"心有千载忧，身无一日闲"。他最后问自己是否有一天可以摆脱"尘网"的束缚，不是作为一个游客来到山中，而是在此度过自己的余生。

他所崇拜的孔戡在洛阳去世，无疑增加了他这段时期的抑郁：

谓天不爱人，胡为生其贤？
为天果爱民，胡为夺其年？㉖

大约在810年的秋天，他写下了《读邓鲂诗》：

尘架多文集，偶取一卷披。
未及看姓名，疑是陶潜诗。
看名知是君，恻恻令我悲。
诗人多蹇厄，近日诚有之。
京兆杜子美，犹得一拾遗。
襄阳孟浩然，亦闻鬓成丝。
嗟君两不如，三十在布衣。
擢第禄不及，新婚妻未归。
少年无疾患，溘死于路歧。
天不与爵寿，唯与好文词。
此理勿复道，巧历不能推。

除了白居易在诗中提到邓鲂，此外我们对他一无所知。我们在下文可以看到，他是崇拜白居易政治诗的两三个朋友之一。一首题为《隐几》的诗似乎也是写于这段退隐时期，具体来说是在810年末：

> 身适忘四支，心适忘是非。
> 既适又忘适，不知吾是谁。
> 百体如槁木，兀然无所知。
> 方寸如死灰，寂然无所思。
> 今日复明日，身心忽两遗。
> 行年三十九，岁暮日斜时。
> 四十心不动，㉗吾今其庶几。

在这首诗中，道家的无为和儒家的禁欲融合在了一起，但没有佛教的内容。在810年的白诗中偶然涉及佛教的情况开始增多。但值得注意的是，它们主要出现在写给元稹的安慰和劝告诗中。白居易似乎感觉到他热烈鲁莽的性格需要一种精神的安放，因此建议贬谪中的元稹不仅要读《庄子》第一篇《逍遥游》，还要读《十二禁欲经》。白居易在读了元稹追念妻子的诗歌后，建议他学习《楞伽经》。㉘在其他地方他敦促元稹读《妙法莲华经》《维摩诘经》《法句经》。他推荐《法句经》可能因为其中文版以"无常品"开篇。白居易本人也是过了一些年之后才专注于佛教。在811年所写的一首诗中，他表扬了自己所实行的世俗的无为主义，认为它的效果堪比六祖慧能的冥想。

811年二月末（基本对应于我们的三月），春天已经来临了，但长安发生了雪灾：

> 连宵复竟日,浩浩殊未歇。
> 大似落鹅毛,密如飘玉屑。
> 寒销春茫苍,气变风凛冽。
> 上林草尽没,曲江冰复结。
> 红乾杏花死,绿冻杨枝折。㉙

对于白居易来说,发生这样不合时宜的事情是不吉祥的,不仅因为它造成了破坏和伤害,同时也是一种凶兆——表明人间的统治者与自然的力量之间不和谐,"上将儆正教"。

我们可以预料到,也有一些乐观主义者认为,一个严寒的春天将预示着丰收。韩愈在一首题为《辛卯年雪》中提到过这一观点。㉚辛卯即 811 年,韩诗和白诗几乎写于同时。也正是在这个时候,白居易曾经大大冒犯过的李吉甫回到了长安,代替白居易的朋友和支持者裴垍。他的突然归来像一阵冰冷的风吹散了白居易所有的政治希望,当他写春天大雪不合时宜地到来时脑中可能发生类似的联想。㉛

811 年夏初,白居易的母亲陈氏"殁于长安宣平里第"㉜。根据高彦休的说法,她有段时间陷入了间歇性的癫狂,有一次甚至试图刺死自己。白家安排了两个身强体壮的农村妇女照看她,但她最终还是逃过了她们的目光,投井自杀了。我们已经看到,仅仅一年前,当元稹短暂访问首都时她是如何照顾他的。这契合了高彦休的意见,认为白母曾患有间歇性精神病,从未完全康复。白居易只是间接地提及了她的去世,简单记录了她去世的日子，没有为当时的情景提供任何新的信息。宣平里就在白居易原先居住的长乐里的西边不远处。一般认为白居易刚刚搬家过去不久，白母不和白居易同住而单独居住的可能性是很小的。服丧自然使白居易辞去了自己的官位，他住到了下邽金氏村的田舍之中。他似乎并不需要辞去翰林学士的职位，但他似乎这么做了。他很可能是被李吉甫排挤了，虽然我们没有直接的证据。确实，当811年夏天白居易退隐到渭河边的小村子时，他似乎认为自己的政治生涯彻底结束了。李吉甫还年富力强，看上去他将一直待在台上，只要他大权在握，白居易官复原职的可能性就微乎其微了。

注　释

① 详见《论制科人状》。其后李吉甫之子李德裕与牛僧孺、李宗闵等的"牛李党争"持续了数十年，即种因于此。白居易此后屡次被李德裕所排挤，也与此有关。
② 在783—784年的政治混乱中忠诚地支持德宗，787—789年担任宰相。——韦利原注
③ 大约十年后，韩愈在《送何坚序》(《昌黎先生文集》卷第二十)对阳城表示了很大的尊重："坚，道州人。道之守阳公，贤也。"我们关于阳城的有关信息，主要根据韩愈等人所著《顺宗实录》卷四中富于同情的描述。——韦利原注
④ 阳城的生卒年一般标示为736—805。但没有明确的材料显示他死于805年，很可能更早一些。——韦利原注
⑤ 英译文见 170 Chinese Poems 第123页。——韦利原注
⑥ 详见《新唐书·阳城传》。
⑦ "……拂衣向西来，其道直如弦。从事得如此，人人以为难。……"

⑧ "……若甄生冕弁不加于其身，禄食不进于其口，于天宝盖青严之一男子耳。及乱则延颈受刃，分死不回，不以不必显而废忠，不以不必诛而从乱，参合古今之士，盖百一焉。稹常读注记，缺而未书，谨备所闻，盖欲执事者编此义烈，以永永于来世耳。……"详见元稹《与史馆韩侍郎书》。

⑨ 传说中黄帝时代的一种草，能突然将卷须指向胆敢来到朝廷的佞臣。——韦利原注

⑩ 古时有冤屈的人可以站在上面鸣冤，参见我在《伦敦大学亚非学院学报》第九卷上的论文。——韦利原注

⑪ 诗中提到元稹，说明它写于809年夏天之后。樊宗师810年去世于洛阳，但该诗没有信息说明它是写于樊宗师去世之前或之后。——韦利原注

⑫ 参见韩愈所写《监察御史元君妻京兆韦氏夫人墓志铭》，收入《昌黎先生文集》卷第二十四。

⑬ 三个儿子似乎都早死。——韦利原注

⑭ "泉下人"被我翻译成 my love who died long ago，这里的 long ago 不是字面上的。实际上这首诗显然写于810年春天，但我觉得没有必要改变我翻译的措辞了。——韦利原注

⑮ 《寄元九》。全诗如下："身为近密拘，心为名检缚。月夜与花时，少逢杯酒乐。唯有元夫子，闲来同一酌。把手或酣歌，展眉时笑谑。今春除御史，前月之东洛。别来未开颜，尘埃满尊杓。蕙风晚香尽，槐雨馀花落。秋意一萧条，离容两寂寞。况随白日老，共负青山约。谁识相念心，鞲鹰与笼鹤。"

⑯ 关于元稹妻子的名字，参见《唐诗纪事》卷三十七。我不认为《莺莺传》（英译文见 *More Translations* 第68页）真是元稹写的；但是这个问题太复杂了，这里不赘述了。——韦利原注

⑰ 当时元稹十五岁。

⑱ "太夫人推济壑之念，悯绝浆之迟，问讯残疾，告谕礼仪，减旨甘之直，续盐酪之资，寒温必服，药饵必时，虽白日屡化，而深仁不衰。"

⑲ 《和答诗十首并序》。

⑳ 和著名的小说家不是同一个人。——韦利原注
㉑ 《论元稹第三状》。
㉒ 《论元稹第三状》。
㉓ 指白居易的妻子。——韦利原注
㉔ 二百石可以养活十五至二十人一年。——韦利原注
㉕ 《初除户曹喜而言志》。
㉖ 《孔戡》。
㉗ "我四十不动心。"参见《孟子·公孙丑上》。——韦利原注
㉘ 《楞伽经》已经被铃木大拙翻译出来,《妙法莲华经》被 H. Kern 翻译出来,收入《东方圣书》(Sacred Books of the East) 第二十一卷。《十二禁欲经》没有被翻译。《维摩诘经》收入《东方佛教徒》(Eastern Buddhist) 第二卷至第四卷;关于维摩诘的故事,参见下文第十四章开篇部分。——韦利原注
㉙ 《春雪》。
㉚ "或云丰年祥,饱食可庶几。"全诗如下:"元和六年春,寒气不肯归。河南二月末,雪花一尺围。崩腾相排拶,龙凤交横飞。波涛何飘扬,天风吹旖旎。白帝盛羽卫,鬖鬖振裳衣。白霓先启涂,从以万玉妃。翕翕陵厚载,哗哗弄阴机。生平未曾见,何暇议是非。或云丰年祥,饱食可庶几。善祷吾所慕,谁言寸诚微?"
㉛ 白居易《登乐游园望》一诗最后提出了带有嘲讽性的问题:"可怜南北路,高盖者何人?"可以确定这是指李吉甫的归来,写于811年一月。这句在我们看起来并无伤害,但是根据白居易《与元九书》中的说法,这让"执政柄者(即李吉甫)扼腕(一种惊恐的表示)"。——韦利原注
㉜ 《襄州别驾府君事状》。

第六章　下邽丁忧

下邽位于渭河边，大约在长安和渭河流入黄河口的中间点。其东南是华山的三座高峰，高度都超过了七千英尺。804年后白居易一直没有回过下邽。当年乡下的小孩子如今都长大成人了，当白居易问及他所认识的老人时，人们常常指着围绕村子周围的坟地，"浮生同过客，前后递来去。……"

> 回念念我身，安得不衰暮。
> 朱颜销不歇，白发生无数。
> 唯有门外山，三峰色如故。[①]

白居易是明智的，只眺望而没有登临华山。几年前他同时代的著名作家韩愈攀登华山，到了半山腰的某个地方，上不去，也下不来，写好了给妻子和家人的绝命书投掷山下，[②]这时离得最近的一个县的县令"想尽了各种办法"才把他从危险的所在哄骗了下来。[③]

白居易在下邽的三年时间（从811年到814年）一直身体状况不佳。我们不清楚他的症状是什么，只发现他在诗中经常提到自己的眼疾，他将之解释为"嗜读"的结果。一些今天可以用戴眼镜来轻易解决的小问题,在那个年代却会造成很大的不便。他认为自己的世俗事业已经走到了尽头,当一个算命先生提出要为他占一卦时,他这样回答:

> 病眼昏似夜,衰鬓飒如秋。
> 除却须衣食,平生百事休。
> 知君善易者,问我决疑不。
> 不卜非他故,人间无所求。④

全家移居下邽后不久,白居易唯一的孩子——名叫金銮的三岁女孩——在生病仅两天后就去世了:

> 有女诚为累,无儿岂免怜。
> …………
> 故衣犹架上,残药尚头边。
> 送出深村巷,看封小墓田。
> 莫言三里地,此别是终天。⑤

但是他似乎不久就将悲哀淡忘了,从这段时间他写的两首题为《适意》的诗或许可以看出来:

> 十年为旅客,常有饥寒愁。
> 三年作谏官,复多尸素羞。
> 有酒不暇饮,有山不得游。

岂无平生志，拘牵不自由。
一朝归渭上，泛如不系舟。
置心世事外，无喜亦无忧。
终日一蔬食，终年一布裘⑥。
寒来弥懒放，数日一梳头。
朝睡足始起，夜酌醉即休。
人心不过适，适外复何求。

第二首是这样的：

早岁从旅游，颇谙时俗意。
中年忝班列，备见朝廷事。
作客诚已难，为臣尤不易。
况予方且介，举动多忤累。
直道速我尤，诡遇⑦非吾志。
胸中十年内，消尽浩然气。
自从返田亩，顿觉无忧愧。
蟠木用难施，浮云心易遂。
悠悠身与世，从此两相弃。

下面这首《首夏病间》可能写于812年夏天，与上文表达的情绪是相似的：

我生来几时，万有四千日。

自省于其间,非忧即有疾。
　　老去虑渐息,年来病初愈。
　　忽喜身与心,泰然两无苦。
　　况兹孟夏月,清和好时节。
　　微风吹袂衣,不寒复不热。
　　移榻树阴下,竟日何所为。
　　或饮一瓯茗,或吟两句诗。
　　内无忧患迫,外无职役羁。
　　此日不自适,何时是适时?

　　很多写于这段退隐时期的诗歌很难确定准确的日期,有一组短诗可能写于812年,其中两首的译文我从 Chinese Poems (1946)中选出:

　　　　抱枕无言语,空房独悄然。
　　　　谁知尽日卧,非病亦非眠。⑧

　　　　似玉童颜尽,如霜病鬓新。
　　　　莫惊身顿老,心更老于身。⑨

　　同一个系列当中还有《村夜》:

　　　　霜草苍苍虫切切,村南村北行人绝。
　　　　独出前门望野田,月明荞麦花⑩如雪。

最后这一首是在一个不眠之夜情绪低落的情况下写出来的：

暗虫唧唧夜绵绵，况是秋阴欲雨天。
犹恐愁人暂得睡，声声移近卧床前。⑪

"安得放慵堕，拱手而曳裾？"白居易在812年写道：

学农未为鄙，亲友勿笑余。
更待明年后，自拟执犁锄。⑫

在后面的白诗中，我们将看到大量关于悠闲垂钓和随性阅读的描写，但没有关于犁田锄地的。白居易说决心使自己成为一个自食其力有用的人这一条似乎也没有实现。他似乎很少联系长安的朋友，至少在下邽的头三年是这样。很可能是在813年晚秋时节，当看到"白露大如珠"在残荷病叶上滚动时，他想起了和元稹的堂兄元宗简秋游长安曲江的情景，他送给宗简一首诗，其中写道：

秋池少游客，唯我与君俱。
啼蛩隐红蓼，瘦马蹋青芜。
当时与今日，俱是暮秋初。
节物苦相似，时景亦无余。⑬
唯有人分散，经年不得书。⑭

元稹还在江陵的小职位上,811年一位同情他遭遇的朋友送给他一个极好的小妾,端庄、温顺、谦和,叫作安娘,她给元稹生下了一个儿子,取名荆,那是古代以江陵为中心的古国的名字。元稹似乎远在天边,我们从白居易写于812年的一首诗中知道,从江陵发出的信件抵达下邽常常需要大约一年时间。在《夜雨》一诗中白居易说起了对于元稹的思念,以及"结在深深肠"中的一种痛苦,这可能是指母亲去世时的凄惨状况:

我有所念人,隔在远远乡。
我有所感事,结在深深肠。
乡远去不得,无日不瞻望。
肠深解不得,无夕不思量。
况此残灯夜,独宿在空堂。
秋天殊未晓,风雨正苍苍。
不学头陀法⑮,前心安可忘。

813年的秋天,白居易记录下了(利用二手材料)一件"不可思议的事情":

华州下邽县东南三十馀里曰延平里。里西南有故兰若,而无僧居。元和八年秋七月,予从祖兄曰皞自华州来访予,途出于兰若前。及门,见妇十许人,服黄绿衣,少长杂坐,会语于佛屋,声闻于门。兄热行方渴,将就憩,且求饮,望其从者萧士清未至。因下马,自繫缰于门柱。举首,忽不见，意其退藏于窗闼之间。从之，不见，又意其退藏于屋壁之后。从之，又不见，周视其四旁，则堵墙环然无隙缺。覆视其族谈之所，则尘壤幂然无足迹。由是知其非人。悸然大异之，不敢留，上马疾驱，来告予。予亦异之，因讯其所闻。兄曰：云云甚多，不能殚记，大抵多云王胤老如此，观其辞意，若相与数其过者。厥所去予舍八九里，因同往访焉。果有王胤者年老，即其里人也。方徙居于兰若东百馀步，葺墙屋，筑场蓺树仅毕，明日而入。既入，不浃辰而胤死，不越月而妻死，不逾时而胤之二子与二妇一孙死。馀一子曰明进，大恐惧，不知所为，意新居不祥，乃撤屋拔树夜徙去，遂获全焉。……明年秋，予与兄出游，因复至是。视胤之居，则井湮灶夷，阒然唯环墙在，里人无敢居者。异乎哉！若然者，命数耶？偶然耶？将所徙之居非吉土耶？抑王氏有隐慝，鬼得谋而诛之耶？茫乎不识其由，且志于佛室之壁，以俟辨惑者。⑯

古代中国人一直对鬼怪故事有一种强烈的爱好。直到九世纪关于日常生活的故事少之又少。中国短篇故事（小说）的大发展开始于九世纪的下半叶，基本是在白居易去世之后。但是两个最著名的现实主义爱情故事——《莺莺传》⑰和《李娃传》却被归在了元稹和白行简（白居易的弟弟）的名下。从时间上看，白行简不太可能写作《李娃传》，而且我也说过，是否是元稹写了《莺莺传》也相当不确定。白居易关于鬼怪的那个小故事很可能只是数百个志怪故事中的一个，这些故事在下邽乡下冬天的晚上被讲述。

813年十二月，白居易写了一首题为《村居苦寒》的诗，从中可以看出，那年他想有所作为的决心未能实现：

> 八年十二月，五日雪纷纷。
> 竹柏皆冻死，况彼无衣民。
> 回观村闾间，十室八九贫。
> 北风利如剑，布絮不蔽身。
> 唯烧蒿棘火，愁坐夜待晨。
> 乃知大寒岁，农者尤苦辛。
> 顾我当此日，草堂深掩门。
> 褐裘覆绌被，坐卧有馀温。
> 幸免饥冻苦，又无垄亩勤。
> 念彼深可愧，自问是何人。

814年春临大地的时候，白居易感到很高兴，他再次逍遥度日，没有任何悔恨：

> 南山雪未尽，阴岭留残白。
> 西涧冰已销，春溜含新碧。
> 东风来几日，蛰动萌草拆。
> 潜知阳和功，一日不虚掷。
> 爱此天气暖，来拂溪边石。
> 一坐欲忘归，暮禽声嘖嘖。

> 蓬蒿隔桑枣，隐映烟火夕。
> 归来问夜飡，家人烹荞麦。⑱

乡下人经常用荞麦来做蔬菜汤。将这个植物做一些加工被认为可以治疗眼睛的炎症，白居易的家人"烹荞麦"既作为他的晚餐也作为药物。

虽然下邽面向大山，但紧邻的周边地区却是平坦和无趣的。很快，像很多住在乡下多年又无所事事的人一样，白居易开始感到烦躁：

> 高低古时冢，上有牛羊道。
> 独立最高头，悠哉此怀抱。
> 回头向村望，但见荒田草。
> 村人不爱花，多种栗与枣。
> 自来此村住，不觉风光好。
> 花少莺亦稀，年年春暗老。⑲

他试图"只想她出生之前的时光"（"唯思未有前"）来驱散对于金銮子夭折的悲哀。但和她往日乳母的不期而遇又带回来了旧日的悲伤：

> 衰病四十身，娇痴三岁女。
> 非男犹胜无，慰情时一抚。
> 一朝舍我去，魂影无处所。

况念夭化时，呕哑初学语。
始知骨肉爱，乃是忧悲聚。
唯思未有前，以理遣伤苦。
忘怀日已久，三度移寒暑。
今日一伤心，因逢旧乳母。[20]

814年夏白居易的弟弟白行简被卢坦（749—817）征召为掌书记，其任职的梓州位于重庆西北约一百三十英里的地方。兄弟两人像"形影"一样难舍难分，如白居易所说。在分别的诗（《别行简》）中他再次说起自己日益衰弱的眼力，并且请求弟弟不要离开他时间太长。[21]但是任职"掌书记"很少会少于三年。在下邽，似乎只有一个比较志趣相投的邻居，一位姓常的先生，住在大约一英里以外，在一个"所遇唯农夫"的村子里，与常先生的交往用白居易并非过于恭维的话来说，"往还犹胜无"。[22]但大约在814年这个可以交往的朋友去世了。白居易在长安的朋友不给他写信，这让他感到痛苦。可能的情况是，朋友写的信比白居易真正收到的要多。邮件传递是比较混乱的，官员以及他们的友人将书信交给官方的信差，如果他正好是去收件人所在的方向。一般老百姓是将信交给愿意携带的旅行者。814年三月，李绅（在后面的诗中称为"短李"[23]）从长安写给白居易的信，直到九月底才到他手中，虽然两地的距离比伦敦到布赖顿还要短。

可能在这封信姗姗来迟的时候，白居易给元稹写了一首诗：

一病经四年，亲朋书信断。

> 穷通合易交，自笑知何晚。
> 元君在荆楚，去日唯云远。
> 彼独是何人，心如石不转。
> 忧我贫病身，书来唯劝勉。
> 上言少愁苦，下道加餐饭。
> 怜君为谪吏，穷薄家贫褊。
> 三寄衣食资，数盈二十万。
> 岂是贪衣食，感君心缱绻。
> 念我口中食，分君身上暖。
> 不因身病久，不因命多蹇。
> 平生亲友心，岂得知深浅。㉔

二十万钱基本相当于811年白居易退隐前年收入的一半，他手头居然还有这么多钱，真是让人惊讶。当然，其中一部分可能是他退职之前的810年别人送的。但我们不应忘记，他当时很缺钱，被迫寻求更高的薪俸以使母亲得到更好的照顾。他之所以可以寄这么多钱给元稹，可能是他卖掉了位于长安宣平里的家宅。元稹在江陵的年收入是三十万钱，那里的生活费用肯定比长安要便宜，所以很难知道为什么白居易会认为他需要那么多钱。也许诗歌本身回答了这个问题，白居易寄给他大笔钱只是因为"感君心缱绻"，慷慨赠予会让自己心情舒畅。但下邽的家人很可能感觉他的慷慨有点过分。

元稹不是白居易唯一的通信者。他优雅地承认那段时间另外一封信给予了他很大的快乐：

> 春来眼暗少心情，点尽黄连尚未平。
> 唯得君书胜得药，开缄未读眼先明。㉕

寄信人是钱徽（755—829），白居易原先在长安宫廷中的同事，也是唐代著名诗人钱起（约720—约780）的儿子。用黄连做成的酊剂滴到眼睛中，可以治疗炎症。814年秋白居易给钱徽，同时也给宫中的另外一位朋友崔群（772—832）写了一首长达二百行的律诗。㉖这类诗要求在意义和音调上对仗，要写成二十行以上就是很了不起的成绩了。白居易和元稹都因为"长律"而著称，他们以此唱和作为一种文学游戏。在眼前的这个例子中，依照惯例在描述下邽的田园生活之后，白居易回顾了他们在朝廷的华丽的景象，用的是被认为最适合这个主题的非常雕饰和充满隐喻的语言。钱徽和崔群似乎都送给过白居易各种物品，包括药物。白居易暗示他们两人都曾努力向上级游说，使自己官复原职。这种做法，用他的话来说就是"妆嫫徒费黛"，嫫母是传说中一个非常难看的女子。他们说的所有好话无法消除现政府对于白居易的憎恶。另外，从老子和庄子那里，他学会了"外身"和"齐物"：

> ……因病事医王。
> 息乱归禅定，存神入坐亡。
> 断痴求慧剑，……㉗

在结尾的地方，他再次确认，他本人与这个世界"从此两相忘"。

在这首长诗的最后部分,道教和佛教奇妙地混合在一起。白居易从老子与庄子——传说中道教的两位创始人,跳到了药王(药师如来,Bhaishajya)——一个佛教神祇,同时提到佛教的禅定(Dhyana)和与之对应的道教的"坐亡",此后又是一个佛教术语"慧剑"。[28]另外一首长诗,描述了他814年八月对于悟真寺的游览,结尾处也是明确表示自己不再返回公共生活:

池鱼放入海,一往何时还。[29]

这首诗和前面提到的那些展现文学才华的作品是不同的,形式更为自由,没有刻意的对仗,语言也简单直接。其中有些佛教术语,但不是艰深难懂的那类,没有应试文章的语气,也没有串联在一起的惯用语以此来和自己的文学对手竞争。诗歌的效果不是靠某些单独的句子,而是靠整个结构。这就像一座完美的建筑,本身已经完足,不需要更大或者更小。而很多中国长诗似乎只是短诗因为各种原因无法及时结束而被拖长。因为这个原因它不太好引用,我必须请读者去看完整的译文,不仅在 *Chinese Poems* 里,也在 *Oxford Book of Modern Verse* 里面。

白居易八月十五日到达悟真寺。他也把这个日期给予了一首短诗,而它显然不是写于这个寺院,只是出于诗歌的虚构:

中秋三五夜,明月在前轩。
临觞忽不饮,忆我平生欢。

> 我有同心人，邈邈崔与钱。
> 我有忘形友，迢迢李与元。
> 或飞青云上，或落江湖间。
> 与我不相见，于今四五年。
> ⋯⋯⋯⋯⋯
> 良夜信难得，佳期杳无缘。
> 明月又不驻，渐下西南天。
> 岂无他时会，惜此清景前。[30]

很奇怪白居易将这首诗称为《效陶潜体诗》，陶潜不会因为朋友不在身边而难过，也不会停止饮酒，他在这样的时刻会用一杯一杯的酒来浇愁。白居易所有亲切的抒情诗（与他的乐府诗和政治诗相对立）属于一个可以追溯到陶潜的大传统，但从形式或内容上来看，这首诗完全展现了白居易本人的特色。

813 年夏，白居易为母亲守丧结束，从那时起他完全可以回归公共生活，如果他愿意这么做并且得到必要帮助的话。但是政府仍然在李吉甫的掌控之下，808 年白居易曾得罪过他。在过去的两年中，一些身居高位为他美言的支持者一个一个地离开了政坛。曾给予白居易和元稹很多帮助的裴垍 813 年去世了。814 年一月，李绛（764—830）生病并且退休了，早年他曾经鼓励白居易进行文学创作，后来又支持他的政治生涯。很快宦官吐突被召回了朝廷，担任神策军的指挥官，白居易的劝谏曾在很大程度上影响了他的升迁，此后他也不断地遭遇升降。就在同一年，另外一位居高位的朋友薛存诚也去世了。他因 813 年反对皇帝包庇一个叫作鉴虚的和尚而著称,此人到处诈骗,通过宣称能够帮助行贿他的人获得提拔而聚敛了大笔财富。

但是十月三日,李吉甫突然去世,得年56岁。李氏是一个能干的管理者,亲自主持和支持了关于唐朝地理、行政的重要参考书的编写。当时的逸闻说他是一个乐观、敏感、有些玩世不恭的人。他喜欢漂亮的衣服和美食,但对于积聚身外之物不感兴趣,除了在首都安邑里的住宅,他没有购置其他住宅和地产。他喜欢享受生活,812年他建议,既然中国最为糟糕的内战似乎已经过去了,朝廷应该放松一下宪宗统治早期(806—810)所实行的禁欲生活。这一建议遭到了李绛的反对,他和李吉甫关系紧张。他提醒李,五十个大州还没有效忠朝廷,吐蕃还在威胁着甘肃边境,国家的谷仓空空如也。另有一次,李吉甫被指责给皇帝提供了过于乐观的报告,他回答说,"让皇上高兴和安心总不是一件坏事吧。"李吉甫曾在地方任职大约十年,有很多机会看到不称职和贪婪的官员对于王朝的声誉所造成的重大伤害。当他成为宰相后,他坚决主张政府的职位必须授予高度称职的人才。他还要求对于整个官员的选拔和薪酬制度做出报告。根据这个报告,一些闲职被取消了,很多不公正的情况被消除了。报告中提出的大部分建议被付诸实施,直到唐朝结束。

说李吉甫"敏感",我头脑中出现的故事是,大约800年时,他成为江西饶州刺史,发现刺史的官邸荒芜,长满了荆棘。四任刺史一个接一个在那里神秘地死去,那所房子被认为有恶魔出没,因此被废弃了。李吉甫到任后立刻派人找来钥匙,将房子收拾好就搬了进去。他手下的人最后也被劝说跟从他搬了进去。㉛

白居易的敌人就是这样。至于808年的考试事件，白居易的观点是，评价考生应该根据其文章的好坏，至于所表达的观点是否能被政府接受不应在考虑范围。李吉甫则持完全不同的看法。他认为整个事件背后是政治运作，发动者是裴垍及其同党，目的是把他从宰相的位置上赶下台。但他并不是一个喜欢复仇的人（他从来不去伤害使他不快的人）。在他事业的早期，李吉甫被陆贽（754—805）赶出了首都，但陆795年被贬官到四川忠州的时候，陆的敌人安排李吉甫出任忠州刺史，认为他会采取各种手段报复那个当初毁了他事业的人。但与人们的想象完全相反，李吉甫和陆贽很快成了好朋友。没有任何迹象表明，811年初，李吉甫成为政府首脑后，采取过任何措施对付白居易，如果不是因为母亲去世需要退官，白居易可以在朝廷中待很长时间。但毫无疑问的是，守丧结束他还待在下邽的主要理由是他认识到，从当前的掌权者那里他看不到任何希望。

　　到十二月的时候情况发生了一个大的转变。韦贯之（760—821）成为了宰相。808年，他作为主考官让那些犯上的考生通过了考试，后来受到裴垍的提携逐渐走向了权力的前台。就在韦贯之出任宰相的同时，白居易接受了太子赞善大夫这一职位，这是很大的降级使用。太子赞善大夫是朝廷中最卑微的职务之一，薪水比他退官前少了很多。而且他还不是唯一的赞善大夫，只是几个中的一个。太子是一个十九岁的男孩，由于一个哥哥的去世而意想不到地成为了皇位继承人。他对于诗歌有些品位，并且知道元稹的诗名，在江陵军队担任监督的一名宦官返回首都时，呈给了他一些元稹的诗歌。因为元稹和白居易齐名，所以太子很可能听说过白居易，并且主动要求他为自己服务。但没有证据表明，白居易和太子有私人接触，他的职责似乎只局限于每天到太子宫中点卯，但时间很早。他谈到这份工作时使用了一个"冷"字，在我们使用 cold comfort 的意义上。他抱怨说，自己住得离太子宫殿那么远，虽然起得早，也被鼓声所催。

这产生了两个问题，在多次坚决表示希望永久退隐之后，白居易为什么会突然接受这么一个卑下的职位？808 年时，白居易曾坚决地维护韦贯之，现在韦大权在握，为什么不能给白居易安排一个更好的位置？无疑，白居易改变想法的主要原因是长安中央政府的人事变动。除此之外一个显著的理由是，下邽缺乏志同道合的朋友让他越来越感受到了寂寞，814 年夏天弟弟白行简的离开更让他倍感孤寂。还有一个重要的原因是元稹很可能很快回到首都。814 年秋，淮西②节度使去世了，他的儿子吴元济在没有得到中央政府认可的情况下接替了节度使的位置，而且显然准备反抗任何试图驱逐他的努力。如果这件事情发生在偏远的省份，政府可能会听之任之。但淮西节度使所处的位置，可以使他随时切断从东部运送谷物到首都的几条河流的航运，同时他也很容易攻击不远处的东都洛阳。十月中央政府决定攻打吴元济，严绶（746—822）负责总体战役的指挥，元稹在江陵任职时严是他的上司。这次元稹跟随他到了河南南部。他离家近了约两百英里，如果事情一切顺利的话，他无疑很快会被授予首都的官职。但是严绶已经六十八岁了，他在宪宗登基之初组织类似战役时表现出了巨大的才能。他靠给将士大量发放赏金在短时期内获得了很高的支持率，但是此后连续的几个月他把自己关在中军大帐中，拒绝见任何人。815年二月他被解职,元稹被召到首都汇报情况,他大约是在三月初到达长安。

对于白居易为什么会被授予这样一个无关紧要的职务,学者们提出了各种尝试性的解释。韦贯之和其他宰相一样,需要得到宫内人士的支持,也就是说,宦官的支持。宦官头子吐突曾在809年受到白居易不遗余力的攻击,我们看到,他此时已经重掌大权,新宰相显然不想一开始就和宦官群体发生正面冲突而毁坏自己的事业。而且,韦贯之也不是唯一的宰相。在这段时期,还有其他人享有这一头衔(同平章事)。其中一两位在地方上任高官,因此无法影响到中央的政治运作。而另有两三位则在朝为官,实际掌控着政府。当韦贯之被任命的时候,首都已经有了两位宰相,武元衡(758—815)和张弘靖(760—824)。白居易从很早的时候就和武家关系亲密,元衡颇有诗才,白居易回到首都后两人曾亲切地唱和。在政治立场上白居易很可能是让武元衡站在自己一边的。张弘靖则相反,对白居易的态度很可能是不太友好的,虽然我们没有直接的证据。张弘靖原先是杜佑(735—812)的跟随者,白居易曾攻击杜佑到了法定的七十岁退休年龄还恋栈。这显然被杜家长期嫉恨,我们发现多年后杜佑的孙子在一篇墓志铭中不遗余力地毁谤白居易。㉝另外一个可能的因素是张弘靖的儿子与李吉甫的儿子是朋友。

最后,我们在探寻白居易为什么被授予如此卑下的职务时,不应该完全排除一种可能性:白居易不被认为是一个能干的官员。他在生命中不同时期都曾表达过对于行政工作的厌倦。此外,虽然中国一直存在着对于文学的尊重,但诗人"无益于理

（治）"的观点日益成为一种共识，主要以诗人著称对于一个人的政治生涯是一种阻碍。白居易对此有清醒的认识，在大约写于这段时期一首给杨巨源的诗中，他感叹道：

不用更教诗过好，折君官职是声名。㉞

杨巨源是著名诗人，我们前面已经提到，元稹在结识白居易之前每天跟随他学习诗歌艺术。

注　释

① 《重到渭上旧居》。
② 华山有很多悬崖绝壁，最高的达到 760 米。
③ 大约 1780 年另外一位著名学者毕沅陷在华山上，他首先被用药物进行了麻醉，然后被用毯子裹着拖下了山。参见谢振定《游太华山记》（1804）。——韦利原注
④ 《答卜者》。
⑤ 《病中哭金銮子》。
⑥ 我将"布裘"翻译成 cotton dress，这里我用 cotton（棉布）是在宽泛的意义上，实际上这个时期棉花还没有在中国种植。——韦利原注
⑦ "诡遇"指往上爬的邪门歪道。这个隐喻来自打猎。古代用战车打猎（直到公元前三世纪），不允许偏离自己的直行道去猎取靠近的猎物，很可能是因为如果这么做，就会把本来属于别的战车行使路线上的猎物占为己有。参见《孟子·滕文公下》（"吾为之范我驰驱，终日不获一；为之诡遇，一朝而获十。"）以及焦循（1763—1820）《孟子正义》中对这个词语的长篇注释。——韦利原注
⑧ 《昼卧》。

⑨《答友问》。
⑩ 荞麦不能受到霜击,应该在第一场冰霜到来前收割(中文文献都如此强调),即使部分谷物还没有完全成熟。但我不认为这首诗是对乡村农业生产方式的批评。——韦利原注。
⑪《闻虫》。
⑫《归田三首》之二。
⑬ 这句意味着,敌视白居易的人物仍在掌权。——韦利原注
⑭《东陂秋意寄元八》。
⑮ 印度苦行僧所教导的生活规范。——韦利原注
⑯《记异》。
⑰ 陈寅恪对于《莺莺传》的研究(《读莺莺传》),参看《中央研究院历史语言研究所集刊》第十本第二分。——韦利原注
⑱《溪中早春》。
⑲《登村东古冢》。
⑳《念金銮子二首》。
㉑《别行简》全诗如下:"漠漠病眼花,星星愁鬓雪。筋骸已衰惫,形影仍分诀。梓州二千里,剑门五六月。岂是远行时?火云烧栈热。何言巾上泪,乃是肠中血。念此早归来,莫作经年别。"
㉒《叹常生》全诗如下:"西村常氏子,卧疾不须臾。前旬犹访我,今日忽云殂。时我病多暇,与之同野居。园林青蔼蔼,相去数里馀。村邻无好客,所遇唯农夫。之子何如者,往还犹胜无。于今亦已矣,可为一长吁。"
㉓ 据《新唐书·李绅传》(卷一八一),李绅"为人短小精悍,于诗最有名,时号短李。"
㉔《寄元九》。
㉕《得钱舍人书问眼疾》。
㉖《渭村退居寄礼部崔侍郎翰林钱舍人诗一百韵》。
㉗《渭村退居寄礼部崔侍郎翰林钱舍人诗一百韵》。
㉘ Prajna,高级智慧。——韦利原注
㉘《游悟真寺诗一百三十韵》,英译文见 *Chinese Poems*(1946)第 141—149

㉙ 该诗是《效陶潜体诗十六首》之七。"四五年"并非确指,但814年比813年更适合作为本诗的写作时间。白居易与元稹分别是在810年,与长安的朋友分别是在811年夏天。——韦利原注
㉚ "先是,州城以频丧四牧,废而不居,物怪变异,郡人信验;吉甫至,发城门管钥,剪荆榛而居之,后人乃安。"详见《旧唐书·李吉甫传》。
㉛ 位于今天河南西部和西南部。——韦利原注
㉜ 杜佑的孙子即杜牧(803—852),《唐故平卢军节度巡官陇西李府君墓志铭》见《全唐文》卷七五五。说出讥议白居易之言的李戡,似乎是杜撰的人物。——韦利原注
㉝ 《赠杨秘书巨源》。

第七章　太子左赞善大夫

白居易在下邽的退官生活风平浪静，几乎没有受到外部世界的任何影响。上一章主要是他诗文的选编，因为他这段时期的诗就是他的生活，除此之外没有其他内容可以记录。现在我们可以回到更正规的传记方法了。

白居易的新居位于东市南部的昭国里，邻居是元稹的堂兄元宗简，"可独终身数相见，子孙长作隔墙人。"[①]想到这一点，让白居易倍感高兴。白居易回到长安后故地重游，去看了看803年至806年他作为校书郎的办公场所。他站在那里犹豫了一会儿，没有敲门，直接打开了第二号门的房间。过去那个"白面书郎"现在作为赞善大夫回来了，须发已经苍白。在那里工作的吏人都不认识他，因为大部分都是他离开后新增补的，让他感觉亲切的只有庭院中的松竹，都是他亲手栽种的。他记得曾将自己的名字写在墙上，用衫袖拂去尘埃看是否还在。[②]

关于分别五年后重见元稹的情形，我们没有被告知任何信息。白居易显然发现元稹变化很大，因为那天晚上他在诗中写道，自己离去的四年当中的每一天都在人们的容貌上留下了痕迹，他们已经失去了十分心情中的九分。"每逢陌路犹嗟叹，何况今朝是见君。"[③]人们会设想或者说期望在元稹逗留长安的几周内他们会常常在一起,但实际上他们初次见面后,根据记录再次聚首仅有两次。他们曾和李绅(772—846)一起去长安的南部远足。元稹和李绅急着回家,白居易则劝他们待到夜晚:

老游春饮莫相违,不独花稀人亦稀。
更劝残杯看日影,犹应趁得鼓声归。④

另外一次去城南远行后,白居易和元稹骑马从皇子陂(城外大约四英里处)到昭国里白居易的家,一路上歌唱彼此即兴创作的"新艳小律"。和他们在一起的朋友"无所措口",也就是说,无法插入一句话。⑤这样的诗歌(艳诗)经常包装在极为隐晦的词句中,被大献殷勤的女士在诗歌中被描绘为鸟、花或类似的东西。这一传统得到如下事实的印证:妇女常常被用鸟或花的名字来称呼。有两首归于元稹名下的艳诗被保留了下来,其中一首是这样的:

春来频到宋家东,垂袖开怀待好风。
莺藏柳暗无人语,唯有墙花满树红。⑥

我想象这是关于一个大概名叫桃花的女子的诗,她有两个姐姐叫作莺、柳。当两位姐姐不在的时候,桃花来到了墙边,无疑是为了帮助情人爬过来。元稹将超过百首这类诗歌收入了812年自编的二十卷文集中,但后来的编者将它们移除了。

白居易此时在太子宫中没有什么正经的事情要做,有很多追思怀远的时间。他去参观了高郢的家，高是他的老朋友和恩人，是800年他参加进士考试时的主考官，811年去世。白居易听说高郢去世的消息后痛哭流涕，但一直没有去高家以正式的礼节进行祭拜，因为房子已经卖给别人了。此外，他拜访了裴垍的兄弟，感觉他不是很善于沟通，后来寄给他这首诗：

莫怪相逢无笑语，感今思旧戟门前。
张家伯仲偏相似，每见清扬一惘然。⑦

张伯偕与张仲偕两兄弟以长得相似而远近闻名。

三月二十五日，元稹被任命为通州司马，通州位于重庆东北140英里处。从名义上来说，司马在一个州的行政体制内排在第四位。但从七世纪开始司马的大部分职权逐渐让渡给了地方军事首领手下的文职官员。这个职位一般给予那些已经不能做什么具体工作的老官员，或者是给那些被认为赶出首都可以维持朝廷安全的官员，元稹属于后一种情况。就像前文提到的，白居易将810年元稹的贬谪归因于宦官的影响，而元稹第二次被贬也同样应该是他们造成的。元稹于三月十三日离开了首都。作为一名朝廷官员白居易不能离开长安城，除非得到宫廷的指令。长安与汉中的边界位于一条很小的叫作澧水的西岸，距长安西南九英里，正是在这里的桥边两个朋友分手了。那天晚上白居易送给元稹这首诗：

蒲池村里匆匆别，澧水桥边兀兀回。

第七章 太子左赞善大夫

行到城门残酒醒,万重离恨一时来。⑧

元稹的回赠是这样的:

前回一去五年别,此别又知何日回。
好住乐天休怅望,匹如元不到京来。⑨

很可能他们从一开始就知道元稹不会被允许留在首都。很快就将再次分离的阴影似乎笼罩着他们在一起的几周。也有一种可能性,就是元稹比较忙。他的贤淑的小妾安娘811年入门,814年就去世了。元稹到了新的贬谪地通州娶了第二个妻子——裴柔之,和裴垍来自同一个家族(河东裴氏)。她颇有文学修养,一些诗歌被保留了下来。⑩元稹被允许返回首都并待了一段时间是为了准备结婚。如果是这样的话,可以解释为什么白居易对此次元稹回首都感到失望。

初夏一直下雨,出行变得非常困难,政府各部门暂时关闭。知道元稹的堂兄元宗简应该在家,而且有空,白居易不顾水坑和泥泞前往拜访,随身带去了元稹寄给他的一些诗,他们可以一起阅读欣赏。宗简是白居易的近邻,但他们的房子在不同的"里",显然没有直接的道路可以从一家到另外一家,虽然他们"绿杨宜作两家春"。大雨停了以后,白居易给宗简写了一首诗,语气更为快乐:

进入阁前拜,退就廊下餐。

归来昭国里，人卧马歇鞍。
却睡至日午，起坐心浩然。
况当好时节，雨后清和天。
…………

柿树绿阴合，王家庭院宽。
瓶中鄠县⑪酒，墙上终南山。
独眠仍独坐，开衿当风前。
禅僧与诗客，次第来相看。
要语连夜语，须眠终日眠。
除非奉朝谒，此外无别牵。
年长身且健，官贫心甚安。
…………⑫

他接着问元宗简何时能够得到提拔，从眼前繁杂的工作中解放出来，以便和自己分享更多的空闲时间。⑬在另外一首题为《曲江夜归闻元八见访》的诗中，他写道：

自入台来见面稀，班中遥得揖容辉。
早知相忆来相访，悔待江头明月归。

还有两位昔日的好朋友，白居易现在可以重叙友情。吴丹（744—825）早年是一名热烈的道教徒，没有结婚，很多年像道士一样生活，不吃大米，⑭致力于呼吸调整和其他道教练习。但他需要照顾一大堆急需帮助的兄弟和侄子，由此认识到挣钱养家是他的职责,798年五十四岁时,他来到长安学习。800年,他和白居易一起参加了进士考试,也一起被授予了校书郎的职务。但在业余时间他还过着以往的生活,不结婚,也很少参加大的社交活动,经常读一些道教书籍,如《黄庭经》就一直放在手边。他住在安邑里,这是一个嘈杂拥挤的社区,位于东市的南边。但是,就像白居易说的,"心远地自偏",⑮小小的"市南地"变成了一个微型的"壶中天":

…………
君本上清人,名在石室间。
不知有何过,谪作人间仙。
常恐岁月满,飘然归紫烟。
莫忘蜉蝣内,进士有同年。⑯

李建(764—821)在家族中被叫作"子犬",从小就失去了父亲,由母亲一手养大。母亲是一位虔诚的佛教徒,不让李建吃肉,为了尊崇母亲的宗教原则,李建终身都是素食主义者。但他致力于研究儒家经典,特别擅长《周易》和《春秋》。从802年起他成为元稹和白居易的亲密朋友。当810年元稹从江陵寄给白居易含有危险政治隐喻的诗歌时,白居易只敢和两三个朋友分享,李建是其中之一。他是一个很好的政治家,当他在吏部任职时,曾用详细的调查表替代了以往模糊的"勤务评定书",此前高官每年都需要向吏部提交这种评定书。这大大便捷了吏部的工作,处理这些报告的时间被缩短了一个月。在赠给李建的一首诗

(《赠杓直》)中白居易写道:

>　　　　　　……⑰
>
>　　早年以身代,直付逍遥篇。
>　　近岁将心地,回向南宗禅。
>　　外顺世间法,内脱区中缘。
>　　进不厌朝市,退不恋人寰。
>　　自吾得此心,投足无不安。
>　　体非道引⑱适,意无江湖闲。
>　　有兴或饮酒,无事多掩关。
>　　寂静夜深坐,安稳日高眠。
>　　秋不苦长夜,春不惜流年。
>　　委形老小外,忘怀生死间。
>　　昨日共君语,与余心脗⑲然。
>　　此道不可道,因君聊强言。⑳

白居易诗中提到的"南宗禅"需要说几句。在退官的那段时期,白居易的诗中偶然会涉及佛教以及打坐冥想等做法,但他似乎和佛教和尚接触不多,也没有积极地钻研佛学或者遵循佛教原则。我们已经看到,他这段时期陷入了一种无所谓的状态,并宣称这种状态超过了陶潜的饮酒或是六祖慧能的禅定。814年秋,他访问悟真寺是去游览,而不是去朝拜。他被寺庙本身以及周围的美景打动,他在这首前文已经提及的长诗中所作的描述是纯粹情感方面的,而不是宗教经验方面的。但回到长安后,他更加明确地受到了佛教的影响,我们已经看到,禅僧经常出现在他的家中。

中国禅宗起源于印度佛教的瑜伽行派，该派是从大乘佛教后期发展来的，始于四世纪。瑜伽行派的信徒是极端唯心主义者，宣扬事物只是观念，只是种种感觉。他们所修行的冥想是不断上升的禅定，通常分为四个阶段。在中国南部，八世纪的时候出现了另外一种禅定，它放弃了所有传统的印度技巧，通过一种精神的跃升力图获得顿悟。这就是禅宗的南派，白居易告诉我们大约此时他皈依了这一派。而此时南派正处于影响力的顶点，815年冬天皇帝追封南派创始人慧能为"大鉴禅师"。北派看待南派的顿悟就像正统的弗洛伊德主义者看待荣格的治疗方法。他们拒绝接受慧能为他们的六世祖，另外设立了一个。

白居易这段时间交往的和尚中最著名的是广宣，是位诗人，同时也是很多杰出文人的朋友。皇帝在皇宫区域附近的安国寺中给了他一块地方，把他尊为类似于桂冠诗人的角色。他有一把"银钥"，任何时候都可以出现在皇帝的面前。白居易在一首赞美诗中悔恨自己已经不再是宫廷中的官员，无法享受与广宣在宫中见面的快乐。[20]但是白居易和广宣的关系只是文人之间的。他在宗教上的主要指导者是马祖（788年去世）的一个弟子惟宽（755—817）。马祖可能是所有禅师中最著名的一个，特别是在日本。惟宽学习过天台宗和尚所练习的渐进形式的禅宗。他对于僧侣修行的传统规则了然于胸，也相信正式说教的效果。但是严格的禅宗信徒进行教授是通过惊人和神秘的问题、粗野的叫喊，甚至是突然的身体攻击。白居易虽然自称是南宗的信徒，但他一直把禅定只作为一种重要的精神训练，而不是求得解脱的唯一途径，这无疑是受到了惟宽的影响。白居易记录下了向惟宽提的一

些问题,以及回答:

第一问云:"既曰禅师,何故说法?"师曰:"无上菩提者,被于身为律,说于口为法,行于心为禅。应用有三,其实一也。如江湖河汉,在处立名,名虽不一,水性无二。律即是法,法不离禅,云何于中妄起分别?"第二问云:"既无分利,何以修心?"师曰:"心本无损伤,云何要修理?无论垢与净,一切勿起念。"第三问云:"垢即不可念,净无念可乎?"师曰:"如人眼睛上,一物不可住。金屑虽珍宝,在眼亦为病。"第四问云:"无修无念,亦何异于凡夫耶?"师曰:"凡夫无明,二乘执著,离此二病,是名真修。真修者不得勤,不得妄,勤即近执著,妄即落无明。"[22]

白居易不是惟宽唯一的信徒。我们被告知,在791年,惟宽皈依了一个山神,将"八戒"授予了他,并且接受他作为一个凡人修道士。在797年,他在洛阳附近的少林寺"打动了一个魔鬼的心"。魔鬼可能不再制造麻烦,但我们没有被确切告知它是否接受了佛教信仰。

当元稹到达了通州,在新的地方安顿下来后,他发现在一面布满灰尘的墙上有一首诗,其中最后两句是:

绿水红莲一朵开,
千花万草无颜色。[23]

他认出这是白居易的诗,抄写下来后寄给了白居易。白居易记得写过这首诗。那是十五年前,刚刚通过进士考试,写给一个叫作阿软的歌女。在后来的几首诗中,白居易描述过自己初到长安时和多位歌女的交往,用的是比较隐晦和传统的隐喻语言。比如810年秋天在给元稹的一首诗(代替写信)中,他描写了自己和元稹、李绅以及其他朋友"选妓悉名姬",并且回忆了当时流行的"坠髻"以及用奇特的化妆方式描出的被认为是聪明的"啼眉",[24]但我们不确知白居易早年的恋情。长安当时的歌女当然不只是妓女,她们除了精于跳舞、唱歌、弹奏各种乐器,还能够在客人写诗向她们献殷勤的时候即席灵巧地答复。机智和活力在客人们眼中是和美貌一样重要的。[25]有一个关于刘覃的故事,他是宰相刘邺的儿子,十六岁时来到长安,听到人人都在谈论一个名叫天水的歌女。他想象天水必定是一个年轻的绝色美人,想方设法想要结识她。但是天水执拗地不与刘公子见面。最后刘覃遇到一个家在天水附近的叫李全的人,后者在得到一个内嵌黄金的银杯子后,答应将天水带来见刘公子。轿子到了之后,刘覃打开了帘子,发现蜷缩在里面的是一个干瘪的老太太。这一瞥耗费了他一百枚金币。[26]

妓女们很虔诚,经常在祈祷日(每月的三、八、十三、十八、二十三、二十八日)出现在紧邻她们居住区的光明寺。在这些日子里,大量殷勤的男士也会来,他们无疑对女性更感兴趣,而不是光明寺中远近闻名的吴道子的壁画。

815年六月三日,天亮前,宰相武元衡上朝途中在靖安里自家住宅附近被暗杀,凶手在黑暗中逃走了。白居易很可能是在太子宫殿上早朝时听说了这个消息，回家的路上他似乎访问了谋杀的案发现场，一年后他在给杨虞卿的信中写道，案发街道"迸血髓，磔发肉，所不忍道"。那天早晨他没有像平时那样打盹，而是坐下来给皇帝写奏状，要求采取一切可能的措施抓捕凶手。中午他将奏状交了上去。其内容如何我们不知道，他所建议的各种积极措施没有被采取的原因我们也不知道，因为这份奏状没有保留下来。我们确实知道的是，谋杀发生后，在长安和周边的很多地方发现了传单，警告政府不要急于抓捕暗杀者，否则情况会更为糟糕。白居易可能已经听说了这些传单，而且有理由相信，政府被这个威胁吓唬住了，因此对采取行动犹豫不决。白居易认为自己有责任上书，也很清楚迅速递交的后果，在上文提到的给杨虞卿的信中有所论说，"仆以为书籍以来，未有此事，国辱臣死，此其时耶？苟有所见，虽畎亩皂隶之臣不当默默，况在班列而能胜其痛愤耶？故武相之气平明绝，仆之书奏日午入，两日之内，满城知之。其不与者或诬以伪言，或构以非语，且浩浩者不酌时事大小与仆言当否，皆曰丞郎、给舍、谏官、御史尚未论请，而赞善大夫何反忧国之甚也？"他接着写道，自己的举动是否错误，是否鲁莽，是可以讨论的，但这绝不构成一个需要接受惩罚的罪行，对于他的其他指责就更是可以讨论的了。㉗

对于白居易的其他告发，我们可以从《旧唐书》他的传记中得知："会有素恶居易者，掎摭居易，言浮华无行，其母因看花堕井而死，而居易作《赏花》及《新井》诗，甚伤名教，不宜置彼周行。"㉘这一指责是花费了一番心思的，因为我们知道当朝宰相韦贯之在担任吏部尚书（约812年）并负责进士考试时，故意贬低那些"浮华无行"者。在这两处"浮华无行"的用词是完全一致的。对于白居易的告发，我们第一眼看到，会觉得难以置信的幼稚。但现代的政客们为了搞倒自己的政敌所使用的小伎俩并不更高明。这在当时的唐朝是普遍使用的攻击方法。808年有人㉙阻止诗人李贺（791—817）获得进士的头衔，理由是李贺的父亲叫李晋肃，因为"进""晋"音节相同，李贺获得进士就破坏了儿子不能使用亡父名字的禁忌。为了反对这类痴愚的行为，韩愈写了《讳辩》一文，但效果寥寥，该文后来成为学生写作的范文。㉚

《旧唐书》接着写道："执政方恶其言事，奏贬为江表刺史。诏出，中书舍人王涯上疏论之，言居易所犯状迹，不宜治郡，追诏授江州司马。"

白居易首先被授予刺史的职务，后来由于王涯的抗议，降级为低得多的司马一职，我认为这个故事很难令人置信。即使是最小的州的刺史也是四品官员，而白居易在长安的职位是五品。任命他为刺史将是大大提升他的职位，当时官方不可能有这样的想法。值得注意的是，808年王涯被李吉甫贬官至虢州任司马，白居易曾表示反对，但这不足以构成对这个故事可信性的挑战，因为一个善举并不一定产生另外一个。

关于对手捏造"禁忌"来反对他，白居易写道："然仆始得罪于人也，窃自知矣。当其在近职时，自惟贱陋，非次宠擢，夙夜腆愧，思有以称之。性又愚昧，不识时之忌讳，凡直奏密启外，有合方便闻于上者，稍以歌诗导之，意者欲其易入而深戒也。不我同者得以为计,媒孽之辞一发,又安可君臣之道间自明白其心乎?加以握兵于外者,以仆洁慎不受赂而憎;秉权于内者,以仆介独不附己而忌,其余附丽之者,恶仆独异,又信猎猎吠声,唯恐中伤之不获。以此得罪,可不悲乎?"㉛

让我们暂时回到白居易自己承认的这一点——自己的行动可能过于躁进。可能的情况是,当他提交奏状的时候,采取怎样的措施来抓获刺客的措施已经讨论过了,因为这个月的八日,也就是谋杀发生五天之后,政府宣布给予提供凶手线索者五品的官位和一千万钱的奖励,这使得凶手最终被抓住了。这笔奖金数额巨大,差不多是白居易年收入的三十倍,为了平息人们对于政府是否真能拿出来的疑虑,这笔钱有一段时间公开地放在市场上,引来大批的人瞪眼观看。大臣们很可能是经过了一番争斗才从国库获得了如此大的一笔奖金,而白居易奏状中却下论断说政府无所作为,这一定是特别让人恼怒的。十年后,当白居易汇集自己的作品编辑成集时,㉜他没有收入这篇奏状,很可能意味着他回顾此事时认识到了自己的不够谨慎和轻率。如果愿意的话,他是完全可以保留这篇文字的,因为当时两位宰相——韦贯之、张弘靖——都去世了,皇帝也换人了。㉝

白居易江州司马的任命书是七月或八月初颁发的,其中很可能要求他立刻前往江州,㉞因为他第二天就出发了,妻子和孩子是随后才去的。白居易从东面城墙最南面的青门离开长安,回头朝它望时想到了李建,这是他离开时最想念的朋友,"共上青云梯",他后来在给李建的一首诗中写道,这是指他们在朝廷共事,"中途一相失,江湖我方往,朝庭君不出。"㉟恰好一年后李建也被贬官。

白居易采用了常走的东南路线,从蓝田到商州,在商州和妻子会合,可能还有一些仆人带着家具之类。离开蓝田后,他上了一座高山,"下视千万峰,峰头如浪起"。江州仍在数百里之外,但他已经感到很疲倦,而"马蹄跙",情况同样不好。㊱在去湖北北部的襄阳时,他在夜里冒雨行进,为此写了这样一首绝句:

漠漠秋云起,稍稍夜寒生。
但觉衣裳湿,无点亦无声。㊲

在襄阳他发现二十年前自己青年时代漫游时住的房子已经很荒凉了,为此所发的感慨以时光流逝无可阻拦结束:

独有秋江水,烟波似旧时。㊳

从襄阳他乘船沿着汉水向汉口出发。在船上的第一夜睡得很香,晚起后写了一首诗:

帆影日渐高,闲眠犹未起。
起问鼓柂人,已行三十里。
船头有行灶,炊稻烹红鲤。
饱食起婆娑,盥漱秋江水。
平生沧浪意,一旦来游此。
何况不失家,身中载妻子。㊴

接近安陆时白居易听到了节度使李师道率领叛军攻打洛阳、劫掠宫殿的消息。他们在放火烧毁宫殿前被击退了,白居易听到的报告很可能被夸大了。在离汉口不远的鹦鹉洲,白居易写了一首题为《夜闻歌者》的诗。该诗主题与白居易一年后所写的最著名作品《琵琶行》(以 *The Lute Girl's Song* 为英语读者所知)类似:

> 夜泊鹦鹉洲,秋江月澄澈。
> 邻船有歌者,发调堪愁绝。
> 歌罢继以泣,泣声通复咽。
> 寻声见其人,有妇颜如雪。
> 独倚帆樯立,娉婷十七八。
> 夜泪似真珠,双双堕明月。
> 借问谁家妇,歌泣何凄切?
> 一问一沾襟,低眉终不说。

白居易仍然在练习禅定,在旅途中写道:

> 自学坐禅休服药,从他时复病沉沉。
> 此身不要全强健,强健多生人我心。⑩

江州大约有十万居民,其中约一半住在政治中心浔阳,现在白居易就在此处安顿。这里往南大约十英里是庐山,不仅风景秀美,而且寺庙众多。我们前面已经提到,白居易所担任的司马这个职位是很次要的，没有太多职权，所以他有很多空闲时间可以游览周边的山野。根据日历已经是冬天了，但这里因为很靠南，荨麻花才刚刚开始凋落，当太阳落山后白居易在溢江（在九江附近汇入长江）边散步的时候，很容易想象自己仿佛是在秋天的长安曲江边。这一年快结束的时候下了一点霜雪，但时间不长：

> …………
> 城柳方缀花，檐冰才结穗。
> 须臾风日暖，处处皆飘坠。
> 行吟赏未足，坐叹销何易。
> …………㊶

对于喜欢雪的人来说，江州还是比岭南（在广东和广西）好些，在那里雪花只能纷纷地在空中飞舞，不等落地就已全部化尽。白居易以此安慰自己。

注　释

① 《欲与元八卜邻先有是赠》。全诗如下："平生心迹最相亲，欲隐墙东不为身。明月好同三径夜，绿杨宜作两家春。每因暂出犹思伴，岂得安居不择邻？可独终身数相见，子孙长作隔墙人。"
② 《重过秘书旧房因题长句》。全诗如下："阁前下马思徘徊，第二房门手自开。昔为白面书郎去，今作苍须赞善来。吏人不识多新补，松竹相亲是旧栽。应有题墙名姓在，试将衫袖拂尘埃。"
③ 《重到城七绝句·见元九》。前两句原文是："容貌一日减一日，心情十

分无九分。"
④《游城南留元九李二十晚归》。
⑤《与元九书》。
⑥ 元稹《古艳诗二首》之一。
⑦《裴五》。
⑧《醉后却寄元九》。
⑨《酬乐天醉别》。
⑩ 更多关于元稹第二位夫人裴柔之的信息,参见《唐诗纪事》卷七十八。——韦利原注
⑪ 大约长安西南二十英里处。——韦利原注
⑫《朝归书事寄元八》。
⑬ 原诗句为:"台中元侍御,早晚作郎官。未作郎官际,无人相伴闲。"
⑭ 只吃果子和野菜。——韦利原注
⑮ 引自陶潜的《饮酒(其五)》,英译文参见 Chinese Poems 第 105 页第 4 行。——韦利原注
⑯《酬吴七见寄》。诗的前半部分为:"曲江有病客,寻常多掩关。又从马死来,不出身更闲。闻有送书者,自起出门看。素缄署丹字,中有琼瑶篇。口吟耳自听,当暑忽翛然。似漱寒玉水,如闻商风弦。首章叹时节,末句思笑言。懒慢不相访,隔街如隔山。常闻陶潜语,心远地自偏。君住安邑里,左右车徒喧。竹药闭深院,琴罇开小轩。谁知市南地,转作壶中天。"
⑰ 此诗前半部分为:"世路重禄位,恓恓者孔宣。人情爱年寿,夭死者颜渊。二人如何人,不奈命与天。我今信多幸,抚己愧前贤。已年四十四,又为五品官。况兹止足外,别有所安焉。"
⑱ 道教练习,类似于印度的哈他瑜伽。——韦利原注
⑲ 出自《尚书·君牙》:"王若曰:'呜呼!君牙。……今命尔予翼,作股肱心膂。'"——韦利原注
⑳ 出自《老子》一章"道可道,非常道"、《老子》二十五章"吾不知其名,字之曰道,强为之名曰大。"——韦利原注

㉑《广宣上人以应制诗见示因以赠之诏许上人居安国寺红楼院以诗供奉》："道林谈论惠休诗,一到人天便作师。香积筵承紫泥诏,昭阳歌唱碧云词。红楼许住请银钥,翠辇陪行蹋玉墀。惆怅甘泉曾侍从,与君前后不同时。"

㉒《传法堂碑》。

㉓《微之到通州日,授馆未安,见尘壁间有数行字,读之,即仆旧诗。其落句云:"绿水红莲一朵开,千花百草无颜色。"然不知题者何人也。微之吟叹不足,因缀一章,兼录仆诗本同寄。省其诗,乃是十五年前初及第时,赠长安妓人阿软绝句。缅思往事,杳若梦中。怀旧感今,因酬长句》。

㉔《代书诗一百韵寄微之》。原诗颇长,不录。

㉕ 我们关于长安妓院的大部分信息来自孙启《北里志》,大约写于890年。——韦利原注

㉖ 一克金子重量大约是20盎司。——韦利原注

㉗《与杨虞卿书》。

㉘ "名教"这里是在狭义下使用,即文字的使用符合正确的仪式。这个词有时指儒家总体的规则和教训。——韦利原注

㉙ 根据一些记录,这个人是元稹。但这不可能,因为这个时期他正在守丧,禁止参与公共事务。——韦利原注

㉚ 韩愈《讳辩》开篇写道:"愈与李贺书,劝贺举进士。贺举进士有名,与贺争名者毁之曰:'贺父名晋肃,贺不举进士为是,劝之举者为非。'听者不察也,和而唱之,同然一辞。皇甫湜曰:'若不明白,子与贺且得罪。'愈曰:'然。'"

㉛《与杨虞卿书》。

㉜ 元稹《白氏长庆集序》写于824年十二月十日;但828年白居易自己在为续编后集五卷写的序言(《后序》)中说:"前三年,元微之为予编次文集而叙之。……"这样算来,前集编于825年。——韦利原注

㉝ 抓捕刺杀武元衡凶手的事情后续是这样的:奖金宣布两天后,两位神策军军官提供了有关信息,八名凶手被抓捕,审判后于六月二十八日被处

决。但两位军官提供的情报并不充分,让人感觉武元衡被刺的谜团仍未解开。五年后发现了收买杀手的文件。提到的杀手被抓获,似乎谜团彻底被解开了。为杀手辩护的意见指出,他们虽然收下了佣金,但没有实施暗杀行动。他们所做的是在听说武元衡被暗杀后,投奔到一个反叛唐朝并想除掉武元衡的将军那里,声称已经杀死了武元衡,并为此获得了奖赏。这个故事听起来不太可信,但可能是真实的。关于武元衡被刺杀之谜一直到今天仍然没有完全解开。——韦利原注

㉞ 江州是现在的九江,位于长江边,武汉下流140英里处。——韦利原注

㉟ 《别李十一后重寄》。全诗如下:"秋日正萧条,驱车出蓬荜。回望青门道,目极心郁郁。岂独恋乡土,非关慕簪绂。所怆别李君,平生同道术。俱承金马诏,联秉谏臣笔。共上青云梯,中途一相失。江湖我方往,朝庭君不出。蕙带与华簪,相逢是何日?"

㊱ 《初出蓝田路作》。全诗如下:"停骖问前路,路在秋云里。苍苍县南道,去途从此始。绝顶忽盘上,众山皆下视。下视千万峰,峰头如浪起。朝经韩公坂,夕次蓝桥水。浔阳仅四千,始行七十里。人烦马蹄跙,劳苦已如此。"

㊲ 《微雨夜行》。

㊳ 《再到襄阳访问旧居》。全诗如下:"昔到襄阳日,髯髯初有髭。今过襄阳日,髭鬓半成丝。旧游都似梦,乍到忽如归。东郭蓬蒿宅,荒凉今属谁。故知多零落,间井亦迁移。独有秋江水,烟波似旧时。"

㊴ 《舟行》。

㊵ 《罢药》。

㊶ 《江州雪》。

第八章 《与元九书》

815年十二月，白居易寄给元稹一封信(《与元九书》)，其中讨论了"诗的主要原则"以及他本人的"文学目标"。它相当长，如果写在西方常见的笔记本上，大约需要三十页。有些部分很难翻译成英文，因为充满了抽象和技术性的术语，找不到对应的英语单词，其他部分主要是涉及诗人和诗作，必须做大量的注释才能使普通读者明白，这对于本书的规模来说是不恰当的。在讨论"诗的主要原则"时白居易只是罗列了传统的儒家文学观，这也确实是他唯一了解的，因为佛教徒和道教徒都还没有致力于这个话题。他所陈述的文学观不是原创性的，他也无意于原创，只是再次叙述了一个正统的观点。因此他对于本人"文学意图"和诗歌创作生涯的描述是更值得我们关心的，我将信的这部分全文翻译出来：

居易白。微之足下：自足下谪江陵至于今，凡所赠答诗仅百篇。每诗来，或辱序，或辱书，冠于卷首。皆所以陈古今歌诗之义，且自叙为文因缘，与年月之远近也。仆既受足下诗，又谕足下此意，常欲承答来旨，粗论歌诗大端，并自述为文之意，总为一书致足下前。累岁已来，牵故少暇。间有容隙，或欲为之。又自思所陈亦无出足下之见。临纸复罢者数四，卒不能成就其志，以至于今。今俟罪浔阳，除盥栉食寝外，无余事。因览足下去通州日所留新旧文二十六轴，开卷得意，忽如会面。心所畜者，便欲快言，往往自疑，不知相去万里也。既而愤悱之气思有所泄，遂追就前志，勉为此书。足下幸试为仆留意一省。

白居易接着开始讲述他所修习的儒学功课。就像太阳、月亮和星星是天文一样，儒家经典就是人文，其首要经典是《诗经》。正如我们前面提到的，白居易认为，上古时期官员们四方收集老百姓所唱的歌曲。在这些歌曲中他们直接或隐喻性地表达对于统治者的情绪。他们发泄不满，或表示满意，但后者是相当少见的。一般认为这些歌曲被孔子收集起来，他所编订的集子就是我们今天所知的《诗经》。这是诗歌的黄金时代，每首诗都有道德和政治寓意，可以被统治者用来指导自己的行为。但这个传统很快衰落了，诗歌不再表达社会的不满，而只是个人的不满，同时真正的隐喻艺术也消失了。新起的诗人写作方式不同，比如当他们写河流和山脉时，他们只是就事论事，而不是用隐喻的方式讽刺某些邪恶的官员或宫廷的佞臣。最终，在六世纪的时候，诗歌变成了仅仅是"嘲风雪、弄花草而已"，其他都不关心，只关心漂亮的词语所产生的声音效果。白居易说，这个现象在唐朝初年并没有得到改变。但是到了七世纪晚期，陈子昂写了一系列题为《感遇》的诗歌，是非常值得肯定的，这些作品被普遍认为发挥了诗歌最初的社会批评功能。《感遇》系列流传至今的有三十八首，其中之一的写作时间是687年。在一两首诗中陈子昂反对唐朝攻打吐蕃（保留至今的他的奏状也表达了同样的态度），因为他认为这场战争出师无名。在另外一首中，他反对佛教寺庙的铺张浪费。除此之外，没有对现实事件的直接影射，但是这一系列诗中充满了历史典故，无疑是作为一种隐蔽的手段来攻击当代的人和各种不公正的现象。就目前我所知道的，没有一个人宣称理解所有这些典故，我也很怀疑白居易是否都能理解。但是他很欣赏陈子昂的写作目的。

下面他提到了唐朝两位最著名的诗人，李白（701—762）和杜甫：

> 李之作才矣奇矣，人不逮矣。索其风雅比兴，十无一焉。杜诗最多，可传者千余篇。至于贯穿今古，觇缕格律，尽工尽善，又过于李。然撮其《新安吏》《石壕吏》《潼关吏》《塞芦子》《留花门》之章，"朱门酒肉臭，路有冻死骨"之句，亦不过三四十首。①杜尚如此，况不逮杜者乎？仆常痛诗道崩坏，忽忽愤发，或食辍哺，夜辍寝，不量才力，欲扶起之。嗟乎！事有大谬者，又不可一二而言。然亦不能不粗陈于左右。仆始生六七月时，乳母抱弄于书屏下，有指"无"字"之"字示仆者，仆虽口未能言，心已默识。后有问此二字者，虽百十其试，而指之不差。则仆宿习之缘，已在文字中矣。及五六岁便学为诗。九岁谙识声韵。十五六始知有进士，苦节读书。二十已来，昼课赋，夜课书，间又课诗，不遑寝息矣。以至于口舌成疮，手肘成胝。既壮而肤

革不丰盈，未老而齿发早衰白。瞥瞥然如飞蝇垂珠在眸子中也，动以万数。盖以苦学力文所致，又自悲矣。家贫多故，二十七方从乡赋。既第之后，虽专于科试，亦不废诗。及授校书郎时，已盈三四百首。或出示交友如足下辈，见皆谓之工，其实未窥作者之域耳。自登朝来，年齿渐长，阅事渐多。每与人言，多询时务，每读书史，多求理道。始知文章合为时而著，歌诗合为事而作。是时皇帝初即位，宰府有正人，屡降玺书，访人急病。仆当此日，擢在翰林，身是谏官，月请谏纸，启奏之外，有可以救济人病，裨补时阙，而难于指言者，辄咏歌之。欲稍稍递进闻于上。上以广宸聪，副忧勤；次以酬恩奖，塞言责；下以复吾平生之志。岂图志未就而悔已生，言未闻而谤已成矣。

白居易接着告诉元稹他的政治诗所造成的惊恐，特别是他攻击宦官的《紫阁村》和《登乐游园》对整个政权的讽刺。白居易接着写道：

不相与者，号为沽名，号为诋讦，号为讪谤。苟相与者，则如牛僧孺之诫焉。乃至骨肉妻孥皆以我为非也。其不我非者，举世不过三两人。有邓鲂者，见仆诗而喜，无何而鲂死。有唐衢②者，见仆诗而泣，未几而衢死。其余则足下，足下又十年来困踬若此。

白居易痛苦地问道，难道是上天出于某种原因不希望这种纠正人类过失的诗歌存留下来，或者说不愿意使下民的病苦听闻于上吗？然后他回顾了自己在首都的事业：

除读书属文外，其他懵然无知。乃至书画棋博可以接群居之欢者，一无通晓，即其愚拙可知矣。初应进士时，中朝无缌麻之亲，达官无半面之旧。策蹇步于利足之途，张空拳于战文之场。十年之间，三登科第。名入众耳，迹升清贯。出交贤俊，入侍冕旒。始得名于文章，终得罪于文章，亦其宜也。日者又闻亲友间说，礼吏部举选人，多以仆私试赋判传为准的。其余诗句，亦往往在人口中。仆悆然自愧，不之信也。

白居易接着讲了一个歌女的故事，她要求提高自己的价码，因为"我诵得白学士《长恨歌》，岂同他妓哉？"白居易接着写道：

又足下书云：到通州日，见江馆柱间有题仆诗者，复何人哉？又昨过汉南日，适遇主人集众乐娱他宾，诸妓见仆来，指而相顾曰：此是《秦中吟》《长恨歌》主耳。自长安抵江西，三四千里，凡乡校、佛寺、逆旅、行舟之中，往往有题仆诗者。士庶、僧徒、孀妇、处女之口，每每有咏仆诗者。此诚雕虫之戏，不足为多。然今时俗所重，正在此耳。虽前贤如渊、云者，前辈如李、杜者，亦未能忘情于其间哉！③

"名者公器",白居易接着写道,所以任何人都不能独占。他觉得自己已经得到了超过应得的名声,所以如果在其他方面没有得到他应得的好运,也不应该抱怨,因为这样才能达到平衡。此外,诗人很少在政治上很得意。他列举了陈子昂、杜甫、李白以及孟浩然、孟郊(前一年已经去世)和张籍。当然对我们来说,有些诗人比如李白未必适合在高官的位置上发挥作用,但对于白居易来说不言自明的是,诗人作为时代之光应该身居高位。他接着谈到了他自己,即使就级别和薪俸来看,也做得不算太差:

> 今虽谪佐远郡,而官品至第五,月俸四五万,寒有衣,饥有食,给身之外,施及家人,亦可谓不负白氏之子矣。微之,微之!勿念我哉!仆数月来,检讨囊袠中,得新旧诗各以类分,分为卷目。

白居易诗歌的次第虽然被后来的编者做了很大的变动,但分成四类的做法一直被维持。第一类是讽谕诗,用来拯救世界。其次是闲适诗,用来表达自己安静的快乐。第三类是感伤诗,许多是悼念朋友去世的哀歌或是感怀自己和他人的不幸。第四类是杂律诗,用来表达对于一时一物的感想,或是"以亲朋合散之际,取其释恨佐欢"。他说这第四类诗歌只是暂时保留,但并不看重,日后有人为他编文集时,可以略去。……"今仆之诗,人所爱者,悉不过杂律诗与《长恨歌》已下耳。时之所重,仆之所轻。至于讽谕者,意激而言质,闲适者,思澹而词迂。以质合迂,宜人之不爱也。今所爱者,并世而生,独足下耳。然千百年后,④安知复无如足下者出而知爱我诗哉?"

他接着写道,自己和元稹的全部友谊是通过诗歌来维系的。他提示元稹一次令他难忘的经历:两人在长安城南春游后回城,一路上轮流即兴写作新艳小律。在后面一个不太好翻译成英文的段落中,白居易说不知道自己的人把自己称为"诗魔",而知道自己的人则视自己为"诗仙"。两者在某种意义上都是对的。"劳心灵,役声气,连朝接夕,不自知其苦。"这其中确实有魔的因素,"当美景,或花时宴罢,或月夜酒酣,一咏一吟,不知老之将至。虽骖鸾鹤游蓬、瀛者之适,无以加于此焉。"这不是仙又是什么呢?

白居易提出了一个计划(因为元稹再次被贬谪而放弃),就是收集一些朋友的诗歌加以编辑。⑤同时,他提醒元稹他们两人在写作中已经意识到的,以后必须尝试改正的一个突出的问题——在诗歌中,也在散文中,倾向于使用太多的文字。没有人喜欢删减已经写出来的作品,即使感到必须这么做的时候,他也常常不知道哪些应该保留,哪些应该去掉。如果这时有一个朋友在他身边和他充分讨论,他才能获得不偏不倚的看法,只有这样他的删削才能产生一个满意的结果。"今且各纂诗笔,粗为卷第。待与足下相见日,各出所有,终前志焉。又不知相遇是何年?相见在何地?溘然而至,则如之何!微之,微之!知我心哉!"

白居易在信的最后写道:"浔阳腊月,江风苦寒。岁暮鲜欢,夜长无睡。引笔铺纸,悄然灯前。有念则书,言无次第。勿以繁杂为倦,且以代一夕之话也。微之,微之!知我心哉!乐天再拜。"

　　我们现在能够看到元稹写给白居易讨论诗歌的一封信（《叙诗寄乐天书》），可以比较明确是写于815年秋。⑥在813年他在给杜甫写的墓志铭中，已经重申了儒家关于诗歌的信条。白居易在《与元九书》中首先指出，从总体上来说政治鼓动是诗歌真正的功能所在，其后描述了自己如何从一开始写诗就将这一原则应用起来。与此相反，元稹一开始描绘了自己初次来到首都时的政治和社会状况——地方节度使的暴力和贪婪、宦官的压榨、大量道教和佛教寺院的铺张所造成的经济紧张。他接着说明了自己对于由此产生的老百姓苦难的义愤以及唤起关注的决心。在寻找表达自己观点的合适形式时，他发现了白居易提到的陈子昂的一系列诗歌，并且用同样的方式写出了自己的作品。不幸的是，这些早期作品都没有存留下来。有人可能会认为讨论具体的方法是元稹的特色，其实不然，原因之一是他已经在两年前用比较抽象的方式讨论过诗歌。元稹的信不如白居易的那么长，但是翻译出来会占据不少篇幅，而且他的观点"无出"白居易之见，正如白居易在信中所说。

注　释

① 《新安吏》《潼关吏》《留花门》的英文译文收入艾思柯（Florence Ayscough）《杜甫》（*Tu Fu*）一书第一卷第311、330、332页。《石壕吏》收入她的《松花笺》（*Fir-flower Tablets*）第109页。《塞芦子》只是用诗歌包装的一个战略建议，就我所知一直没有被翻译过。《石壕吏》的英译文也收入我的 *Chinese Poems*（1916），大英图书馆有藏本。白居易引用的两行

第八章 《与元九书》 | 135

诗"朱门酒肉臭，路有冻死骨"出自长诗《自京赴奉先县咏怀五百字》（英译文见艾思柯《杜甫》第一卷第193页），写于755年一月杜甫到达奉先后发现自己的孩子已经饿死。在路上他经过华清池附近，那是唐明皇和杨贵妃娱乐的地方。整首诗是有史以来对于社会不公的最激烈的抨击，但白居易只说其中两句指向道德批判，是奇怪的。——韦利原注

② 关于唐衢，参见《旧唐书·唐衢传》（卷一百六十），以及白居易《伤唐衢二首》。——韦利原注

③ 白居易在谈到自己的"杂律诗"可以忽略之后，向韦应物致以了敬意。白居易大约于786年还是个孩子的时候在苏州，当时韦应物是苏州刺史。韦应物的教化诗很少，但显然对白居易有很大的影响。比如，白居易的《观刈麦》（英译文见 Chinese Poems 第122页）是对韦应物《观田家》（见其诗集的第六卷）的高度模仿。提到韦应物和下文有一定的联系，因为韦应物的作品直到死后才被人欣赏。以上内容我认为放在这里说明一下比较合适，否则插入正文可能会打破叙述的节奏。——韦利原注

④ 白居易用"百千年"可能是指"遥远的将来"，但也可以解释为"一千一百"，我愿意这么理解，因为《与元九书》写于815年，我是从1915年开始读白诗的，相距正好一千一百年。——韦利原注

⑤ 这个集子将包括张籍的叙事诗、李绅的歌行、卢拱和杨巨源的律诗、窦牟和元宗简（元稹堂兄）的绝句。如果这个集子能编成的话，一些现在已经无法看到的作品可能保留下来，这些诗人中只有杨巨源有较多的作品流传后世。——韦利原注

⑥ 如果白居易收到了元稹关于诗歌的这封信，那一定是在他到达江州之前，参见817年四月十日白居易给元稹的信（《与微之书》）。——韦利原注

第九章　江州司马

白居易在去江州的路上写给元稹一些诗，应该是在 816 年初他收到了元稹的回应，就是下面这首诗：

> 人亦有相爱，我尔殊众人。
> 朝朝宁不食，日日愿见君。
> 一日不得见，愁肠坐氛氲。
> 如何远相失，各作万里云。
> 云高风苦多，会合难遽因。
> 天上犹有碍，何况地上身。①

白居易很幸运，他在江州的上司（刺史）对他关心备至，把他当作来访的贵宾，而不是一个手下。"使君知性野，衙退任闲行"，②白居易在一首诗中写道。有一天，他邀请一位不知名的朋友前来喝酒和下官棋，③为此写道："太守知慵放晚衙。"④白居易的住房在湓浦河口沙岸上，房子后面有座山，他在青竹和白石间建了一间茅亭。一大早他必须到官署办公，但"日高公府归"，他就可以脱去官服来到自己的这间"北亭"，在那里一直静坐，"旷望湖天夕"。⑤

白居易任职的江州在很多方面对他来说是陌生的。在诗中，他首次提到鹧鸪、长臂猿的叫声、橘子、火田。当地人说一种特别的方言。似乎说什么都像是在讲笑话，一旦笑起来仿佛就停不下来。成年人把头发盘在头的两边，像中国北方的小孩子。他们的宗教是由女巫引导的"拜神"。白居易用了很长的时间来适应这个新环境，因为这个时期虽然刺史们可以每三年换一次岗，他们的助手在同一个职位上一待就得是至少五年。在江州西南几英里的地方是栗里，就是陶潜诗中提到的"南村"。白居易发现那里还有姓"陶"的村民，但没有人说自己是陶潜的直系后代。到江州半年后，白居易发现离家更靠近的地方可以在溢水中看到映射的城雉，"隐隐如蜃楼"，很奇怪自己为什么此前没有来到这里，他让人把马先牵回去，自己在那里观赏风景直到太阳落山很久才往回走。⑥

　　此后不久，他落魄的长兄白幼文从徐州来到江州，带来了几个父母离世的孤小弟妹（白居易模糊地说过是六七个）。白居易已经在照顾弟弟白行简的儿子龟儿，另外还有自己的女儿罗子。这样现在有大约九个小孩在他河边的房子里，我们可以想象，白居易有时会很高兴逃避到"北亭"中去。白幼文十七年前在江西浮梁做一个小官，这似乎是他唯一的工作，而且他一定在很久以前就辞职了。在他带着六七个孩子到来之前，他一定是和亲戚住在徐州附近，可能是符离，那里白家有个农场。幼文一年后去世了，白居易在祭文中把各种常见的美德都加在他身上。但是他和白居易之间似乎并无太多共同之处，关系也并不亲密。

　　初秋时节白居易去了石门峡，在江州以南十六英里处。该地以瀑布知名,但白居易去的时候可能不是最好的时节,因为他没有提到瀑布。他真正来寻访的是一首诗的摩崖石刻,其作者被认为是著名的和尚慧远(334—416)。但石刻一定是被岩石上的植物覆盖了,因为没有任何拓片的留存。此后不久他首度访问了位于庐山北坡的两座寺庙——建于大约 379 年的西林寺和建于 386 年的东林寺。后者是音乐家、当时的江州刺史桓伊为慧远而建。正是在这里,慧远建立了白莲社,一个由僧俗组成的宗教团体,立誓信奉阿弥陀佛并在他的西方净土中寻求重生。慧远同时也是阿毗昙,以及早期传统佛教禅定的权威。他是印度和中亚佛教大师认为可以和他们比肩的中国和尚,在他们看来,一个来自像中国这样的边远国家的和尚居然能如此全面地掌握大乘佛教的思想,可谓奇迹。慧远的诗在当时很著名,可惜没有流传下来。

816 年秋创作的《琵琶行》,是《长恨歌》之后白居易最著名的作品。故事是这样的:白居易为一位朋友送行,朋友的船停靠在湓河口,这时从邻近的船上传来弹奏琵琶的声音,这种中国乐器在很多方面类似欧洲的芦荻。白居易通过弹奏的手法知道弹奏者一定在首都长安接受过训练,在询问之下得知她曾经是一位以琵琶弹奏知名的歌妓。当她红颜衰老,年轻公子们不再趋之若鹜宾客盈门的时候,她嫁给了一个茶叶商人并且在江州定居。根据她的说法,她的丈夫经常离家做生意,几个月前去浮梁购买茶叶。白居易被这个女人的故事和音乐感动,写道:"予出官二年,恬然自安。感斯人言,是夕始觉有迁谪意。"这位歌女在常乐里长大,离白居易在长安的家不远。白居易认识到，在江州缺乏好的音乐对于自己来说是一个多么大的损失。当地幼稚的民歌和尖利的乡村音乐与首都精彩的音乐表演完全不可同日而语。白居易接着要求她再弹一曲，并且说如果她愿意，他可以为她的弹奏配上歌辞。她继续演奏的一曲比此前的更加酸楚和哀怨，所有在场的人都流泪满面，"座中泣下谁最多，江州司马青衫湿。"

《琵琶行》可能是对一年前所写诗歌的扩写，当时白居易在夜里听到一个女子的歌唱，在鹦鹉洲她的船停靠在白居易所乘坐的船的近旁。但《琵琶行》前面有一个序言，描述了写诗的背景。所以更大的可能是这首诗确实是以816年秋在江州河口的一次实际邂逅为基础，如白居易所告诉我们的那样。在欣赏这首诗的时候，我不认为读者可以很深地进入琵琶歌女或是白居易的感情世界。在这方面，以及在高超的技巧和细腻的描写方面，《琵琶行》类似白居易的另外一首长篇叙事诗《长恨歌》。它所包含的因素——秋天、月光、被冷落的妻子、被贬谪的天才——共同造就了中国诗歌史上的成功之作。以诗歌为蓝本的戏剧作品甚至更为人所知。在诗歌中白居易明确表示自己在长安时不认识这位歌女，但在戏剧中他们在首都时则有着浪漫的交往。青楼的老板娘利用一封假造的信件让兴奴（传说中她的名字）相信白居易在贬谪中死去，于是把她卖给了一个茶商。两人在白居易诗歌所描绘的浪漫环境中再次相遇，最终结婚并白头偕老。美国诗人 Witter Bynner 成功地翻译了《琵琶行》，其译文收入 R. C. Trevelyan 主编的 *From the Chinese*。

我们已经看到，白居易和兴奴的爱情故事只是一个虚构。

但大约就在此时他的思念转向了一个在北方的姑娘。在一首题为《感情》的奇怪的诗中，白居易告诉我们，当他在庭院中晒衣服和家具的时候，突然看到了他从"故乡"（这很可能是指下邽的农庄）带来的一双鞋子，并且记得赠送的人是"东邻婵娟子。"鞋子象征着"双行复双止"，所以会出现在中国人以及其他人群的结婚仪式中。但这次鞋子没有发生神奇的效用，"人只履犹双"。鞋子很漂亮，"锦表绣为里"，但自从到南方经历了梅雨天气便"色黯花草死"了。这就是全诗的内容，但诗歌的中文题目（翻译成英文可能看不出来）明确意味着一场恋爱。⑦

817 年初，白居易听说宪宗放弃了常规的在宫里举行的新年庆典，在中原地区还陷于内战的情况下这样的活动确实是不合时宜的。受到皇帝这一仁慈行为的鼓舞，白居易产生了一个大胆的想法，给朝廷递上一份要求召回的紧急请求，为了能在这一关键时刻为政府效力。但是这一请求始终没有送出。秋天白居易在香炉峰下，离东、西林寺不远找到了一个地方，在他看来是整个山中景色最优美的所在，在那里他建了一座小草堂。正式入住之前，白居易在 817 年二月二十一日和二十五日向山神祭祀，要求他们同意自己"栖止陋质"。他解释说，目前他只会来来去去，但等到在江州五年的任职已满，他希望永久居住在这个草堂之中。他要求山神们"使疫疠不作，魑魅不逢，猛兽毒虫，各安其所。"⑧

草堂很小，木头没有雕饰，墙也没有粉刷。家具只有四个木头卧榻和两个朴素的屏风。白居易在那里放了一些书（儒家、道家、佛教都有）和一张琴。正式入住那天，他从辰时到酉时（上午七点到下午五点）在坐禅中进入了喜悦的冥想，想到了高山、湍流、竹林和云雾笼罩的岩石，发现自己的精神"外适内合"。三天之后，他感到自己进入了一种身心的放松状态，一开始他不知道如何进行描述。后来在反思时，他认为草堂之所以能发挥我们所谓的催眠功能，是由于它的比例。在草堂前面有一块平地，直径大约一百英尺，在这块地的中央是一块台地，面积大约是整块平地的一半。草堂南边是一个方形的池塘，是台地的两倍大。白居易指出，就目前来说，他必须满足于偶尔来住一下，等他张罗家族中的兄弟们都成了家，自己任职期限也截止以后，他将住在这里直到离开这个世界。他呼吁"清泉白石"见证自己的誓言。⑨

四月九日，白居易举行了一个暖房聚会，参加的有二十一个朋友，最主要的客人是元稹的兄弟元集虚，他就住在附近。客人中还有几位来自东林寺和西林寺的和尚，为了尊重佛门规矩，茶和水果替代了酒和肉。不久元集虚被调往广东，在一位军事首领手下任职，白居易因此失去了在江州最主要的友人。聚会后的一天，还是在草堂中，白居易给元稹写道："乐天白，微之微之！不见足下面已三年矣。不得足下书欲二年矣。人生几何？离阔如此。……仆初到浔阳时，有熊孺登来，⑩得足下前年病甚时一札，上报疾状，次叙病心，终论平生交分。且云：危惙之际，不暇及他，唯收数帙文章，封题其上曰：他日送达白二十二郎，便请以代书。悲哉！微之于我也，其若是乎！又睹所寄闻仆左降诗云：

残灯无焰影幢幢，此夕闻君谪九江。
　　垂死病中惊起坐，暗风吹雨入寒窗。⑪

此句他人尚不可闻，况仆心哉？至今每吟，犹恻恻耳。且置是事，略叙近怀。仆自到九江，已涉三载。形骸且健，方寸甚安。下至家人，幸皆无恙。长兄去夏自徐州至，又有诸院孤小弟妹六七人提挈同来。顷所牵念者，今悉置在目前，得同寒煖饥饱。此一泰也。江州风候稍凉，地少瘴疠。乃至蛇虺蚊蚋，虽有甚稀。溢鱼颇肥，江酒极美。其余食物，多类北地。仆门内之口虽不少，司马之俸虽不多，量入俭用，亦可自给。身衣口食，且免求人。此二泰也。仆去年秋始游庐山，到东西二林间香炉峰下，见云水泉石，胜绝第一。爱不能舍。因置草堂。前有乔松十数株，修竹千余竿。青萝为墙援，白石为桥道。流水周于舍下，飞泉落于檐间。红榴白莲，罗生池砌。……每一独往，动弥旬日。平生所好者，尽在其中。不唯忘归，可以终老。此三泰也。计足下久不得仆书，必加忧望，今故录三泰，以先奉报。其余事况，条写如后云云。微之微之！作此书夜，正在草堂中山窗下，信手把笔，随意乱书，封题之时，不觉欲曙。举头但见山僧一两人，或坐或睡。又闻山猿谷鸟，哀鸣啾啾。平生故人，去我万里。瞥然尘念，此际暂生。余习所牵，便成三韵云：

　　忆昔封书与君夜，金銮殿后欲明天。
　　今夜封书在何处？庐山庵里晓灯前。
　　笼鸟槛猿俱未死，人间相见是何年！

微之微之！此夕我心，君知之乎！乐天顿首。"⑫

初秋时节白居易看到了一个奇怪的景象。鄱阳湖的北部干涸了，让大量的浅滩暴露出来，用白居易自己的话来说，像"白龙"平铺在太阳的照射下，狭窄、弯曲的洼坳则像青蛇一样。各种日常生活用品的残片、破碎的铜镜、折断的刀头，在河床上闪闪发光：

…………
久为山水客，见尽幽奇物。
及来湖亭望，此状难谈悉。
乃知天地间，胜事殊未毕。⑬

秋雨来了，"青蛇"和"白龙"汇合，消失在上涨的湖水之中。每年的洪水都会把江州的道路变成河流，水位上涨很快，以致城市的居民不得不在屋顶上钻一个洞以便及时逃离不被淹死，而农村人则带着他们的马和牛逃到山上去。这时有船可以出租的人的机会来了。在短短几天内，他们可以利用城市每年都发生的灾难发一笔横财。白居易在一首无疑部分地表达了他的政治寓意的诗中，谴责了这些牟利者的自鸣得意，他们一下子成为这个城市的要人，但白居易提醒他们："九月霜降后，水涸为平地。"⑭

八月，白居易写了一首题为《中秋月》的诗。中国人常常将某些形式的美，特别是音乐和月光的美和哀怨联系在一起。对于那些已经很痛苦的人来说，月光尽管有它的可爱之处，所感受到的仍是一种几乎无法忍受的悲伤。在诗中白居易想象这中秋之月将它"不可思"的"万里清光"投向世界的每个角落,投向"陇外久征戍"的士兵,投向"新别离"的朋友,投向"失宠"而夜归(不是早晨回来)的宫女,投向"没蕃老将"。他最后询问住在月亮中的"玉兔银蟾"是否知道他们洒向世界的光"照他几许人肠断"。⑮我们会不由自主地想起 Leopardi 的诗,虽然两者的距离并不那么接近:

> 无暇的月,这便是必死者的本质。
> 但你不朽,而我所恐惧的于你并无畏怯。⑯

沿着河岸散步让白居易想起秋天经常和李绅在长安曲江边散步的情景,回顾当年的共同生活,白居易提到他们曾经去拜访西寺的"胡僧"。我翻译所用的词"foreign"(胡)在这段时期是指中亚,而不是印度,但白居易此处完全是在宽泛意义上使用的。这是他作品中唯一提到自己和外国人接触,但遗憾的是,他没有告诉我们外国和尚的名字和国籍。这段时期有大量日本、朝鲜和尚,以及一些印度僧人在中国生活。此时吐蕃封锁了从中亚到唐朝常走的通道,在长安的少数中亚人很可能是此前很久长途跋涉而来,现在无法回去了。

白行简的儿子阿龟六岁(按照我们的计算是五岁)时已经能够背诵诗歌:

> 怜渠已解咏诗章,摇膝支颐学二郎。

莫学二郎吟太苦，才年四十鬓如霜。⑰

《中国诗》(Chinese Poems，1946年版）的读者应该记得第170页的这首诗《弄龟罗》：

有侄始六岁，字之为阿龟。
有女生三年，其名曰罗儿。
一始学笑语，一能诵歌诗。
…………⑱

根据我们的计算方法，罗子是两岁，阿龟是五岁，但是中国人所谓的"三岁"是指"出生的第三年"。

与此同时，外部世界发生了重大事件。在八月，讨伐吴元济的战争拖拖拉拉三年还没有成功，被刺杀的宰相武元衡的同事裴度被委以重任，全面负责讨伐之事，他设计了一个全面的计划，其中最关键的内容就是我们可以称为的突袭，用突击队攻击吴元济在河南西部蔡州的大本营。这次突袭行动由李愬将军带领的一小队人马完成，他们在暴风雪的掩护下穿越了敌军的防线，通过急行军到达蔡州，在没有太多抵抗的情况下活捉了吴元济。叛军一下子土崩瓦解，裴度成为最具影响力的政治人物，被封为晋国公，凯旋回长安后再次成为政府首脑。白居易和裴度的关系十年后变得非常亲密，但此时并不特别融洽，难以指望从他那里获得什么好处。但在蔡州被攻破的几乎同时发生的一件事却更大地触动了白居易和元稹。他们的朋友李鄘原先担任淮南节度使，突然被召回首都担任宰相。李鄘非常清楚这一诏命是宦官吐突设计的陷阱,吐突曾于811年至814年担任李鄘所率领的军队的监军。李鄘对于宦官一向比较客气,因此吐突料想如果能够让李鄘回到首都担任宰相,就可以把他当作一个方便的政治工具来使用。在给部下官兵举行的告别宴会上,在音乐和笑声当中,李鄘当场哭了起来,表示自己行伍出身,不适合担任宰相。他因为完全出于宦官的阴谋而得到提拔感到深深的耻辱,817年底到达长安后,他声称健康不佳,把自己关在屋子里不见任何人。第二年春天他就辞职了。

白居易在817年年末听说李鄘成为宰相之后,立刻给元稹写了首诗,言辞相当激切,确信元稹一定会立刻被从通州召回。元稹回复说,李鄘上台已经几个月了,但他没有听到丝毫被召回的消息,"若待更遭秋瘴后,便愁平地有重泉"。⑲

白居易三月三日交给一个叫刘轲的人一封推荐信,我认为该信应该系年于818年。刘轲有段时间住在庐山上的一个茅屋中,沉浸于儒家学术。他写过《翼孟》(三卷)以及道德格言集(《豢龙子》十卷)。若干年前他和振兴儒学运动的领袖韩愈通信,虽然他并未紧紧跟随韩愈,但可以被看作这一运动的外围支持者。在信中,白居易说刘轲决定参加进士考试,前来寻求自己的帮助,"予方沦落江海,不足以发轲事业;又羸病无心力,不能遍致书于台省故人。因援纸引笔,写胸中事授轲,且曰:子到长安,持此札为予谒集贤庾三十二补阙、翰林杜十四拾遗、金部元八员外、监察牛二侍御、秘省萧正字、蓝田杨主簿兄弟,彼七八君子,皆予文友。以予愚直,常信其言。苟于今不我欺,则子之道庶几光明矣。又欲使平生故人，知我形体已悴，志气已惫，独好善喜才之心未死。"⑳

有了这样的推荐，刘轲大约在819年顺利地通过了进士考试，839年他为一座玄奘纪念碑写了碑文，㉑此后就没有再听说他的作为。

818年春天，白居易唯一还健在的兄弟白行简放弃了在四川的职位，来到江州和白居易住在一起，他离开的原因很可能是他的上司——节度使卢坦的去世。白居易在元稹之外关系最亲密的就是行简，他也越来越能接受自己散淡的外放生活。他现在和江州刺史崔能的关系极为友善，可以从下面这首诗中看出。崔能邀请他从山中回来后参加在江州著名的庾楼举行的宴会，白居易写诗作为回答：

> 春昳情无恨，优容礼有余。
> 三年为郡吏，一半许山居。
> 酒熟心相待，诗来手自书。
> 庾楼春好醉，明日且回车。㉒

当白居易自家台阶上的蔷薇花开放的时候，白居易办了一个宴会。邀请是用诗句写的：

> 瓮头竹叶经春熟，阶底蔷薇入夏开。
> 似火浅深红压架，如饧气味绿粘苔。
> 试将诗句相招去，倘有风情或可来。

明日早花应更好，心期同醉卯时杯。㉓

这确实是一个很早的时间，因为"卯时"是指早晨五点到七点。

四月初，白居易和十六位朋友一起爬山，其中十位是东林寺的和尚，他们一起爬上了香炉峰并在五英里远处的大林寺过夜。㉔是林子"大"而不是"寺"大，寺庙本身只比木头棚子大一些，装饰很简陋，和尚们都是外地人，来自"海东"，也就是今天东北的辽东半岛。"于时孟夏月，如正二月天。梨桃始华，涧草犹短，人物风候与平地聚落不同，初到恍然若别造一世界者。"白居易深受感触，即景口吟一绝：

人间四月芳菲尽，山寺桃花始盛开。
长恨春归无觅处，不知转入此中来。㉕

一行人在墙壁上和橡子上寻找以前来访者的墨迹，最近的是二十年之前。白居易发出这样的感慨："此地实匡庐间第一境。由驿路至山门，曾无半日程，自萧、魏、李游，迨今垂二十年，寂寥无继来者。嗟乎！名利之诱人也如此。"㉖

在818年秋天所写的关于江州司马的文章中，白居易说明了这是一个什么样的职位，以及对于一个已经没有政治野心的人的好处。他说自己的所有责任都已由其他人承担，接着写道："若有人畜器贮用、急于兼济者居之，虽一日不乐。若有人养志忘名、安于独善者处之，虽终身无闷。官不官，系乎时也。适不适，在乎人也。江州，左匡庐，右江湖，土高气清，富有佳境。

刺史，守土臣，不可远观游；群吏，执事官，不敢自暇佚；惟司马，绰绰可以从容于山水诗酒间。由是郡南楼、山北楼、水溢亭、百花亭、……瀑布、……东西二林寺、泉石松雪，司马尽有之矣。苟有志于吏隐者，舍此官何求焉？案《唐典》：上州司马，秩五品。岁廪数百石，月俸六七万，官足以庇身，食足以给家。州民康，非司马功；郡政坏，非司马罪。……"[27]

八月王涯倒台了，一般认为，由于他作祟，白居易由江州刺史被改任为司马。他从817年起任宰相，反对消灭吴元济叛军的政策，但这一政策取得了令人瞩目的成功，使他名声扫地。"时势"在向着对白居易有利的方向转变，很可能他会被授予一个更好的官职。他一再劝说自己应该满足于江州这个低微的闲差，但这当然并不意味着如果授予他一个更好的职位，他会拒绝。他的朋友崔群实际上一直在努力为他说项，818年十二月十二日当他还在山上的草堂中时，消息传来，他被任命为忠州刺史，忠州位于长江边重庆下游一百多英里处。就在这个任命到达前几天，根据他本人的表述，他正在忙于制作仙丹以求长生不老。对于白居易生命历程中的这一奇特事件，我们有必要作一个说明。

中国炼丹术有三个分支：一、试图将铅变成金；二、试图制造长生不老药；三、主体的炼金术，其成分不再是外在的，而是炼丹者本人身体和精神的组成部分。第二类和第三类不总是容易区分。具体化学实验的成败在任何情况下被认为取决于炼丹者是否遵守严格的精神戒律。仙药的炼制常常用人类的生育来类比，这就让我们疑惑，创造一个新的生命或者制作长生不老药是否是真正的目标。

  庐山不仅是佛教重镇，也吸引了众多道教信徒，其中不少是炼丹者，白居易和其中一些关系密切。818年，一位道教朋友郭虚舟借给白居易一本《参同契》，该书大约产生于二世纪，可能是现存最早讨论炼丹的著作。在七年后写的一首诗中，白居易描述了将此书中的配方付诸实践的不成功经验。引用这首诗之前，我要解释一下炼丹者的几个神秘术语："黄芽"是硫磺，"紫车"指铅，"姹女"则是水银。关于郭虚舟送给他的书，白居易写道：

> …………
> 我读随日悟，心中了无疑。
> 黄芽与紫车，谓其坐致之。
> …………
> 高谢人间世，深结山中期。
> 泥坛方合矩，铸鼎圆中规。
> 炉橐一以动，瑞气红辉辉。
> 斋心独叹拜，中夜偷一窥。
> 二物正訢合，厥状何怪奇。
> 绸缪夫妇体，狎猎鱼龙姿。
> 简寂馆钟后，紫霄峰晓时。
> 心尘未净洁，火候遂参差。
> 万寿觊刀圭，千功失毫厘。

先生弹指起，姹女随烟飞。
………㉘

他接着用佛教术语补充道："始知缘会间，阴骘不可移。"这里指的是道邃（四世纪）提出的原则：存在是机缘聚合，不存在是它们的消散。那天晚上他拆除了炼丹炉，第二天就听说自己被任命为忠州刺史的消息，他这样告诉我们。整个事件的奇特之处不在于白居易没有制造出灵药（不只是他，很多人都没有成功），而是他如此自信自己可以按照《参同契》来操作，该书语言非常模糊，第三十一章告诉我们："三五既和谐，八石正纲纪。"实际上，这本书只告诉我们必须具有不确定量的白铅、铅的氧化物和水银，然后将它们加热，但时间和温度都没有明确说明。我不怀疑白居易相当认真地做了实验，但在报告实验失败时，他显然是在某种程度上自嘲。多年后他又写了一些诗谈到炼丹，但都是纯粹文学性的表述，此后似乎就再也没有为自己制造什么灵丹妙药了。

注　释

① 元稹《酬乐天赴江州路上见寄三首》。
② 《过李生》。全诗如下："蘋小蒲叶短，南湖春水生。子近湖边住，静境称高情。我为郡司马，散拙无所营。使君知性野，衙退任闲行。行携小榼出，逢花辄独倾。半酣到子舍，下马扣柴荆。何以引我步，绕篱竹万茎。何以醒我酒，吴音吟一声。须臾进野饭，饭稻茹芹英。白瓯青竹箸，俭洁无膻腥。欲去复徘徊，夕鸦已飞鸣。何当重游此，待君湖水平。"

③ 官棋亦名逼棋,以黑白棋子杂布局中,各认一子为标,左右巡拾,以所得多少为胜负。参见翟灏《通俗编》卷三一。

④ 《北亭招客》。全诗如下:"疏散郡丞同野客,幽闲官舍抵山家。春风北户千茎竹,晚日东园一树花。小盏吹醅尝冷酒,深炉敲火炙新茶。能来尽日官棋否?太守知慵放晚衙。"

⑤ 《北亭》。全诗如下:"庐宫山下州,溢浦沙边宅。宅北倚高冈,迢迢数千尺。上有青青竹,竹间多白石。茅亭居上头,豁达开四辟。前楹卷帘箔,北牖施床席。江风万里来,吹我凉淅淅。日高公府归,巾笏随手掷。脱衣恣搔首,坐卧任所适。时倾一杯酒,旷望湖天夕。口咏独酌谣,目送归飞翮。惭无出尘操,未免折腰役。偶获此闲居,谬似高人迹。"

⑥ 《泛溢水》。全诗如下:"四月未全热,麦凉江气秋。湖山处处好,最爱溢水头。溢水从东来,一派入江流。可怜似紫带,中有随风舟。命酒一临泛,舍鞍扬棹讴。放回岸傍马,去逐波间鸥。烟浪始渺渺,风襟亦悠悠。初疑上河汉,中若寻瀛洲。汀树绿拂地,沙草芳未休。青萝与紫葛,枝蔓垂相樛。系缆步平岸,回头望江州。城雉映水见,隐隐如蜃楼。日入意未尽,将归复少留。到官行半岁,今日方一游。此地来何暮,可以写吾忧。"

⑦ 全诗如下:"中庭晒服玩,忽见故乡履。昔赠我者谁,东邻婵娟子。因思赠时语,特用终终始。永愿如履綦,双行复双止。自吾谪江郡,飘荡三千里。为感长情人,提携同到此。今朝一惆怅,反覆看未已。人只履犹双,何曾得相似?可嗟复可惜,锦表绣为里。况经梅雨来,色黯花草死。"

⑧ 《祭匡山文》、《祭庐山文》。

⑨ 《草堂记》。

⑩ 熊孺登是一个有点名声的诗人。——韦利原注

⑪ 《闻乐天授江州司马》收入《元氏长庆集》卷二十,文字略有出入(第三句为:垂死病中仍怅望)。——韦利原注

⑫ 《与元微之书》。

⑬ 《湖亭晚望残水》。诗的前半部分为:"湖上秋沉寥,湖边晚萧瑟。登亭

⑬ 望湖水，水缩湖底出。清泞得早霜，明灭浮残日。流注随地势，窪坳无定质。泓澄白龙卧，宛转青蛇屈。破镜折剑头，光芒又非一。"

⑭ 《大水》。全诗为："浔阳郊郭间，大水岁一至。间闾半飘荡，城堞多倾坠。苍茫生海色，渺漫连空翠。风卷白波翻，日煎红浪沸。工商彻屋去，牛马登山避。况当率税时，颇害农桑事。独有佣舟子，鼓栧生意气。不知万人灾，自觅锥刀利。吾无奈尔何，尔非久得志。九月霜降后，水涸为平地。"

⑮ "照他几许人肠断"中用"他"作为指示代词是一种口语用法，其力量很难用英文来表达，我这里只能用 all these people 这样的字眼。——韦利原注。全诗如下："万里清光不可思，添愁益恨绕天涯。谁人陇外久征戍，何处庭前新别离。失宠故姬归院夜，没蕃老将上楼时。照他几许人肠断，玉兔银蟾远不知。"

⑯ 贾科莫·莱奥帕尔迪（Giacomo Leopardi）《一位亚洲牧人的夜歌》（*Canto notturno di un pastore errante dell'Asia*）。

⑱ 《闻龟儿咏诗》。

⑱ 诗的后半部分为："朝戏抱我足，夜眠枕我衣。汝生何其晚，我年行已衰。物情小可念，人意老多慈。酒美竟须坏，月圆终有亏。亦如恩爱缘，乃是忧恼资。举世同此累，吾安能去之。"

⑲ 元稹诗为《酬乐天闻李尚书拜相以诗见贺》；白居易诗为《闻李尚书拜相因以长句寄贺微之》："怜君不久在通川，知已新提造化权。夔高定求才济世，张雷应辩气冲天。那知沦落天涯日，正是陶钧海内年。肯向泥中抛折剑，不收重铸作龙泉？"

⑳ 《代书》。

㉑ 碑文的法译文参见《法国远东学院学刊》（*Bulletin de l'École d'Extrême-Orient*）第24卷第59页。据说刘轲本人一度当过和尚。——韦利原注

㉒ 《山中酬江州崔使君见寄》。

㉓ 《蔷薇正开春酒初熟因招刘十九张大崔二十四同饮》。

㉔ 游览大林寺显然是在818年，不是817年。"元和二年"应该是"元和三年"。——韦利原注

㉕《游大林寺序》。
㉖ 798 年的访问者是：一、萧存，著名文士萧颖士之子，他在庐山有房舍；二、魏宏简，785 年通过制举；三、李渤，著名隐士，806 年被授予拾遗职位，但没有接受。韩愈的一封著名的书信就是写给他的（《与少室山李渤拾遗书》，808 年十二月），敦促他为国家效力。——韦利原注
㉗《江州司马厅记》。
㉘《同微之赠别郭虚舟炼师五十韵》。

第十章 从忠州到长安

我之前提到的王涯的倒台,一定有利于崔群帮助白居易。崔群是白居易和元稹的共同好友,817年成为宰相。在感谢崔群为自己所做的努力时,白居易说人不可以对礼物挑三拣四。忠州是一个有大约四万居民的地区,其中约一半居住在行政中心南宾。那里的汉人团体很小,大多数居民是土著——原始的农民,类似于现代的苗族部落。他从江西观察使那里接收了新职位的标识,观察使是江州司马的直接上级。这些标识包括一件红袍和一个"鱼袋",它们都绣有同样的图案——一只鹘,喙里叼着一株神奇的植物。白居易多次提到的这个"鱼袋"应该是装着银鱼(四品官职的标志)。红袍则是州刺史的官方制服。他貌似以一种超然的态度看待这些饰物,质疑这些东西除了给妻子和家人留下深刻印象之外还有什么用处。他甚至质疑,仅仅因为挂上了一件猩红色的外套,衣架子就真的比一根木头或竹子更高级吗?但他太过经常地提到这些新饰物,似乎对它们并非完全不在意。① 在向草堂告别的诗中,白居易请求庐山不要"动移文"。② 山可不是很欢迎那些去而复返者。有一个故事说,周颙(485年去世)离开南京附近的北山,去首都任职,认为当自己厌倦官场生活后还可以再回到山中,就好像什么事情都没有发生过一样。但山神决定不再接纳与世俗接触的背叛者,并"勒移山庭"(刻移文于所有地方小山神的居所),命令小山神无论周颙出现在哪里,都要掩上云门,拦住他的去路。

白居易于819年早春离开江州,在向庐山告别时,庐山仍然覆盖着积雪。他被任命为忠州刺史,同时,元稹也被召回,被任命为虢州的高级官吏(长史),虢州大致位于长安和洛阳之间。三月初十,他们两人一个顺流而下,一个溯流而上,在宜昌附近会面,"翌日,微之反棹送予至下牢戍。又翌日,将别未忍,引舟上下者久之。"听到瀑布的声音,他们上岸,穿过岩石的裂缝,来到一个充满奇特钟乳石的岩洞,水从上面滴落,形成连续的白色线条。仆人拿来绳子和梯子,他们借此继续攀爬,穿越这个原始的水石世界。从未时到戌时(下午1点到9点),他们一直在神秘的岩洞中,流连忘返。突然,黑暗悬崖上的云层散开,月亮出现,奇异的景色产生了变化,出现种种形状与明暗对比,"虽有敏口,不能名状"。③在离开之前,他们各自在岩石上刻下一首诗,给这个地方取名"三游洞"。

白居易与元稹分别几天后,来到了一个地方,当地女人的面颊上刺有奇特的纹样。他被告知,这是昭君出生的村庄,自从昭君之后,女性们都要破相,以免遭受与昭君同样的不幸命运。然而,这个解释并不令人信服,因为需要记住的是,昭君的麻烦来自她没有贿赂宫廷画家,可以推测,如果她的后代因为美貌被召入皇宫,她们不太可能犯同样的错误。无疑,白居易此时已经进入了中国的一个蛮荒地区,那里的居民并非汉人,融入汉文化尚不完全,显然,在女性面部刺上花纹并非汉文化的特征。

第十章 从忠州到长安

白居易在三月的最后几天到达了忠州。当地人说的语言他听不懂;他对当地原住民毫无兴趣。这个地方本身"市井疏芜只抵村",而且地势如此陡峭,尽管礼仪法规允许他作为州长拥有一辆"由五匹马拉的朱轮车",但在忠州没有任何街道可以使用马车。④盐渍鱼是主食。农业非常原始,稻米是在烧焦的地块上种植的,没有使用犁或锄头,种植的蔬菜很少。唯一生产的布料是一种粗糙、易打结的织物,叫作黄丝绢。这里的典型音乐是"竹枝歌"。许多被贬谪到四川的诗人都会为这些非常悲伤的竹枝曲调配上汉字歌词,这种音乐彼时在中国已经有一定的流行度。但是,正如白居易指出的,偶尔听到这样的歌曲是一回事,而被当地的年轻人和女巫无休止地唱入耳朵则完全是另一回事。作为补偿,白居易在忠州第一次看到并吃到了荔枝;也在这里他首次结识了木莲,他对木莲有以下记录:"木莲树生巴峡山谷间。巴民亦呼为黄心树。大者高五丈,涉冬不凋。身如青杨,有白文。叶如桂,厚大无脊。花如莲,香色艳腻,皆同。独房蕊有异。四月初始开,自开迨谢仅二十日。忠州西北十里有鸣玉溪,生者秾茂尤异。"⑤819 年夏,白居易让一位名叫冊丘元志的道士画了一幅木莲,送给元稹在长安的堂兄元宗简。这种树显然不为北方人所了解。

这年初夏,白居易听说山东的叛乱首领李师道于当年年初被俘并处决。李师道早就有叛乱之心,我们应当记住,白居易在 809 年就提醒政府要提防他。但李师道直到 818 年秋才公开反叛朝廷,他的叛乱失败后,唐朝境内再也没有出现大片土地不受中央政府控制的情况——这在当时相当不寻常,而且事实上也只持续了大约十八个月。听到李师道失败的消息后,白居易上表(《贺平淄青表》)恭贺宪宗皇帝击败了他仅存的敌人,认为唐朝终于进入了完全意义上的和平时期。他表示遗憾,因为自己目前的职位,无法亲自到朝廷道贺。显然,白居易上书的目的之一是提示自己的存在,毕竟,每逢胜利,外放人员经常会被召回。但是,他心里仍盘算着三年忠州任期结束之后直接从官吏生活隐退。在一首写给庐山二林寺僧侣友人的诗中,他提到自己在江州留有一笔钱,如果回去,足够维系一段时间。他还让和尚们帮助照看草堂和花园,确保没有后顾之忧。

中国人通过偶尔插入一个额外的月份来调整阴历和阳历的差异。820年出现了一个额外的"一月",春分节日相当奇怪和尴尬地落在了二月。从周边数英里之外的地方,少数民族部落的人们纷纷拥来庆祝节日,由于没有足够大块的平地,他们就聚集在高低不同的多个地方。很快鼓声开始响起,女孩们起身跳舞。白居易和几个汉族客人从高处观察这一场景。他用手掩口,请求客人们不要因为他担任这些粗鄙野人的父母官,或者试图将破旧的小屋当作官邸而嘲笑他:因为"蜂巢与蚁穴,随分有君臣"。⑥

820年一月,四十二岁的宪宗皇帝突然去世。如同往常那样,当显赫人物意外去世时,总会有各种谣言飞扬。有人说他是被宦官们暗杀的;而那些虔诚信奉佛教的官员——他们对道教持敌视态度——则宣称他的死因是吞下了由道教炼金术士胡乱炮制的长生不老药。事实上,宪宗皇帝对炼金术颇有兴趣,正如他的不少臣民,包括白居易在内。但是宫廷内部的事情即使对于当时的人们来说都高深莫测,我们在这么长的时间之后就更加无法解开宪宗去世的谜团。白居易为这个消息所深深震动,他回忆起806年宪宗即位时自己高涨的期望,以及在朝任职三年(808—810年)当中所受到的极大关照。他无疑也听说了(尽管并没有提及)他的敌人——宦官吐突支持另外一个皇位候选人,被一伙忠于皇太子的年轻宦官们暗杀。五月,元稹在担任虢州长史一年后被召回京城;八月,他荣幸地受到了新皇帝的接见,穆宗多年来一直知道他是一位诗人。随着事态如此发展,白居易在初冬同样收到了召回长安的命令,也就不足为奇了。作为临时安排,他被授予了一个负责关卡的职务,但这可能仅仅是为了在他回家的旅途中享有官方的地位和特权。到长安几周后,白居易回归了为皇家起草诏书的老本行。

在忠州,白居易因为缺乏谈得来的朋友倍感痛苦,正如在下邽时一样,而亲密的朋友对一个诗人来说尤其重要。当然,我们并不认为写诗是需要对手的游戏。但是在这个时期的中国,诗人们在很大程度上依赖友好竞争的刺激。人们认为,写诗可以分享给别人,然后对方以诗应答。和诗或许会使用相同的韵脚,但无论如何要契合原诗的精神,并尝试有所提升,若非如此,写诗就不是什么有趣的事情了。白居易告别忠州的诗是写给他种下的果树,而不是任何当地的熟人,他满怀期望新的地方长官也是个喜欢花草树木之人。

当然,在离开之前,他需要卸下作为刺史的标志。他告诉我们,两岁的小女儿(显然于818年在江州出生)看到他腰带上的"银鱼"不在时痛苦地哭泣。在沿长江而下的途中,他停下船登上一座高地,回望忠州。尽管急切地想要回家,但他对忠州的一些事情相当怀念,如官署花园里盛开的白花,以及从军营获得的美酒。他注意到,在旅途中当他签名时,似乎没有人认识他——这与五年前的凯旋之旅形成了鲜明的对比。回到长安后,他发现重续以前的生活非常困难。他感到自己似乎已经老了许多,改变也很大:"人无再少年"。⑦他没有提到与元稹久别后的初次相见,但我们发现白居易重回旧职位后不久,两人就在中书省联床夜话,此外还有两位老朋友。白居易为自己的精神不振而道歉,因为这个时候再次得到垂青,对他来说已经太晚了,完全感受不到任何喜悦。

新皇帝穆宗没有达到人们的期望,和大部分皇帝一样,他过多地将时间投入到娱乐之中,尤其是狩猎。在白居易返回长安之前不久,五位官员突然出现在内宫,就此对皇帝进行了教导。"这些人是谁?"穆宗问。"谏官",有人告诉他。"感谢他们的用心良苦,"穆宗说,"告诉他们我会听从他们的建议。"但是,狩猎活动依然如故。可能是在回到首都后不久,白居易写下了一篇"箴言"(《续虞人箴》),这是一篇散文,偶尔押韵。在文中他恳求皇帝放弃狩猎。白居易的观点是,许多沉迷于狩猎的古代君主结局均不佳,而那些在大臣的请求下放弃狩猎的唐朝皇帝却享有繁荣的统治。然而,玄宗皇帝的例子并不具有说服力,因为尽管玄宗永久放弃了狩猎,但只有他统治的初期是繁荣的,最后却以灾难告终。最后,白居易用了两个更直接的论证:皇帝可能会从马上摔下来受伤,另外,他也可能会被强盗袭击。皇帝或许会回应说他愿意像其他猎人一样承担同样的风险,并且可以带上足够的扈从以防备强盗。这篇文章是典型的儒家"谏言",论据较弱,可能更容易引起对方的反感,而不是改变对方的行为。

身为朝廷内的知名作家,白居易不可避免地再次陷入考试的纠纷之中。820年十二月,他与李虞仲(772—836)被邀请为考生重新评分。李虞仲是著名诗人李端(743—782)的儿子,不仅作为诗人为世所知,而且(和白居易一样)还是皇家诏书的起草者。在他们共同提交的审阅报告中,白居易和李虞仲承认,"所送文书未免瑕病,臣等若苦考覆,退者必多。"但这会涉及对原考官的批评,"韩皋累朝旧臣,伏料陛下不能以小事致责"。原考官韩皋(744—822)在穆宗还是皇太子时就是他的导师。白居易和李虞仲接着说,笔试并不是唯一的评判标准,还应该考虑人品和能力等综合素质。在这种情况下,最好保持原样,"已得者不妨徼倖,不得者所胜无多。"⑧

我们不清楚负责重审的人员能否以这种随意的方式来规避他们的尴尬任务。次年(821)初,白居易卷入了一场更令人尴尬的考试纠纷。科举考试由钱徽(755—829)主持,他在814年曾致信白居易,给予白居易很大鼓舞。有人控告,钱徽审查通过的考生严重不合格,仅仅是因为与高层的关系而蒙混过关。这个问题被转交给了元稹和李绅("短李"),李绅也是白居易关系极为亲密的老朋友。他们承认存在偏袒现象。白居易被要求重新测试这些考生,并且需要淘汰其中大多数人,包括他妻子的一个年轻堂弟和他的密友李宗闵的儿子。这已经足够让人感到不愉快了,更严重的是,白居易很清楚,如果考试结果被推翻,考官会受到严厉的惩罚,而钱徽是他非常敬重的长者。重新考试结束、结果公布后,他递交了一份报告,请求穆宗不要过于严肃地对待这件事。他指出，鉴于目前的情况，他和其他考官必须非常仔细地批阅考卷，并采用最严格的标准。但应该明白，考生在重试中也面临一些不利条件：由于所提供的烛火不多，他们的时间不够用，而且问题是口头发布的，不是书面试题，也导致了误解题意。白居易请求发表一份声明，公开展示考生所犯的错误，这将使落榜的考生家庭确信，裁决并非武断，也能让落榜考生感到应有的羞愧，并对未来的考官起到警示作用。⑨

这个建议被采纳了，考生们所犯的错误确实严重。所有的考生都未能识别出一个来自周朝礼仪（《周礼》）的四字引言，而这本书是最受尊敬的经典之一！事情的经过非常明显。"孤竹之管"⑩这四个字被作为一篇赋的主题发布，疲于应对的考生们盯着快要熄灭的烛火，匆匆写下有关名为孤竹的小国及其隐士兄弟叔齐和伯夷的文字，完全忘记了"孤竹之管"其实是用于祭天的一种乐器的名称。皇家声明承认，这些主题词的含义确实有些深僻，但同时声称这是一个很好的测试，能看出考生对经典的熟悉程度。

在现代考试中，如果没有一个考生能正确理解考题，那考题本身通常不会被认可。公正地说，重试中的题目可能是由中书省而非白居易设定的。原先的考官钱徽没有遭受重罚，他被派往江州担任刺史，那里的气候和风景令人赏心悦目，而没有被贬往本来极有可能去的南方瘴疠之地。有故事称，钱徽手中有来自李绅等人的信件，就是这些人指控钱徽偏袒，而信中他们曾试图说服钱徽支持他们的某些门生。在事件调查期间，钱徽的朋友们敦促他公开这些信件，但他坚持认为，君子即使为自保，也不会泄露私信，随后将这些信件焚烧。钱徽无疑意识到了白居易已经尽其所能地在帮助自己，因此并未对他有何不满。钱徽抵达江州后，参观了白居易的草堂，并在墙上题诗。此后两人继续以诗相赠。这整个事件有一种世代仇恨的因素。我们发现，公元808年的宫廷考试事件中的主角的子女，在这场冲突中又成为互相对立的两方。

820年冬天，白居易在新昌里购置了一间小房子，位于城市的东墙之下，他告诉我们，之所以选择这个地点，是因为其庭院中的松树。他在北面安装了一扇低矮的窗户，但窗户上没有糊纸（在那个时代，人们通常使用纸张而不是玻璃），窗户外面则种植了竹子。白居易从朝廷回来后，会脱下紧绷且不舒适的官服，躺在"竹窗"之下，那里总是能感受到一阵阵凉爽的微风。

二月二十三日，白居易和元稹的好友李建突然在他位于长安东南角修行里的家中去世。白居易题写了墓碑（《有唐善人墓碑》），元稹则为他写了墓志铭。元稹提到，当李建的全家围着他，恳求请一个巫师来驱除他的病魔时，他摇了摇头。这被视为李建的一种荣誉，因为求助于巫师是道德上软弱的表现，真正勇敢的人愿意接受命运的安排。

白居易目前的职位并非闲职，他有大量的官方文件要处理，而且夜晚常常要在宫中值班。他抱怨说与元稹见面的机会太少，就好像自己还在忠州一样。他甚至没有时间去拜访元稹的堂兄元宗简，当面祝贺他被任命为京兆少尹。几周后，宗简去世了，崔韶也去世了，这就是白居易诗中经常提到的"崔二十二"。崔韶是一个工作认真的人，总是把这样的话挂在嘴边：白天用于工作，晚上用于休息，在月光下漫步这类事情是完全不需要的。

此时白家的境况很不错。白居易获得了一个备受追捧的头衔——"上柱国"，这使他成为了二品官员。他的弟弟白行简被任命为拾遗，而他们年轻的堂弟白敏中则通过了进士考试，后来成为宰相，给家族带来了荣耀。在这个时期，另一位引人注目的家族成员是白昊，他是一位知名的花鸟画家，他的歌声也同样享有盛名。821年他送给白居易一幅画，所绘是一只雕。白居易为此写了一篇赞美诗，在诗中他写到，虽然还有其他描绘鸟类和动物的优秀画家，例如以画鹤著名的薛稷，以及以画马著名的韩幹，但他对自己堂兄的欣赏超过了其他画家。白昊和白居易拥有共同的曾曾祖父，两人是第三代堂兄弟。在欧洲由于家庭关系松散，大多数人甚至很难说出第三代堂兄弟的名字，即使找到一个，对其艺术造诣的评价也几乎不会受到具有共同曾曾祖父这一事实的影响。

七月份东北方又出现了麻烦。一个名叫王庭凑的回鹘族官员，在河北的成德节度使府煽动了一场兵变，杀死了合法的指挥官，自称留后。被杀节度使田弘正的儿子田布原本在西部边疆任职，被召回为父报仇，担任魏博节度使。在穿过中国北部的途中，田布在长安停留，白居易负责向他传达皇帝的指令。离开时，田布赠送白居易绢五百匹。给予信使酬劳是常事；然而，差遣如此高贵的人物作为信使却非同寻常。这份礼物相当丰厚，相当于十匹马的价格。无疑，田布认为，根据"凡有的，还要给他，叫他充足有余"⑪的原则，高薪官员不能只是接受普通的酬谢。白居易拒绝了，不久后，一位太监从皇宫带来了消息——穆宗希望白居易接受这份礼物。白居易仍然拒绝,并上奏穆宗解释为什么这么做。他说,田布是被谋杀者的儿子,有道德责任为父报仇,为此他需要手头的每一分钱,从他那里接受礼物将是一种罪行。此外,田布可能会收到来自皇帝的更多指示,如果每一个带来指示的信使都得到这种规模的回报,"臣恐镇州贼徒未殄,田布财产已空"。⑫这份文件中最引人注目的一句话是白居易承认他的薪水很高,足以满足自己的需求。在古代中国,熟悉的套话"我不像外界想象得那么富有"被发挥到了极致。我们常常发现,官僚阶层的成员虽然拥有好几个庄园,可以负担得起数百名仆人和追随者,却把自己描述成生活在极度贫困之中。我不知道在中国文学中是否还有其他篇章,作者在其中坦陈自己不是一个穷人。

　　白居易回到首都后的一年内,对于他需要最终定稿的制诰都保持了沉默,直到史馆宴会事件发生。白居易觉得"结社自由"正在受到威胁,因此无法完成交给他的那篇诏令的写作。事件的核心人物是一位名叫李景俭的放荡却才华横溢的人,他是皇帝的远亲,也是元稹在江陵外放时期的同事和主要友人。李景俭是位谏官,821年冬季的某一天,他退朝后召集了一些朋友,包括白居易的姻亲杨嗣复等人,一同去拜访了史馆的官方历史学家独孤朗(也是白居易的朋友)。他们在那里畅饮,并可能谈论了政治问题,因为李景俭突然宣布他要直接去中书省,向宰相们直言不讳地表达自己的看法。他确实这么做了,而且言辞激烈。大臣们见他酒醉,便迁就他,然后想办法让他离开了中书省。但他们上报了此事,李景俭因此被外放。不久之后穆宗又发布了一道谕令,将独孤朗和所有参加宴会的人都予以外放。对于这道后来发布的谕令,白居易表示了异议。他提醒穆宗,大约二十年前,当时的政府为了阻止反对其政策团体的形成,试图打压所有官员的社交聚会,因此引来了不小的公愤。无论现在这个谕令的真正动机是什么,它都会给人一种试图再次阻止结社自由的印象。白居易建议,警告和罚金足以解决这个问题。他的建议被忽略了,但几周后元稹出任宰相,召回了史官和他的朋友们。李景俭在大约四十四岁时去世,应是在 822 年春。

821 年秋元稹迁任翰林学士承旨。由于和穆宗的关系非常亲密,八月他得以成功地推行了长期以来深藏心中的一项改革。他一直不满于授予官员新职务的谕令,其文风由对偶和其他文学手法主导,从不以直截了当的方式说明晋升或降级的原因,而只有过分的赞美或严厉的谴责,其语言源自科举考场上的"赋"和"判"。元稹要求此后这类文件应该按照"古体"来写作,也就是说,要采取古老而朴实无华的文风,这种文风在进士考试影响遍及官场之前其实是很盛行的。

为了应对长期的骚动,朝廷在九月份废除了 785 年颁布的一项法令,该法令规定所有税收应以货币支付。从此以后,只有盐税和酒税需要用货币支付,其余则可以用粮食或丝绸。人们希望以此方式来抑制已经持续了四十年的灾难性的通货紧缩。然而,元稹并不像其他人那样对这项措施怀有热情。他认为朝廷的问题在于非法抢夺,而不是错误的官方税收系统。他指出,在南部和西部的很大一片地区税收仍以实物(例如在云南,以水银和朱砂)的形式支付。他说,"东郡以之耗,西郡以之赢。"他认为,全面转变为实物税收并不能带来人们期待的美好时代。元稹坚称，唐朝的问题并非"钱重货轻"，而是地方官员的私自征税，而且认为通过改变整个税收系统以降低货币的价值来解决问题是无济于事的。⑬ 因为对这一广受欢迎的改革政策持怀疑态度，元稹与杨於陵（753—830）⑭ 领导的一个组织严密的政治团体产生了冲突。几周后，我们发现他与裴度陷入了激烈的对立中。自从成功平息吴元济叛乱（817年）以来，裴度已经成为政治舞台上最受尊敬和最具影响力的人物。他目前正在应对东北方向王庭凑的叛乱，并有望再次取得像817年那样的成功，以胜利者的姿态很快返回首都。进入冬季，裴度开始怀疑元稹拦截了他给皇帝的快信和报告，因为许多都没有得到答复，似乎朝廷并未收到。我们无法确定这种指责是否有据可依。但在次年初，元稹建议停止对王庭凑的军事行动。如果他认为裴度的报告可能会引发误会并导致冲突被不必要地延长，我认为他很可能采取拦截的强硬行动。当时裴度还能够施展他的影响力，元稹被从翰林院调离，再也接触不到军事通信。但裴度领导的战役并不成功，声望开始下降。822年二月十九日元稹成为了宰相。这个任命完全是穆宗的决定，遭到了强烈的反对。元稹此前没有担任过能够晋升宰相的朝廷高官，且被认为过于固执、不负责任和不可靠。此外，他也完全缺乏政治盟友。

在元稹成为宰相之前不久，白居易递交了一系列关于东北方向战役的建议。这些建议可能加剧了元稹与裴度之间的冲突，因为主要的建议之一是裴度只应在战役中扮演一个极为次要的角色。这份奏状是由"白居易等人"提交的，其中详尽地讨论了军队的数量和部署，包括白居易自己不太可能掌握的详细情况。白居易在此事中的主要贡献可能是给这份奏状提供了最后的文字润色。到了三月，裴度被召回首都，成为政府首脑，元稹在他之下担任副手。这本身就令人不舒服，而接下来的情况变得更加不愉快。五月，裴度声称接到消息，元稹已经委托一个叫于方的人来暗杀他。虽然裴度对此并不在意，但消息却继续传播，最终引发了一项调查。当然，这个指控最后证实纯系子虚乌有。但在调查过程中，人们得知元稹确实雇佣了于方，虽然雇佣的目的不是谋杀，但无疑是极端不守规则且非常不名誉的行为。事情的真相是：一位牛姓将军在河北中部的深州被王庭凑围攻，于方（如元稹承认的）带着如下计划找到元稹：贿赂兵部和吏部，让他们发出二十封空白任命书，于方则可凭借这些任命书便宜行事，引诱王庭凑的军官默许牛将军从被围城市逃脱。元稹同意了这个离奇的计划，并在为自己辩护时坦诚表示，听到皇帝对牛将军的担忧后，他决定通过自己的"奇计"来提前解决问题，并且认为这么做是符合穆宗意愿的。元稹因此被撤去了宰相的职务，这是很自然的结果。裴度也被同样撤职，虽然没有给出原因，但显然，最近的调查让他们两人都很蒙羞。我认为，调查结果一定是显示元稹企图谋杀裴度的谣言实际上是裴度自己散播的。六月四日，元稹被任命为陕西东部同州的刺史。⑮他积极勤奋地在新岗位上工作，大量上报当地的丑闻和不公，特别是关于土地归属的问题。

822年夏产生了一份让法律学者颇感兴趣的材料。一名叫姚文秀的男子杀害了他的妻子。法律机关认为，根据唐律，如果杀人行为前存在争斗或者"事端"（"事"），那么这应被视为斗杀，而非故杀。他们认为此案中不仅存在争斗，而且也存在"事端"，即妻子的过错触怒了丈夫。白居易在评论这个案件时认为，争斗暗示着双方都有伤害，而在此案中姚文秀并未受到任何伤害。他还坚持认为，在法律条文中，"事端"明确指代"争斗"，没有别的含义。法律部门引用两个先例来证明此案应被视为斗杀。白居易承认，之前的案例在很大程度上与当前问题类似，但他同时表示，过去的错误判决不能成为今天再次错误裁决的理由。他坚称，如果接受法律当局的裁决，那么将无法指控任何人犯有故杀罪，因为所有故杀都会先有某种"事端"。

最终的敕令采纳了白居易的观点："姚文秀杀妻罪在十恶，若从宥免，是长凶愚。其律纵有互文，在理终须果断。宜依白居易状，委所在决重杖一顿处死。"[16]

在公元前三世纪末，有人试图以法律取代道德。他们主张，国家应决定人民的行为准则，界定何为应做的何为不应做的。他们认为，必须有一套非常详尽的法律，不留余地给个人，让个人无从采用自己的标准去判断是非对错，以防这些私人标准与公共利益相冲突。试图实践这一理念的是秦始皇（公元前 210 年去世）和他的大臣李斯，他们无情地镇压所有异议者，后来受到了深深的憎恶。这导致中国人产生了一种我们可以称之为"法律恐惧症"的心理——对那些单纯依赖文字法规、不给良知或常识留下空间的体制的深深恐惧。在唐朝，甚至直到二十世纪初满清覆亡之前，人们都倾向于将法律视为一种推动司法公正的指南，而不是严格的规定。在中国，没有法官在做出明知不公的判决后，会骄傲地指出他已忠诚地执行了法律，而中国以外有时出现如此情况。

821年和822年之间，白居易与韩愈（768—824）有着深厚的交情，我已经多次提到过他。韩愈以其独特的散文风格和对原始儒学的复兴而闻名。在他的时代，由于进士考试的影响，散文写作除用于直接叙述之外，已深深沾染上了赋和其他诗歌体裁的雕饰之风。韩愈模仿了早期儒家经典的风格，使他的作品具有一种仿佛来自古老声音的权威。事实上，他认为自己受命于天，不仅要复兴早期儒家的风格，也要复兴原始儒家的教导，特别是孟子的思想。孟子比孔子晚约一百年，他的言论自十四世纪以来在中国道德教育中起着主导作用，但在韩愈的时代却并不为人所熟知。这些言论没有出现在科举考试中，且可能难以获取。实际上，早在763年就有人提议将《论语》《孝经》和《孟子》合并为一本经典，以此作为所有考生的学习内容，并废除进士、明经等考试。然而这个革命性的建议并未被采纳，《孟子》仍然仅被视为众多早期语录之一。

儒家思想的确在那时陷入了低谷。它必须与佛教竞争，佛教为普通老百姓提供了宏伟的奇观、可供参观和游览的辉煌建筑，以及传说、图画和神秘的佛经诵唱。虽然大部分官僚阶层在公共生活中仍坚持儒家观念，但在私底下他们却以佛教哲学作为慰藉。道教也以佛教为模板，建构了自己的体系和理论。在统治阶层中同样有不少虔诚的道教信徒，在他们眼中，孔子只是老子谦卑的追随者。尽管没有比中国的官僚体制更能违背老子和庄子的无政府主义和逃避现实的教义了。

然而，相较于其他竞争者，道教是相对无害的。要恢复儒家思想的地位，首先必须削弱佛教在民众心中的影响力。当时有一种习俗,每隔数年,人们会将存放在首都附近一座寺庙中的佛教圣物转移到皇宫。这是一个盛大的民间节日,庞大的人群会聚集在此,观看这一盛况。819 年,韩愈发表了他最知名的作品之一《谏迎佛骨表》,对这种习俗表达了抗议。他抨击佛教的理由是,佛教是一种外来宗教。对此,他的反对者可能会回应说,佛教已经在中国存在了近千年,并且早已完全融入中国的生活方式。他的另一个主要论点是,皇室对佛教的支持总是带来灾难。这一论点显然不能成立,它暗示着现任皇帝可能会走向灾难,这无疑是对皇权的不敬。韩愈遭到了远贬,他向皇帝写了一封深感愧疚的道歉信,不到一年的时间就被召回了。

就在这之后,韩愈与白居易的短暂友谊开始了。人们有时会对此感到惊讶,一个如此虔诚的佛教徒白居易,为何会与一个近期刚因反对佛教而声名狼藉的人成为朋友。但白居易对佛教的兴趣更多地在于它的哲学和神秘之处,而非对圣物的崇拜。此外,此次迎接佛骨游行的提议来自太监,白居易曾多次勇敢地反对他们的专权,因此他可能对整个活动都抱有一定的反感。

白居易和韩愈在人生的晚年才成为朋友,可能只是一个偶然的巧合。在 821 年之前,他们从未有过长期在同一地点相处的机会。他们在 822 年的秋季永别,那时白居易启程前往杭州,而韩愈在 824 年的冬天在长安去世,当时白居易已经从杭州返回,居住在洛阳。他后来在诗中几次提及韩愈,比如他回忆起韩愈(韩侍郎)对老年人的告诫"老多忧活计,病更恋班行,矍铄夸身健,周遮说话长",⑰并自问,如今上年纪了,能否真心实意地说自己遵循了这些原则。

但在白居易与韩愈变得亲密之前,他肯定已经从一个共同的朋友那里听说了很多关于韩愈的事情,而我至今没有提到这个朋友。这就是张籍(约766—830),他是韩愈最直率的批评者和最忠诚的追随者。张籍于799年进士及第,此后不久他的视力似乎开始衰退,韩愈为他致信一位观察处置使,在信中他说,尽管张籍"盲于目",但"其心则能别是非"。不少大人物养着盲人乐师以供娱乐,而一个贤能的盲人幕僚显然并不多余。此外,张籍"其盲未甚",如果"有钱财以济医药",他可能会恢复视力。[18]我们不知道这次呼吁是否成功,但在后来的生活中,尽管张籍一直受到眼睛问题的困扰(白居易也有类似的问题,他经常同情地提到这点),似乎从未完全失明。例如,在822年或823年,白居易给他寄去了一幅杭州郡楼登望图,——他不太可能送给完全失明的人这样的礼物。

张籍无疑对白居易早期的诗歌,尤其是讽谕作品产生了重大影响。实际上,张籍是白居易写给元稹的信中少数受到赞扬的当代诗人之一。张籍的许多诗篇已经遗失。尽管遗留下来的歌谣都有着与白居易一样良好的社会和政治意图,但它们缺少白居易作品中的那种诗意。他最为成功的诗篇可能是《乌夜啼引》,这是一首高度凝练的歌谣,涉及到当时一种流行的观念:乌鸦在夜间叫喊,预示着有囚犯将被赦免。这首诗要配上传统的同名琴曲来歌唱:

秦乌啼哑哑,夜啼长安吏人家。
吏人得罪囚在狱,倾家卖产将自赎。
少妇起听夜啼乌,知是官家有赦书。

下床心喜不重寐，未明上堂贺舅姑。

少妇语啼乌，汝啼慎勿虚。

借汝庭树作高巢，年年不令伤尔雏。

  我相信你会认同，这首诗之所以效果很好，主要是因为它并未明确告诉我们赦免是否是真的。我们被置于希望与疑虑之间，就像那位年轻的妻子一样。这首诗直接承袭了我在其他地方提到的中国早期民谣中的"省略"风格。

  白居易初识张籍的时候，张籍在长安西区的一处朴素住所里过着平淡的生活，当时那个区域并不是一个受欢迎的地段。在大约810年春天写的一首诗中，白居易感谢张籍曾走过长长的路程来到城东边缘（"曲江东"）拜访他，并希望在这个温暖的日子里，张籍能够再次来访。到了秋天，白居易在回应张籍寄来的一首诗时，感叹张籍的健康状况不佳，加上自己身处朝堂，公务繁忙，彼此见面次数太少了。两人在白居易814年返回京城时再次相聚。此时，白居易创作了一首赞美张籍讽谕歌谣的诗篇，他担忧这些歌谣没有得到足够的关注，可能不会流传给后人（这在一定程度上已经得到验证）。张籍这样的人才，又是诗人，年届五十，却还在无人问津的城西生活，籍籍无名而又罹患眼疾，白居易对此深为叹息。他在另一首诗中提问，为何自从他离开之后，他的同辈们都晋升为部门主管或者社会地位有所提升，而"独有咏诗张太祝，十年不改旧官衔"。⑲夏天时白居易感动地写道，他曾居高位时，张籍很少前来拜访，但如今他只是一个小小的左赞善大夫，张籍却频繁地来看他。

他更加感到荣幸的是，张籍唯一还会去拜访的人就是伟大的韩愈，而白居易则说自己完全不可与韩愈相提并论。在这次相聚中，张籍在白居易家里过了一夜。他们聊至黎明，直到"日高"之时才依依不舍地告别：

> ……………
> 长安久无雨，日赤风昏昏。
> 怜君将病眼，为我犯埃尘。
> 远从延康里，来访曲江滨。
> 所重君子道，不独愧相亲。[20]

几周后白居易以"同病者"称呼张籍（暗指他们都有眼疾），叹息说自秋季开始后他们再未见面。的确，他们之间隔着八九个坊里，而且两人都有些懒。但现在天气渐凉，张籍能否再来过夜一次呢？这肯定是在白居易被外放到江州前的几天写的。他在820年底返回首都时，他们的友谊得以重温。那时张籍已经获得提升，裴度还送给他一匹雄壮的马。到了822年，他被任命为水部员外郎。乍看之下，将一位诗人任命到这样的职位似乎并不特别合适，但白居易记起著名的五世纪诗人何逊曾担任这个职务，以此认为张籍得到这个职位是非常恰当的：

> 老何殁后吟声绝，虽有郎官不爱诗。
> 无复篇章传道路，空留风月在曹司。
> 长嗟博士官犹屈，亦恐骚人道渐衰。

今日闻君除水部，喜于身得省郎时。㉑

在 828 年初秋的一个雨天，由于太过泥泞无法远足，白居易再次邀请张籍到他家过夜："能来同宿否，听雨对床眠?"㉒当白居易在 829 年春天离开长安时，张籍写了一首告别诗，这是我们最后一次听到他的消息。在 834 年或 835 年的一首诗中，白居易写到张籍和孟郊（另一位韩愈的追随者，于 814 年去世），说他们"过于贫"，㉓显然，那时张籍已经去世。

韩愈与他的追随者的关系相当不同寻常。像张籍一样，他们中大多数都比韩愈年长，但对他的崇拜却无比强烈。而韩愈对他们的推崇似乎更胜一筹。对他来说，当代诗歌就是张籍、孟郊和皇甫湜（于公元 830 年去世）的作品。在有关诗歌的频繁讨论中，他从未提及白居易或元稹。张籍尽管追随韩愈，却也会批评他。张籍曾给韩愈写过一封信，通常连同韩愈的回信一同印在韩愈文集当中，在这封信里，张籍建议韩愈放弃赌博，如此方能更好地成为导师，并且对于他谈话中的轻佻也提出了反对意见。关于赌博，韩愈倾向于同意张籍的意见，但他不承认开玩笑与他的事业互不相容。㉔他说即使在经典中也存在玩笑，为此引用了《诗经》中的一篇《淇奥》，其中写道：

宽兮绰兮，猗重较兮。
善戏谑兮，不为虐兮。

白居易还熟识韩愈的几个其他弟子，但主要是通过与张籍的友谊，使他短暂接触到复兴儒家的运动。这运动在九世纪末的动乱时期销歇。待到十一世纪韩愈真正开始有名时，已经很难找到他的全部作品了。

注　释

① 详见《初著绯答有人见赠》："故人安慰善为辞，五十专城道未迟。徒使花袍红似火，其如蓬鬓白成丝。且贪薄俸君应惜，不称衰容我自知。银印可怜将底用，只堪归舍吓妻儿。"《又答贺客》："银章暂假为专城，贺客来多懒起迎。似挂绯衫衣架上，朽株枯竹有何荣？"
② 详见《别草堂三绝句》之二："久眠褐被为居士，忽挂绯袍作使君。身出草堂心不出，庐山未要动移文。"
③ 《三游洞序》。
④ 《初到忠州赠李六》。全诗如下："好在天涯李使君，江头相见日黄昏。吏人生梗都如鹿，市井疏芜只抵村。一只兰船当驿路，百层石磴上州门。更无平地堪行处，虚受朱轮五马恩。"
⑤ 这是《木莲树生巴峡山谷间……因题三绝句云》一诗标题中的一段话。
⑥ 《郡中春宴因赠诸客》。全诗如下："仆本儒家子，待诏金马门。尘忝亲近地，孤负圣明恩。一旦奉优诏，万里牧远人。可怜岛夷帅，自称为使君。身骑牂牁马，口食涂江鳞。暗澹绯衫故，斓斑白发新。是时岁二月，玉历布春分。颁条示皇泽，命宴及良辰。冉冉趋府吏，茧茧聚州民。有如蛰虫鸟，亦应天地春。薰草席铺座，藤枝酒注樽。中庭无平地，高下随所陈。蛮鼓声坎坎，巴女舞蹲蹲。使君居上头，掩口语众宾。勿笑风俗陋，勿欺官府贫。蜂巢与蚁穴，随分有君臣。"
⑦ 陈著《续侄溥赏酴醾劝酒二首其一》。
⑧ 《论重考科目人状》。
⑨ 朝廷的声明见《唐会要》卷七十六《贡举中》。——韦利原注
⑩ 《周礼·春官宗伯下》。
⑪ 《圣经·马太福音》25:29。

⑫ 《让绢状》。
⑬ 元稹《钱货议状》。
⑭ 白居易妻子的一个远房亲戚。——韦利原注
⑮ 不要和四川的通州混淆,元稹815年至819年曾任通州司马。——韦利原注
⑯ 《论姚文秀打杀妻状》。
⑰ 《老戒》。全诗如下:"我有白头戒,闻于韩侍郎。老多忧活计,病更恋班行。矍铄夸身健,周遮说话长。不知吾免否,两鬓已成霜。"
⑱ 韩愈《代张籍与浙东观察李中丞书》。
⑲ 《重到城七绝句·张十八》。全诗如下:"谏垣几见迁遗补,宪府频闻转殿监。独有咏诗张太祝,十年不改旧官衔。"
⑳ 《酬张十八访宿见赠》。诗的前半部分为:"昔我为近臣,君常稀到门。今我官职冷,唯君来往频。我受狷介性,立为顽拙身。平生虽寡合,合即无缁磷。况君秉高义,富贵视如云。五侯三相家,眼冷不见君。问其所与游,独言韩舍人。其次即及我,我愧非其伦。胡为谬相爱,岁晚逾勤勤?落然颓檐下,一话夜达晨。床单食味薄,亦不嫌我贫。日高上马去,相顾犹逡巡。"
㉑ 《喜张十八博士除水部员外郎》。
㉒ 《雨中招张司业宿》。全诗如下:"过夏衣香润,迎秋簟色鲜。斜支花石枕,卧咏蕊珠篇。泥泞非游日,阴沉好睡天。能来同宿否,听雨对床眠?"
㉓ 《诗酒琴人例多薄命予酷好三事雅当此科而所得已多为幸斯甚偶成狂咏聊写愧怀》。全诗如下:"爱琴爱酒爱诗客,多贱多穷多苦辛。中散步兵终不贵,孟郊张籍过于贫。一之已叹关于命,三者何堪并在身。只合飘零随草木,谁教凌厉出风尘。荣名厚禄二千石,乐饮闲游三十春。何得无厌时咄咄,犹言薄命不如人?"
㉔ 详见张籍《与韩愈书》《重与韩退之书》;韩愈《答张籍书》《重答张籍书》。

第十一章　杭州刺史

822年夏末，就在元稹离职之后不久，白居易决定申请一个地方长官的职位。穆宗的表现令人失望。他似乎只对体育和戏曲感兴趣，而白居易向朝廷提出的建议一次又一次被忽视。只要元稹还是宰相，白居易无疑觉得还有机会间接影响政府的政策。然而，宦官横行的宫廷气氛令他厌恶，元稹已经离开长安，李建和其他几个朋友也去世了。他要换个环境的想法并不奇怪。

七月十四日，白居易被任命为杭州刺史。杭州是中国东部最大的城市，从长安到杭州的常规路线会途经洛阳。但是，一场只持续了几周的小规模叛乱暂时使这条路线无法通行，他便沿着汉江和长江到江州（如同他在815年所做的那样），然后再沿着水路前往杭州。在他此次旅行期间写就的诗中，有一首题为《感旧纱帽》：

　　　　昔君乌纱帽，赠我白头翁。
　　　　帽今在顶上，君已归泉中。
　　　　物故犹堪用，人亡不可逢。
　　　　岐山今夜月，坟树正秋风。

第十一章 杭州刺史

在政府建造的驿站中,白居易意外地遇见了正在出差途中的水部员外郎张籍。朋友的热烈欢迎让他有"忽似夜归乡"的温馨。①白居易在江州的庐山草堂里度过了一个夜晚,再次在开凿的池塘里看到"手自栽"的荷花。"纵未长归得,犹胜不到来。"②这一次,白居易并未提及将来回到庐山度过余生的想法。他的思绪已经飘向了杭州。他在一首题为《舟中晚起》的诗中写道:"退身江海应无用,忧国朝廷自有贤。且向钱塘湖上去,冷吟闲醉二三年。"③

那时杭州非常繁华。它是向首都供应奢侈品的主要中心之一,供应的物品有扇子、精致布料,还有各种小饰品。这些商品只有在首都才有市场,所以杭州从未出现过叛乱倾向,也就没有像其他地方那样因为反对中央政府而遭到战火的破坏。白居易去杭州,正如我们所说,是决心享受生活的。但是到达(十月一日)后不到几周,他却病倒了。那年的最后一天白居易写了一首诗,其中说如果财力允许,他就会辞职退隐丘园。

白居易在 823 年夏天感到振奋,因为五月份佛教徒所要遵从的夏季斋戒对他的精神和身体产生了积极作用。他步伐轻快,感觉就像长出了翅膀。他说现在完全能够相信关于列子(一位传奇的道家哲学家)御风而行的故事。④如果他能退休,过上克制饮食的隐居生活,尽管健康状况不佳,他还是有希望活到老年的。

杭州在 822 年的秋天和 823 年的夏天都经历了干旱。作为刺史,白居易的职责(至少在杭州,我们很少听说他还有其他的职责)是撰写文章,寄给掌管雨水的神灵。八月,他向北方的黑龙发出强烈的祈求。"我实有望于龙,"他说,"物不自神,龙岂无求于我？若三日之内，一雨霁霓，是龙之灵，亦人之幸。"⑤他向另一位神灵承诺，如果五天内下雨，他会提供"歌舞鼓钟"的祭祀。但如果神灵"坐观田农，使至枯悴；如此，则不独人之困，亦唯神之羞。惟神裁之！"⑥

在第三篇祈祷文中，白居易向一个掌管地区野生动物的神灵提问，为何近期老虎袭人事件在杭州附近的村庄频繁发生。神灵是否意识到，每有一个村民被吃掉，他（神灵）就会减少一个崇拜者，对他奉行的祭祀也就随之减少，而这些祭祀正是他赖以生存的。如果这种困扰持续，白居易警告神灵，人们可能会怀疑他的神力是否真实存在。

白居易描述自己在那个秋天花了好几周的时间"合和新药草，寻检旧方书"。他向朋友发出邀请："夜来身校健，小饮复何如？"⑦同一时期的一首不常见的"社会"诗描绘了一个女孩背着沉重的柴火。她衣着破旧，头发凌乱。她不理解，为什么她的生活和那些"著红骑马"的杭州女孩如此不同？⑧当地有一种习俗，富有的年轻人会把马派到花街柳巷来接他们雇来陪伴的女孩。

823 年秋，白居易作《冷泉亭记》。冷泉亭是个小巧的建筑，四面环水，位于著名的杭州灵隐寺的西南方。白居易写道："春之日，吾爱其草薰薰，木欣欣，可以导和纳粹，畅人血气。夏之夜，吾爱其泉渟渟，风泠泠，可以蠲烦析酲，起人心情。山树为盖，岩石为屏，云从栋生，水与阶平。坐而玩之者，可濯足于床下；卧而狎之者，可垂钓于枕上。矧又潺湲洁彻，粹冷柔滑。若俗士，若道人，眼耳之尘，心舌之垢，不待盥涤，见辄除去。"

初冬时节,元稹被任命为以越州为中心的广袤地域的观察使,由于距离杭州相当近,他前来拜访了白居易,并与他共度了三晚。大量的人群拥上街头,以求一睹这对著名好友,他们的友谊国人皆知,他们的故事人们也早已耳熟能详。这次见面后两人又频繁地通信,唱和诗文。但是按规定他们不可以随便离开各自的区域,因此两人再次相见要到六年之后。

这段时期白居易唯一的安慰来自唯一幸存的孩子罗子,这个聪明的小女孩八岁就已经学会了如何描眉,并且颇能按父亲的神态,模仿父亲背诵诗歌。白居易在杭州的朋友中有些是上了年纪的退休官员,他们彼此的关系十分亲近。其中一位名叫萧悦,在中国艺术史上以画竹闻名。[9]他现在年过七旬,虽然"手颤眼昏",但仍是当时最杰出的竹子画家。白居易告诉我们,"萧亦甚自秘重,有终岁求其一竿一枝而不得者。知予天与好事(我理解这里的'事'应该是指竹子,而非画作),忽写一十五竿,惠然见投,予厚其意、高其艺,无以答贶,作歌以报之……"歌的主题是,自从绘画艺术诞生以来,没人可以像萧悦那样做到那么"逼真"。如果你突然抬头看,你会感到自己看的是真实的竹子,而非画作。你甚至会以为自己能听到叶子的沙沙声。然而,"萧郎萧郎老可惜,手颤眼昏头雪色。自言便是绝笔时,从今此竹尤难得。"[10]绘画后来成为中国文人阶层的主要娱乐之一,但在白居易的时代,还几乎只是专业人员才会去练习的技艺。白居易亲身实践的艺术是音乐,这对他来说几乎和诗歌一样重要。从杭州时期开始,白居易作品中充满对音乐的热爱。在此,我们可以概述一下音乐在其生命中所扮演的角色,不只是居留杭州时期,也包括之前和之后的时期。这么做也许会有些偏离主题,但是集中论述也自有好处,可以避免过于分散,保证行文的流畅性。

在白居易的早期诗歌中,音乐的踪迹几乎无从寻找,也可见音乐在他成长过程中并未占有重要地位。然而,他所生活的世界却充满了音乐。无论是社交活动还是宗教仪式,都离不开音乐。田野上有歌声,船上有歌声,集市上也同样回荡着歌声。在他大约创作于804年至809年间的政治讽谕诗中,音乐的身影开始不断出现。但那个时期的作品(也许没有反映他的私人情感)常常认为音乐只应视为一种政府用以调控季节和防御敌人的神奇力量,而非个人的享乐之源:"始知乐与时政通,岂听铿锵而已矣。"⑪这并非白居易的独创,而是儒家乃至所有音乐理论家的传统观点。许多英国人曾因道德原因对爵士乐持批评态度,但我想没有人会认为这预示着非洲将会军事征服英国。然而,白居易却坚信,755年朝廷将外国音乐纳入宫廷演出,导致了756年的外国入侵。即使是来访的外籍音乐家在宫廷表演(比如801年至802年来到长安的缅甸乐团),白居易也不以为然,他这么想并非是要保护本地音乐从业人员,而是担心外国音乐可能会让皇帝分心,忽略其政治职责。在其他诗歌中,白居易对新的尤其是外国乐器的流行感到哀叹:

············

嗟嗟俗人耳,好今不好古。
所以绿窗琴,日日生尘土。⑫

据白居易说，负责朝廷祖先祭祀音乐的部门（太常寺）对传统音乐的衰落负有重大责任。它允许受过严格训练的音乐家在剑舞者、杂耍者、走钢丝者、爬杆者等人的杂技表演中演奏，且反过来接收杂技团中的低级音乐家，希望他们在未经训练的情况下直接坐下来演奏古典音乐。他质问："雅音替坏一至此，长令尔辈调宫徵？"⑬

直到818年，我们才首次发现白居易亲自弹奏乐器的记载。他可能在江州悠闲的岁月中开始研究音乐，不出我们所料，他选择的乐器是琴。这种七弦的齐特琴，常受到业余爱好者的欢迎。它声音细微且体积小巧便于携带，更类似于击键古钢琴而非钢琴。今天两者的相似性比白居易时代更为显著。和古代相比，现在能够弹奏古琴的人更少了。一本1920年出版的书⑭列出了50位琴师，现在这个人数可能增加到了一百左右，我想这大概与英国能演奏击键古钢琴的人数相当。白居易提到的所有琴曲都没有流传至今。最古老的一首是《幽兰》，据说是孔子所作。孔子看到兰花在无人的野外空自散发芳香，就好像他自己一样无人欣赏。孔子曾经周游列国尝试说服封建君主接受自己的学说，但每次都无功而返。除了《幽兰》还有《渌水》，这是一首描绘春天的曲子，它让听众联想到小舟中的年轻少女，她们的手指轻轻掠过水中睡莲。另一首白居易时常提及的琴曲是《秋思》，描绘了美的消逝。年轻的妻子坐在家中，丈夫在战争前线，她已经一千天没有收到他的信件。叶子开始转黄，她对着镜子发现自己正在老去。

还有一首叫作《别鹤操》的曲子，据说是一位妻子创作的，她结婚五年后还未生育，丈夫因此与她离婚。大约在826年，元稹听到他的第二任妻子在夜晚弹奏起这首曲子，立刻明白妻子是担心自己也会与她离婚。他写了一首诗来安慰她，白居易看到这首诗后和了一首，称赞元稹的忠贞，并将他的境遇与原始故事中的丈夫进行了对比，认为元稹的命运更好，原始故事中的那位丈夫因为必须遵从父兄的命令而被迫与妻子分手。

在一首题为《夜琴》的诗（作于818年）中，我们首次发现了白居易关于亲自演奏的描述。他仅弹奏了大约十"小节"（"声"），就不再弹了。对他而言，这些声音"入耳淡无味"，但它们"惬心潜有情"，这是唯一重要的，因为他"亦不要人听"。[15]在另一首诗中，他在演奏了《别鹤操》和另一首名为《秋泉》的曲目后，恳请他的客人不要如此全神贯注："惭君此倾听，本不为君弹。"[16]还有一次，当他演奏完《秋思》后，发现自己越来越倾向于独自一人演奏："近来渐喜无人听，琴格高低心自知。"[17]没过多久，我们发现他在调琴后似乎陷入了沉思。弹琴有何意义呢？"今夜调琴忽有情，欲弹惆怅忆崔卿。何人解爱中徽上，秋思头边八九声。"[18]崔卿即崔少卿，少卿是一个头衔，而非名字，我们不清楚这位崔先生到底是谁。[19]

从这些段落中我们可以感受到，白居易如果没有知音的激励，有时不太愿意弹琴，同时他也非常清楚自己的演奏水平一般，并且多数情况下更喜欢自己做自己演奏的听众。在那个时期（830年），他家中已经有了另一位琴手——时年十五岁的罗子："赖有弹琴女，时时听一声。"[20]

因为那首著名的《琵琶行》，将白居易与琵琶联系在一起是很自然的。琵琶是一种四弦的曼陀林乐器,颈部向后弯曲,外观很像欧洲的鲁特琴。它似乎最初源自中亚,但在中国已经不被视为外来乐器。在白居易的时代,三位伟大的琵琶演奏家和教师是来自撒马尔罕的一家人,他们是曹保、他的儿子曹善才——《琵琶行》女主角的老师,以及他的孙子曹刚。白居易在828年或829年在长安听到过曹刚的演奏,对他运用这一乐器创造出的各种效果表示赞赏。琵琶演奏家非常擅长模仿自然的声音——战斗的喧嚣、水的溅落、风的呼啸,而曹刚甚至能用琵琶模仿各种外国人谈话的声音!白居易写道:"谁能截得曹刚手,插向重莲衣袖中。"[21] "重莲"应该是指他在另一首诗中提到的"小面琵琶婢"。[22]

关于唐代的乐谱,我们知之甚少。很可能和后来的时代一样,不同的乐器有着各自不同的记谱系统。而琵琶谱肯定是存在的,因为我们发现,834年白居易代表洛阳的一位琵琶演奏者,向宫廷琵琶女师曹供奉(她可能是曹刚的姐妹)写了一首感谢诗,因为她给洛阳这边寄来了一首新乐谱。还有一种五弦琵琶,这是一种相对较新的从中亚引入的乐器,因此白居易在早年对它不太认可,认为它既过于现代又非本地乐器。不过白居易也承认,五弦琵琶大师赵璧老人的演奏是非常精彩动人的:

坐客闻此声,形神若无主。
行客闻此声,驻足不能举。[23]

另一种来自外国的乐器是觱篥,类似小风笛,据传来自西域地区的龟兹。此乐器配有一个簧片吹口和九个音孔，应该是上面七个，下面两个。825 年，白居易写了一首关于天才儿童的诗，这位擅吹觱篥的小童名叫薛阳陶。白居易预言如果他坚持练习，将比白居易早年所知道的两位觱篥大师关璀和李衮更为出名。了解天才儿童的后续发展总是有趣的，幸运的是，我们知道这个男孩后来的一些故事。大约在 877 年，著名政治家李蔚（当时担任扬州节度使）遇到了一个从事粮食运输的年长的下层官员，他的名字也叫薛阳陶。李蔚听说过那个著名的神童，于是问这位官员为什么与那个神童同名。结果发现，他就是那个天才儿童。他并没有成为一名专业的音乐家，但他仍然演奏觱篥，并保留了白居易、元稹和其他伟大人物五十年前为他写的诗歌。他还带着一些觱篥。李蔚注意到，这些觱篥的簧片非常窄，每个上面都使用三片。

相较于器乐，歌曲和歌手在白居易的作品中较少提到。他提到过几次的一首歌曲是《阳关》，源于著名诗人兼画家王维（698—759）的《送元二使安西》：

渭城朝雨浥轻尘，客舍青青柳色新。

劝君更尽一杯酒，西出阳关无故人。

这首诗是写给一个即将出使安西的朋友的。他们在长安城外约十英里的地方分别，阳关是中原与西域的主要关口之一。王维的四行诗本不是作为歌曲创作的，但经过各种增补和复沓，已经被用作告别之歌一千多年了。

如同我们中的许多人，白居易热爱舞蹈。但奇异的是，他似乎只对《霓裳羽衣舞》感兴趣，806 年创作的《长恨歌》首次提到了这支舞蹈。舞蹈中的主要角色是玉帝和王母，群舞扮演的则是众仙女。至于他们表演的故事，如果有的话，我们已无法得知。白居易告诉我们，这些演员"不著人家俗衣服"，除了虹裳、霞帔，会专门戴着"步摇冠"。关于这支舞蹈的起源有很多故事版本。有人认为，它是玄宗被道士以旋风载入月宫后带回长安的。但真实的情况似乎是，大约在 730 年，一位在西部边境的指挥官从甘肃的凉州带回了一段印度音乐。一位宫廷舞蹈大师对这段音乐产生了兴趣，并将其用在了一支舞蹈中，但这支舞蹈并非印度风格，而是纯粹的道教风格。像其他舞蹈一样（白居易告诉我们），这支舞也是以序曲开始，乐器不合奏，而是轮流独奏。可以很确定，序曲部分会被重复六次，并带有即兴的变奏。然后是有节奏的拍手——这也就是所谓的"中序"或者叫"拍序"——然后舞者开始"飘然转旋回雪轻"。[24]整个舞蹈分为十二部分。它以长音符结束，这在白居易看来非同寻常，因为大多数作品都以加快的节拍和短小、快速的音符结束。

白居易只观赏过一次《霓裳羽衣舞》，时间是 808 年或 809 年的春天。当时它与"千歌万舞"一同上演，给白居易留下了深刻印象。823 年在杭州主政时期，他开始召集演员，希望复兴这支舞蹈。他的乐团，或者说四重奏，包括箜篌、筝、觱篥和笙。其中的箜篌是一种小型的竖琴，放在膝盖上，并用颈带固定。整个训练过程耗时甚长，演出只进行了三场，白居易就离开杭州前往洛阳了。不久后他得知乐团已经解散。825 年秋，白居易在苏州想重新组织一回，但发现很难找到适合的舞者和音乐家。听说越州音乐人才众多，他便写信给元稹，询问是否可以找到表演《霓裳羽衣舞》的女孩。元稹回信说越州虽有十万户人家，但不确定还有人知道这支舞蹈。不过他寄来一首长诗，题为《霓裳羽衣谱》。白居易热情地称赞这首诗，说它描述生动，阅读时就好像若干年前在宫中看到的动作和姿态又回到了眼前。没有任何画家的"丹青"能够将《霓裳羽衣舞》描述得如此完备。

然而，元稹对于在苏州复兴这支舞蹈并不乐观。他认为，除非舞者是极其优雅迷人的女孩，否则复兴霓裳并不值当，而在当时的苏州他觉得很难找到这样的女孩。白居易大体上赞同，但也指出如果要等找到理想的演员再排练，那么这支舞蹈可能很快就消失了。而且那些所谓的著名美女真的有什么特殊之处吗？多数情况下，她们被认为是美女，只是因为她们设法让人们抬举自己。"李娟张态君莫嫌，亦拟随宜且教取。"㉟李娟和张态，应该就是主演的女孩。关于《霓裳羽衣舞》在苏州的演出没有任何记录，也许白居易最终没有组织起一个令人满意的舞蹈团。

此后的中国诗歌会经常提到聆听这部舞蹈的音乐，但不是实际的舞蹈演出。这支乐曲的书面记录一直保存到了很晚的时期。沈括在大约1180年写道，他在山西的蒲州看到了一种类似梵文的记录，被告知是《霓裳羽衣舞》音乐的原始印度记谱。自然，那文字当时已是无人能懂的了。白居易和元稹应该都不是很熟悉舞谱，但舞谱在唐朝是存在的。敦煌石窟中的一份被伯希和带回，这份舞谱应该可以在巴黎的法国国家图书馆阅览到，它在那里等待着人们去解读。

商玲珑是《霓裳羽衣舞》四重奏中的箜篌演奏员,同时也是位歌手,熟知元稹三四十首诗的曲调。元稹告诉白居易"休遣玲珑唱我诗",因为这会让白居易过度伤心,因为"我诗多是别君词。"㉖白居易杭州时期的诗中有一首提到商玲珑:

> 罢胡琴,掩秦瑟,玲珑再拜歌初毕。
> 谁道使君不解歌,听唱黄鸡与白日。
> 黄鸡催晓丑时鸣,白日催年酉前没。㉗
> 腰间红绶系未稳,镜里朱颜看已失。
> 玲珑玲珑奈老何,使君歌了汝更歌。㉘

在杭州抵抗衰老的另一种方式是与老周(周师范)以及资深画家萧悦共度美好时光。824年的新年假期中,白居易与他们共处了一段时间,他写道,"脚随周叟行犹疾,头比萧翁白未匀。"㉙在他们面前,他不得不扮演起"少年人"的角色。关于他作为刺史的工作,我们所了解的并不多。白居易显然对水资源的储存和灌溉有着极大的兴趣。虽然他并非(如人们有时认为的那样)西湖湖堤的创始人,但是在他的支持下,湖堤在824年初被提高了几英尺。为了发展农业,自湖中向土地放水,这样的做法遭到了反对,因为"鱼龙无所托",而且用于喂养动物的长于水中的茭菱也会大量减少。但是,白居易问道:"鱼龙与生民之命孰急?茭菱与稻粱之利孰多?"还有一种迷信说法认为当湖水被引出用于灌溉时,湖水下降会导致城市中的水井枯竭。白居易指出,"湖底高,井管低,湖中又有泉数十眼,湖耗则泉涌,虽尽竭湖水，而泉用有余。"㉚湖和井之间有埋藏的管道，他建议这些管道应定期检查并且如果有淤塞要加以疏通。

这篇名为《钱塘湖石记》的文章写得非常清晰明了。白居易还在文末说，"欲读者易晓，故不文其言。"与此形成对比的是《祭浙江文》，它的文风更加雄浑，适合用来祭祀神灵。祭文写于五月四日，白居易在文中提醒江神，上天（"上帝"）赋予了它重要的职责。若江水平缓顺畅，就能为南方带来繁荣昌盛。若江水奔流无度，则所到之处，尽为摧毁。最近的江潮并没有按照往常的路线行进，而是向西北方向冲去，造成大量的生命和财产损失。"居易祗奉玺书，兴利除害，守土守水，职与神同，是用备物致诚，躬自虔祷，庶俾水反归壑，谷迁为陵，土不骞崩，人无荡析。"

824年一月，二十九岁的穆宗去世，继位的是一个十五岁的男孩，是为敬宗。这个男孩一点也不喜欢谏官强加给他的朴素生活。他总是很晚才上朝。有一次因为与妃子们玩闹太久，谏官刘栖楚对他进行了严厉的训诫，同时也指责了太监们，因为他们总是鼓励敬宗尽情享乐。只要一从早朝中脱身，年轻的皇帝就会立马飞奔着去打球。他的习惯在城里众所周知，824年夏，有人向一个叫张韶的染坊匠人提议，作为恶作剧他可以溜进宫殿，躺在皇帝的床上，吃他的饭，因为近来敬宗总是在外面打球或者打猎。张韶带着一群年轻的染工，将武器藏在一车紫草（用于染色）之中，驾车进入宫殿。他们拿出武器，强行闯入内宫，张韶和建议他恶作剧的朋友真地躺在了敬宗的床上，吃了皇帝的食物。但是没过多久，他们就害怕地逃跑了。他们被宫殿禁军抓住,张韶和他的朋友,以及许多年轻的染工被杀。敬宗因害怕而没敢回到自己的房间,在一个兵营过了夜,朝廷的人都不知道他怎么样了。当时人心惶惶,早朝时只有十八人到场祝贺敬宗未受伤害。

几星期后(五月中旬),白居易被任命为太子左庶子。我认为此时太子还没有被确立,所以这个职位完全是个闲差。有迹象表明,白居易已经开始厌倦杭州以及那种由吃饭和睡觉、聚会和游览组成的生活。但是得知自己快要离开西湖和周边的寺庙时,白居易又重新恢复了热情。他卸任杭州刺史启程赴长安之前有两周的时间,这两周内他流连于一个又一个熟悉的地方:"在郡诚未厌,归乡去亦好。"㉛

河南现在已经没有叛军。白居易前往长安走的是常规路线,中途经过东都洛阳。在与元稹告别的书信中,白居易说相比他们819年在峡谷分别时,情况要好很多。显然他将自己被召回视作元稹不久后也会被召回长安的征兆。在前往洛阳途中,他在安徽北部符离附近的埇桥与堂兄弟们小聚。距他上一次来这里,已经二十年。迫于重税的压力,亲戚们不得不出售了大部分的土地,而且由于没有人为官,生活也变得十分窘迫。在洛阳停留期间,白居易一度萌生了辞去新职务,退隐到下邽的念头,在一首题为《洛下寓居》的诗中,他提醒自己"渭曲庄犹在",而且杭州任职余下的薪水也足以让他舒适地生活一段时间。㉜然而这个念头被打消了。不久后他写信(以诗歌的形式)给宰相牛僧孺,提议既然他当前的职务并无实质性工作可做,那么不如就留在洛阳。在太子经常造访洛阳的年代,一些宫廷官员会被派到东都"分担职责"（分司）。虽然在白居易的时代没有太子来过洛阳，但这些职位仍然存在，而他很快就被正式确认"分司东都"。牛僧孺就是在810年劝诫白居易不要公开元稹赠诗的那位政治家，因为元稹当时贬谪江陵，声誉不佳。823年，牛僧孺出人意料地成为了宰相，其情形就和元稹822年相似。一位名叫韩弘的人于822年底去世，对他的账目进行审查后发现，很多高官接受过他的金钱贿赂，但也有一条记录显示，送给牛僧孺的一万现金被拒绝了。皇帝对此印象深刻，在823年三月任命牛僧孺出任宰相。牛僧孺是以杨家（白居易妻子的亲戚们）为中心的政治党派的领导人之一。他的主要对手是李德裕（白居易的老对手李吉甫的儿子），而元稹和李绅（"短李"）又都属于李德裕这边的阵营。随着这两个派系之间的分歧加大，白居易的位置也变得越来越微妙。也许是为了避免被卷入党争，他才更想留在洛阳。

在九世纪，洛阳就像是一个类似于莱明顿的地方——退役将军和退休公务员的度假胜地。大约七十年前，当安禄山的叛军占领该城时，它遭受了严重的破坏，而洛阳被唐军和回鹘人的援军重新夺回时，遭受的破坏更大。不时有人提议，朝廷应该恢复偶尔在洛阳办公的传统，但是宫殿和其他官方建筑都处于破败状态，国库无法承受修复它们的费用。然而，洛阳并非完全的荒僻之地。从长安到东部省份的旅行者通常会在洛阳停留几天。尽管大量退休的官员会选择在此度过余生，但管理这个城市和地区的高级官员却经常更换。830年到840年间，洛阳有十一位市长（府尹），许多人来自长安等地，在洛阳担任几个月的职务，然后再前往其他地方。

　　获准在洛阳定居后，白居易开始寻找适宜的住所。他在洛阳东南角的履道里发现了一处房子，它两面环水，让白居易很满意。房屋曾属于杨凭，杨氏和白居易的妻子同宗，后来又被田氏拥有，白居易就是从田氏处购得此宅。杨凭因其奢华的生活方式而知名，809 年由于贪污和违反节俭法规而被弹劾。但杨凭的这处住宅却十分朴素，占地只有两三英亩。白居易存下了任杭州刺史时的部分薪水，但为购买这座房子，他还搭上了两匹马以补上差额。在白居易人生的早期阶段，他的负担有时并不重，而退官住在下邽期间，他完全是自由之人。但那时他的生活难免在一定程度上受到经济拮据的困扰。如今他有薪水，住在理想的环境之中，大部分时间都能按自己喜欢的方式生活。现在你应该已经了解白居易了，你一定不会惊讶在搬进新家、开始全新生活的那一天，他的思绪却萦绕在那些命运与他截然相反的人身上，而且不只是人，按佛教的说法，是一切有情众生。他想到了战俘，一年接一年地被囚禁（我认为指的是被吐蕃囚禁的战俘），想到了守卫边疆的士兵、被关在笼子里的野鸟、用来支撑床脚的乌龟、日夜疾驰蹄子疼痛的驿马（那时尚无马蹄铁）以及被蒙住眼睛不停拉磨的砲牛：

>　…………
> 谁能脱放去，四散任所之？
> 各得适其性，如吾今日时。㉝

如果白居易是西欧人，他绝对会通过向人道主义组织捐款、举办会议、向媒体投稿等方式来安慰自己的良心。正如我们看到的，他早年的许多歌谣实际上与现在报纸上的读者来信有许多相似之处。但在中年，他满足于用趋于公式化的方式来表达自己的情感。

824年底，元稹为白居易的首部作品集《白氏长庆集》撰写了序言。元稹先简述了白居易的生平，随后谈到在他们分离期间（810—820）他与白居易互赠的诗篇被长安和他们两人外放省份的年轻人广泛模仿，这些年轻人称他们的仿作为"元和诗"。元和是806—820年的年号。这里提到的元白互赠的诗篇有些是格律谨严的长诗，是展示技巧的大师级作品，还有一些被称作"杂体诗"，它们并非出自强烈的感情或严肃的道德目的，只是为了表达一些短暂的情绪或想法。元稹告诉我们，白居易的《秦中吟》以及其他有着重大政治或社会意图的歌谣很少有人知晓，倒是那些较为轻松的作品在过去二十年里非常流行："禁省、观寺、邮候墙壁之上无不书，王公妾妇、牛童马走之口无不道。至于缮写模勒，衒卖于市井，或持之以交酒茗者，处处皆是。"元稹在这里加了自注指出，扬州、越州和两地之间的城镇，也就是长江三角洲地区，印刷并售卖他和白居易的杂诗尤其多。这可能是印刷世俗文本（相对于佛教文本）的最早记录。元稹继续说，有人甚至说自己写的作品是元稹和白居易的，以便为它们找到市场，或者将伪作与真正的原作混合，以至于制造出令人无奈的困扰。"予于平水市中（镜湖傍草市名）见村校诸童竞习诗，召而问之，皆对曰：'先生教我乐天、微之诗。'固亦不知予之为微之也。又鸡林㉞贾人求市颇切,自云:'本国宰相每以百金换一篇。其甚伪者,宰相辄能辨别之。'自篇章以来,未有如是流传之广者。"㉟

九世纪中叶,段成式在江陵碰到了一位街头劳动者,他的全身刺满白居易的诗词和相配的图画。段成式提到了其中的两句,然而有一句实际上是元稹而非白居易的作品。㊱但是在人们的心目中"元白"常被视为同一人。那句元稹的诗出自他的名篇《菊花》:

不是花中偏爱菊,此花开尽更无花。㊲

白居易的诗歌广受欢迎,主要是因为他的作品相对摆脱了古旧风格和文学典故,比大多数高雅诗歌更为大众所理解。有个故事(这个故事直到十一世纪才出现)称白居易把他所有的诗作读给一个无文化的老妇人听,任何她听不懂的地方都会被改掉。这个故事可能并非完全是真的,因为白居易也创作了不少用典的难懂的作品。但没有哪位唐代诗人像他一样,创作了这么多普通百姓喜闻乐见的诗作。这也使得一些讲究的评论家对白诗颇为不屑,很像《布莱克伍德》(*Blackwood*)杂志和《评论季刊》(*Quarterly Review*)鄙视济慈的诗歌那样。王士祯(1634—1711)坚持认为使事用典是诗歌的必备要素,称白居易的作品"多鄙朴"。㊳但总体上来看,不论是在中国还是在日本,白居易的诗歌至今仍受到广泛的喜爱。

注　释

① 《逢张十八员外籍》。全诗如下:"旅思正茫茫,相逢此道傍。晚岚林叶暗,秋露草花香。白发江城守,青衫水部郎。客亭同宿处,忽似夜归乡。"
② 《题别遗爱草堂兼呈李十使君》。全诗如下:"曾住炉峰下,书堂对药台。斩新萝径合,依旧竹窗开。砌水亲开决,池荷手自栽。五年方暂至,一宿又须回。纵未长归得,犹胜不到来。君家白鹿洞,闻道亦生苔。"
③ 全诗如下:"日高犹掩水窗眠,枕簟清凉八月天。泊处或依沽酒店,宿时多伴钓鱼船。退身江海应无用,忧国朝廷自有贤。且向钱塘湖上去,冷吟闲醉二三年。"
④ 《庄子·逍遥游》。
⑤ 《祭龙文》。
⑥ 《祈皋亭神文》。
⑦ 《病中逢秋招客夜酌》。全诗如下:"不见诗酒客,卧来半月馀。合和新药草,寻检旧方书。晚霁烟景度,早凉窗户虚。雪生衰鬓久,秋入病心初。卧簟蕲竹冷,风襟邛葛疏。夜来身校健,小饮复何如?"
⑧ 《代卖薪女赠诸妓》。全诗如下:"乱蓬为鬓布为巾,晓踏寒山自负薪。一种钱塘江畔女,著红骑马是何人?"
⑨ 参见我的《中国绘画研究导论》(*Introduction to the Study of Chinese Painting*)第182页。——韦利原注
⑩ 《画竹歌并引》。
⑪ 《华原磬》。全诗如下:"华原磬,华原磬,古人不听今人听。泗滨石,泗滨石,今人不击古人击。今人古人何不同,用之舍之由乐工。乐工虽在耳如壁,不分清浊即为聋。梨园弟子调律吕,知有新声不知古。古称浮磬出泗滨,立辩致死声感人。宫悬一听华原石,君心遂忘封疆臣。果然胡寇从燕起,武臣少肯封疆死。始知乐与时政通,岂听铿锵而已矣。磬襄入海去不归,长安市儿为乐师。华原磬与泗滨石,清浊两声谁得知?"
⑫ 《五弦》。前半部分为:"清歌且罢唱,红袂亦停舞。赵叟抱五弦,宛转

当胸抚。大声粗若散,飒飒风和雨。小声细欲绝,切切鬼神语。又如鹊报喜,转作猿啼苦。十指无定音,颠倒宫徵羽。坐客闻此声,形神若无主。行客闻此声,驻足不能举。"

⑬《立部伎》。全诗如下:"立部伎,鼓笛喧。舞双剑,跳七丸。嫋巨索,掉长竿。太常部伎有等级,堂上者坐堂下立。堂上坐部笙歌清,堂下立部鼓笛鸣。笙歌一声众侧耳,鼓笛万曲无人听。立部贱,坐部贵。坐部退为立部伎,击鼓吹笙和杂戏。立部又退何所任?始就乐悬操雅音。雅音替坏一至此,长令尔辈调宫徵。圆丘后土郊祀时,言将此乐感神祇。欲望凤来百兽舞,何异北辕将适楚。工师愚贱安足云,太常三卿尔何人?"

⑭ 参见高罗佩(R. H. van Gulik)《琴道》(*The Lore of the Chinese Lute*)第20页。——韦利原注

⑮ 全诗如下:"蜀桐木性实,楚丝音韵清。调慢弹且缓,夜深十数声。入耳淡无味,惬心潜有情。自弄还自罢,亦不要人听。"

⑯《松下琴赠客》。全诗如下:"松寂风初定,琴清夜欲阑。偶因群动息,试拨一声看。寡鹤当徽怨,秋泉应指寒。惭君此倾听,本不为君弹。"

⑰《弹秋思》。全诗如下:"信意闲弹秋思时,调清声直韵疏迟。近来渐喜无人听,琴格高低心自知。"

⑱《夜调琴忆崔少卿》。

⑲ 这里崔少卿指崔玄亮。《新唐书·崔玄亮传》:"大和四年,由太常少卿改谏议大夫。"本诗写于大和三年(829)。

⑳《自问》。全诗如下:"年来私自问,何故不归京?佩玉腰无力,看花眼不明。老慵难发遣,春病易滋生。赖有弹琴女,时时听一声。"

㉑《听曹刚琵琶兼示重莲》。全诗如下:"拨拨弦弦意不同,胡啼番语两玲珑。谁能截得曹刚手,插向重莲衣袖中。"

㉒《宿杜曲花下》。全诗如下:"觅得花千树,携来酒一壶。懒归兼拟宿,未醉岂劳扶。但惜春将晚,宁愁日渐晡。篮舆为卧舍,漆盝是行厨。斑竹盛茶柜,红泥罨饭炉。眼前无所阙,身外更何须。小面琵琶婢,苍头觱篥奴。从君饱富贵,曾作此游无?"

㉓《秦中吟·五弦》。全诗如下:"清歌且罢唱,红袂亦停舞。赵叟抱五弦,

宛转当胸抚。大声粗若散,飒飒风和雨。小声细欲绝,切切鬼神语。又如鹊报喜,转作猿啼苦。十指无定音,颠倒宫徵羽。坐客闻此声,形神若无主。行客闻此声,驻足不能举。嗟嗟俗人耳,好今不好古。所以绿窗琴,日日生尘土。"

㉔ 《霓裳羽衣歌》。

㉕ 《霓裳羽衣歌》。全诗如下:"我昔元和侍宪皇,曾陪内宴宴昭阳。千歌万舞不可数,就中最爱霓裳舞。舞时寒食春风天,玉钩栏下香案前。案前舞者颜如玉,不著人间俗衣服。虹裳霞帔步摇冠,钿璎累累珮珊珊。娉婷似不任罗绮,顾听乐悬行复止。磬箫筝笛递相搀,击擪弹吹声逦迤。散序六奏未动衣,阳台宿云慵不飞。中序擘騞初入拍,秋竹竿裂春冰坼。飘然转旋回雪轻,嫣然纵送游龙惊。小垂手后柳无力,斜曳裾时云欲生。烟蛾敛略不胜态,风袖低昂如有情。上元点鬟招萼绿,王母挥袂别飞琼。繁音急节十二遍,跳珠撼玉何铿铮。翔鸾舞了却收翅,唳鹤曲终长引声。当时乍见惊心目,凝视谛听殊未足。一落人间八九年,耳冷不曾闻此曲。溢城但听山魈语,巴峡唯闻杜鹃哭。移领钱唐第二年,始有心情问丝竹。玲珑箜篌谢好筝,陈宠觱篥沈平笙。清弦脆管纤纤手,教得霓裳一曲成。虚白亭前湖水畔,前后只应三度按。便除庶子抛却来,闻道如今各星散。今年五月至苏州,朝钟暮角催白头。贪看案牍常侵夜,不听笙歌直到秋。秋来无事多闲闷,忽忆霓裳无处问。闻君部内多乐徒,问有霓裳舞者无?答云七县十万户,无人知有霓裳舞。唯寄长歌与我来,题作霓裳羽衣谱。四幅花笺碧间红,霓裳实录在其中。千姿万状分明见,恰与昭阳舞者同。眼前仿佛觌形质,昔日今朝想如一。疑从魂梦呼召来,似著丹青图写出。我爱霓裳君合知,发于歌咏形于诗。君不见,我歌云,惊破霓裳羽衣曲,又不见,我诗云,曲爱霓裳未拍时。由来能事皆有主,杨氏创声君造谱。君言此舞难得人,须是倾城可怜女。吴妖小玉飞作烟,越艳西施化为土。娇花巧笑久寂寥,娃馆苎萝空处所。如君所言诚有是,君试从容听我语。若求国色始翻传,但恐人间废此舞。妍媸优劣宁相远,大都只在人抬举。李娟张态君莫嫌,亦拟随宜且教取。"

㉖ 元稹《重赠》。全诗如下:"休遣玲珑唱我诗,我诗多是别君词。明朝又向江头别,月落潮平是去时。"

㉗ 丑时为凌晨1~3点;酉时为下午5~7点。

㉘ 《醉歌》。

㉙ 《岁假内命酒赠周判官萧协律》。全诗如下:"共知欲老流年急,且喜新正假日频。闻健此时相劝醉,偷闲何处共寻春?脚随周叟行犹疾,头比萧翁白未匀。岁酒先拈辞不得,被君推作少年人。"

㉚ 《钱塘湖石记》。

㉛ 《除官去未间》。全诗如下:"除官去未间,半月恣游讨。朝寻霞外寺,暮宿波上岛。新树少于松,平湖半连草。跻攀有次第,赏玩无昏早。有时骑马醉,兀兀冥天造。穷通与生死,其奈吾怀抱。江山信为美,齿发行将老。在郡诚未厌,归乡去亦好。"

㉜ 全诗如下:"秋馆清凉日,书因解闷看。夜窗幽独处,琴不为人弹。游宴慵多废,趋朝老渐难。禅僧教断酒,道士劝休官。渭曲庄犹在,钱唐俸尚残。如能便归去,亦不至饥寒。"

㉝ 《移家入新宅》。全诗如下:"移家入新宅,罢郡有余赀。既可避燥湿,复免忧寒饥。疾平未还假,官闲得分司。幸有俸禄在,而无职役羁。清旦盥漱毕,开轩卷帘帏。家人及鸡犬,随我亦熙熙。取兴或寄酒,放情不过诗。何必苦修道,此即是无为。外累信已遣,中怀时有思。有思一何远,默坐低双眉。十载囚窜客,万时征戍儿。春朝锁笼鸟,冬夜支床龟。驿马走四蹄,痛酸无歇期。砲牛封两目,昏闭何人知?谁能脱放去,四散任所之?各得适其性,如吾今日时。"

㉞ 即朝鲜半岛东南部的新罗。——韦利原注

㉟ 元稹《白氏长庆集序》。

㊱ 详见《酉阳杂俎》卷八。——韦利原注

㊲ 全诗如下:"秋丛绕舍似陶家,遍绕篱边日渐斜。不是花中偏爱菊,此花开尽更无花。"

㊳ 王士禛《答刘大勤问》。

第十二章　从苏州到洛阳

825年春，白居易被任命为苏州刺史。苏州是一个大小和重要性与杭州相当的城市。接受这个职位之前不久，在一首题为《春葺新居》的诗中，他说自己整日在小溪围绕的花园里"寻芳弄水坐"，此外别无所求，毫不关心外面世界发生的一切。[①]他接受刺史职位很可能是出于经济上的考量。买下洛阳的房子后，他已没有钱去修整庭院。新任河南尹是白居易的老朋友和老同事王起（760—847）。他为白宅建造了一座桥，并提供劳力，在房子周围种植多种开花的树木。很可能是上次令人痛苦的埇桥之行以后，白居易开始资助那里的宗亲。可能还有一些其他穷困的亲戚，他们在需要婚丧嫁娶的费用时，白居易也会帮忙。作为苏州刺史，他的薪水将从每月六万五千钱增加到八万，这个增幅非常可观。在快到苏州时，白居易寄给牛僧孺等三位宰相一首诗，以玩笑的口吻谴责他们将"最艰苦的刺史职位"（"最剧郡"）交给了他这样一个出了名的慵懒之人。[②]然而，在苏州要处理的文件数量之大还是让他有些吃惊。在这方面，显然每个地方的刺史面临的情况是不一样的。如果刺史治下的官员能力强而又独立自主，那么提交给刺史裁决的事情就会相对较少；如果治下的官员胆小或者没有经验，刺史桌上很快就会堆满文件。白居易发现，除每十天一次的休息日，他几乎没有闲暇时间。他在诗中写道：

>..........
>微彼九日勤，何以治吾民？
>微此一日醉，何以乐吾身？③

白居易太忙了，以至于在到达苏州将近三个月后才第一次举办宴会。在他的职业生涯中，从未这般被迫地努力工作过：

>朝亦视簿书，暮亦视簿书。
>簿书视未竟，蟋蟀鸣座隅。
>...........④

他写诗告诉元稹：

>..........
>清旦方堆案，黄昏始退公。
>可怜朝暮景，销在两衙中。⑤

又写道：

>经旬不饮酒，踰月未闻歌。
>岂是风情少，其如尘事多。

> 虎丘惭客问，娃馆妒人过。
> 莫笑笼中鹤，相看去几何？⑥

白居易不习惯这样劳累的生活，他后来病倒了（应是在825年夏末），申请了十五天的病假，这一点也不奇怪。

八月份，白居易的朋友崔玄亮（在白居易此后十年的诗作中会经常出现）送给他一块"焕如锦文"的红色石板，作为他的琴台。他们的友谊始于802年，在那次书判拔萃科考试中，崔玄亮与白居易、元稹同场竞技。然而从那以后，崔玄亮就一直在各地任职，没有机会与白居易见面。现在崔玄亮担任湖州刺史，湖州大约位于杭州和苏州正中间。显然，他们在早些时候就恢复通信了，白居易动身前往苏州之前写过一首诗，诗中他将崔玄亮与元稹的名字联系在一起："崔在吴兴元在越，出门骑马觅何人？"⑦ 崔玄亮因多种原因而受人尊敬。在安徽，他废除了官员从人民中牟取利益的各种行为，允许山区农民用现金缴纳税米，这样农民就不用身背粮食而跋山涉水了。元稹在821年就曾推荐过这种灵活措施，虽然穿成串的铜钱也不是很方便携带，但穿起来的一千个铜钱（在当时可购买五蒲式耳的米）显然比同等价格的粮食要便于携带。至于山民如何得到现金，这个问题并未说明。崔玄亮为儒生所钦敬，因为在父亲去世后，整个守丧期他都按照礼法在地上铺草席睡眠，并因此患上了严重的风湿病，致使他无法在朝堂上适当地行礼。他曾是一位虔诚的道教修行者，通过呼吸和其他形式的练习，他对自己的控制达到了极致，对热和冷完全不在意。"肤体颜色，冰清玉温，未识者望之如神仙中人也。"

在湖州，他主持三元道斋时，发生了一次奇迹。一朵彩云出现在天空中，云中飞下一群仙鹤在祭坛上空盘旋了一段时间。同样的事情还发生过几次，据估计，来向他致敬的仙鹤总数约为三百六十只，大体上相当于一年内每天都有一只，"其内修外感也如此"。⑧

到年末时，事务似乎减少了一些，白居易得以在太湖的"碧琉璃水"中泛舟几天。松树上有雪，是一个可爱的冬日，"报君一事君应羡"，他在一首写给元稹的诗中说，"五宿澄波皓月中"。⑨年底，他又寄诗说自己感到沮丧，因为与元稹和弟弟白行简长期分离，白行简几乎不给他写信，"自觉欢情随日减，苏州心不及杭州。"⑩

元稹的堂兄元宗简于821年冬去世，弥留之际他叮嘱儿子元途，说希望白居易能够同意为他的作品集写一篇序言。因为之前频繁搬迁，最近在苏州公务压力又很大，白居易一直没能完成这个请求。但在825年冬末，他有了更多闲暇，便打开装有三十卷卷轴的书箧，逐一阅读。白居易很感动，因为他发现里面很多诗都是与他的唱和之作。烛光之下讽诵，感觉这位朋友就好像在他眼前，"不知其一生一死也。"白居易序言开篇陈述了一种理论，很难用英语准确传达："天地间有粹灵气焉，万类皆得之，而人居多。就人中，文人得之又居多。盖是气凝为性，发为志，散为文。粹胜灵者，其文冲以恬；灵胜粹者，其文宣以秀；粹灵均者，其文蔚温雅渊，疏朗丽则，检不扼，达不放，古淡而不鄙，新奇而不怪。吾友居敬之文，其殆庶几乎?"⑪

元宗简文集包含了694首诗和75篇文章，但遗憾的是，如今已无一存世。也是在这一时期，白居易为他的老朋友吴丹写了一篇神道碑铭。吴丹于815年六月以饶州刺史之职去世，享年八十一岁。吴丹在地方和京城都担任过一系列高级职位，但他终生未婚，也从未放弃过他那道教徒的生活方式。

在826年的春天，白居易常常抱怨眼睛有问题。数以千计的小斑点，像雪花一样，在他眼前飘浮，看什么都好像隔着一重纱。"僧说客尘来眼界，医言风眩在肝家。"⑫大约在这个时候，他的新船制造完成了，从此可以航行至最低矮的桥下，探索以前无法到达的偏远水域，这让他非常高兴。暮春时，白居易从马背上跌下，摔伤了腿。他卧床了一段时间，后来又强撑着来到花园，就是要看东风刮过后，梅树上那最后的一只梅花。白居易还提到他当时患有哮喘（"痰气"）和"深咳"（春来痰气动，老去嗽声深。）⑬他的公共和私人责任越来越重。他厌恶做出鞭打百姓的裁决，厌倦无休止的迎来送往，甚至厌倦了音乐。他很想念在洛阳的小房子和下邽的田园。在苏州，他走遍了每一条河流和每一座山丘，看到了每一棵盛放的花树，写下了所有可能的诗，只要有酒，就尽情纵饮。但现在他对这些事物的热情在逐步消退，没必要再考量了。放弃职位的理由已经压倒了一切："今秋归去定，何必重思量。"⑭他可能在七月初以健康原因提出了离职请求，并申请（他有权这么做）百日带薪病假。在休病假期间，他写了一首奇特的诗，题为《宝历二年八月三十日夜梦后作》（"宝历二年"即826年）：

尘缨忽解诚堪喜，世网重来未可知。

莫忘全吴馆中梦，岭南泥雨步行时。

全吴馆的名字，很可能暗示着它位于苏州或其附近（因为吴是苏州的古称）。白居易梦到自己再次出任公职，然后陷入困境并被贬谪到中国的极南地区，由于职位过低，途中他不能骑马或乘坐轿子。我们知道，类似的预兆也曾于805年发生在不走运的宰相韦执谊身上。我们并不清楚白居易为何要如此仔细地记录下这个梦的具体日期。历史并未记载那一天有什么重要的事件发生，而且直到四个月后才有人被贬谪到南方。很明显，白居易在思考着被任命为京官的可能性，并将这个梦视作警告。如果接受这样的职位，他必须谨慎行事。因此，他比以往更加笃定，要远离那时长安城内如火如荼的政治纷争。值得注意的是，这纷争双方的领导者后来都是在遥远的流放地去世的。李德裕去世时是在海南岛，而李宗闵则是在湖南南部。此外，他们大部分的支持者也都在某个时期被贬谪到遥远的疟疾流行的地区。斗争双方都有过短暂胜利，但白居易从来无意分享。尽管与双方都有联系，他却极为谨慎保守，没有卷入他们的灾难。

在离开苏州之前，白居易写了一篇《华严经社石记》，介绍老僧南操于822年在杭州创立的讲读《华严经》的社团。每次集会南操都会进行正式祈愿，祈愿他和十万会员（这个数字太大，听起来不太可能）来世生在毗卢遮那的净土。毗卢遮那是华严宗最重要的佛。通过募集捐款，社团购买了一块1000英亩的地产，用地产所得的收入来支付社团的费用。826年秋，当时八十岁的南操到苏州拜访了白居易，劝说后者写一篇文字记录这个虔诚的社团，以鼓励社员在他去世之后继续坚持下去。在这篇《华严经社石记》中，白居易称自己为"十万人中一人"，显然他也是这个社团的一员。但是他后来没有显示出任何往生到毗卢遮那净土的期望，可能之后他脱离了该社团。

白居易离开苏州时，感觉为当地做的事很少。他担任苏州刺史只有一年多一点的时间，在一半任期内当地都经历着旱灾。按照中国人的观念，这表明他缺乏"德"（内在的力量）。尽管如此，当他离开时，河岸上依旧站满了当地百姓为他送行，其中许多人流下了眼泪。白居易再次挣脱公职的枷锁，感到如释重负。他在诗中表示，"五十年来心，未如今日泰。"必须补充的是，这首诗是他在早餐前喝下一杯酒后写下的，这杯酒让他"煦若春贯肠，暄如日炙背。"⑮白居易遣散了大部分仆人，只有妻子和幼小的女儿在舟中相陪。在苏州，他攒够了钱，足够支付退休之后几年的生活费用。

白居易精心安排了离开的时间，以便在旅程中有刘禹锡陪伴。在此，我需要再偏离主题一次，讲一讲白居易的这位朋友刘禹锡，因为在白居易今后的生活中，他扮演了重要的角色。和白居易一样，刘禹锡生于772年。805年朝廷大权落入王叔文和王伾手中，这两人都不是世袭统治阶层的成员，刘禹锡认为他们会把百姓的利益放在心头，于是决定和他们联手。刘禹锡特别尊敬的朋友、杰出的作家柳宗元也支持二王，这使得刘禹锡更加坚定自己的选择。但他们掌权后不久传统的统治阶层即卷土重来。刘禹锡被贬到湖南的一个偏远的地方。在九世纪，中国人就像十九世纪的欧洲人一样，对自己文化的优越性有着强烈的自信。刘禹锡发现，当地的巫师在仪式中使用的歌曲野蛮且拙劣。他以恰当的文学风格创作了新的歌词，据说这些歌词在他去世后的很长一段时间里一直被当地歌手传唱。

815 年初所有支持王叔文的人都被召还长安，但有人反对他们担任京官，特别是宰相武元衡（他在几个月后被暗杀）以及御史台的官员们，他们反对全面赦免。作为一种折中，这些人被派到了偏远的地区担任地方官员，但是级别较前有所提升。刘禹锡曾是司马，现在被提拔为广东一地的刺史。到了 824 年，他又成为了安徽和州的刺史，任期结束后，他被召回长安拟在礼部担任职务。在苏州附近，或者稍微北边的地方，刘禹锡接上了已经与他通信一段时间的白居易，他们在扬州一起度过了两周，兴致勃勃地观光游览。"半月悠悠在广陵，何楼何塔不同登？共怜筋力犹堪在，上到栖灵第九层。"⑯

他们的旅行非常悠闲，我们可以推测，刘禹锡就像白居易一样，并不急于赶到长安：

> 前月发京口，今辰次淮涯。
> 二旬四百里，自问行何迟。
> 还乡无他计，罢郡有馀资。
> 进不慕富贵，退未忧寒饥。
> 以此易过日，腾腾何所为。
> 逢山辄倚棹，遇寺多题诗。
> 酒醒夜深后，睡足日高时。
> 眼底一无事，心中百不知。

> 想到京国日，懒放亦如斯。
> 何必冒风水，促促赴程归。⑰

从淮安返回河南途中，白居易得知敬宗皇帝去世的消息。敬宗是在深夜狩猎归来，醉酒后为人所刺杀的。他的弟弟继位，时年十七岁，历史上称为文宗。文宗是一个严肃认真的少年，决心让自己的统治在每个方面都与前两位皇帝显著不同。他大幅削减了宫廷侍从，遣散了一大批妃子，驱逐了最近充斥在宫廷的道士和佛教法师，并且恢复了朝见和私人会谈，这两项活动均是每两日举行一次，交错轮流进行。他也是儒家的支持者和诗歌的爱好者。一种普遍、轻松和期待的氛围弥散开来，这与白居易早年经历的朝廷氛围很像，当时宪宗于806年即位，决心恢复逐渐衰落的王朝声望。

或许是对新皇帝的性格和雄心有所了解，白居易在抵达京城时决定寻求一个新的职位。但在一首题为《忆洛中所居》的诗中，他却这样写道："幸是林园主，惭为食禄牵。"他再次出仕的主要目的显然是为了积攒收入，为将来彻底退休做准备。白居易的家庭责任最近增加了许多。826年冬天，他的弟弟白行简去世，白居易开始照顾弟弟一家，包括孀居的弟妹、十四岁的侄子龟儿，以及其他几个年幼的孩子。尽管白行简去世前的一段时间里白居易很少收到弟弟的消息，但想起他时还是怀有很深的感情。这在他825年春写的一首诗中显而易见：

> 天气妍和水色鲜，闲吟独步小桥边。

池塘草绿无佳句，虚卧春窗梦阿怜。⑱

"阿怜"为白行简小时在家中的小名。奇怪的是，从现存作品来看，白居易直到两年后才提到他的去世。

白居易在洛阳似乎只住了一小段时间。他到达长安后不久，就被派为使者前往洛阳，可能是为了传达文宗在二月十三日颁布的赦免令。他在洛阳逗留到春天，回到长安后成为了秘书省的最高长官秘书监，二十五年前他曾在秘书省任职，当时只是一名小小的校书郎。同年秋，元稹加检校礼部尚书，但这只是职位的提升，他还是在越州工作。关于白居易在秘书省的工作，我们一无所知。他还有一些附带的与这个职位无关的工作。长久以来，皇帝的生日庆典中都会举行儒释道之间的辩论活动。十月白居易被选为儒家代表，并担任论辩主持人。这些辩论并不是特别严肃，只是表演性质的，白居易扮演的是儒家一方。选他担任此职，并非因为人们将白居易看作绝对意义上的儒家大师，而是因为大家相信他的主持能营造出轻松的氛围。在开场白中，白居易先向文宗说了几句传统的恭维话，此后便表示自己只有非常浅薄的儒学知识。而他的论辩对手、僧侣代表义休则精通大乘和小乘佛教的所有教义，以及所有高深和通俗的学问。义休习惯于在大型集会上发言，并以提出非常困难的问题而闻名。然而，白居易"稽先王典籍，假陛下威灵"，⑲承诺将尽全力答题。

义休提出的第一道问题非常简单。它涉及《诗经》中的六义和孔门弟子的四科。白居易给出了答案，并说如果答案不满意，对方可继续提问。义休随后提问，曾子是公认的孔子最重要的弟子之一，但为何没有列入四科之内。白居易回答说，孔子是在某一特定的场合把他的弟子分为四科的，只提到那些当时在场的人。彼时孔子刚从旅行中回来，而曾子以孝道著称，在孔子离开的这段时间内选择回家照顾父母，因此他当时没有在场。不知道白居易是现场发挥，临时想出这个答案，还是给出了一个现成的答案。如果是前者，那他的机智确实值得称赞。

接下来，轮到白居易提问了：《维摩诘经》中提到"芥子纳须弥"，这是什么意思？适当的回答应该是，所有的属性都是相对的，从绝对真理的角度看，诸如大和小这样的概念是不存在的。但义休没有达到这个水平，只是回复说诸佛菩萨神通广大，无所不能，所以可以将须弥山放在芥子之中。然后，白居易问佛陀和菩萨如何获得他们的法力，但辩论没有被完整地记录下来，义休对这个问题的回复我们不得而知。

现在是时候将道家的代表杨弘元引入讨论中了。白居易以一段巧妙的演讲引入他，在这段演讲中他说唐朝皇帝将道家创始人老子认作自己的先祖，现任皇帝对儒释道三家都很崇敬，认为三家是支持国家之鼎的三足，当然希望道家参与讨论。"道门杨弘元法师，道心精微，真学奥秘，为仙列上首"。随后，白居易就自己诗作中经常提到的《黄庭经》（一本关于养生修仙的书籍）提出一个问题：《黄庭经》中提到的"养气""存神"等是什么意思？杨弘元的回复应该不太令人满意，因为在随后的补充问题中，白居易想知道要养的"气"到底是什么"气"，要存的"神"究竟是什么"神"——有这种疑问很自然，因为这两个字都是多义的，比如"气"在不同的语境中就可以表示空气、天气、呼吸、精神、能量、情绪等。之后，杨弘元试图在《孝经》第十二章一句非常清晰易懂的话（"敬一人则千万人悦"）中找出模糊之处，白居易对此耐心地进行了解答。最后，白居易放弃了总结讨论的权利，原因是他觉得自己缺乏其他两位发言者的专业素养，而且文帝肯定已经听得差不多了。

历史上很多类似的讨论内容都完完整整地保存了下来，特别是那些来自七世纪的讨论。很遗憾，白居易觉得他的辩论对手的回复不值得保留，就没有完全记录下来。阅读他现有的记录，就像用收音机收听一场不断在关键时刻消音的辩论，让人不禁有些恼火。但保留下来的部分无疑证明了，白居易是一位出色的辩论主持人，具备高超的能力和策略。

827 年白居易与一些故交旧友恢复了联系，其中一位是诗僧道宗。八世纪下半叶，不少僧侣，如护国、法振、皎然和灵一（728—762）通过创作纯世俗的诗歌而成名，他们与世俗文人和宫廷权贵平等地交往。不少人都知道道宗与多位文人宰相和高级官员来往密切，如白居易以及白居易的朋友元宗简和钱徽。人们认为道宗也像护国等人一样具有野心，充满世俗的想法，试图将自己的文学才能用为进身之阶。道宗在善济寺的房间里陈列着著名访客的诗歌，都是与道宗的唱和之作，细细浏览了这些访客的作品之后，白居易发现道宗并不是"为诗而作"，而是用诗歌引导那些位高权重之士来学习佛法。在这方面，白居易说，道宗与诸如汤惠休（五世纪）等僧侣非常不同，汤惠休的诗侧重世俗生活，并为他赢得了声誉，成名之后汤惠休还俗，弃寺庙的"碧云"而去，最后成为了扬州的地方官。[20]

这一时期,道宗最杰出的弟子是宰相韦处厚(773—828)。他曾在815年初向白居易请教过"喻金矿偈"的含义。[21]二人多次会面,发现他们在佛教哲学上的观点大体相同。821年时两人都在中书省任职,一起去见道宗,被道宗授予临时戒律后,发誓在一定时间段内持戒。共同进行的宗教仪式和虔诚的行为(如白居易所记录的)使二人的关系越来越紧密。现在,尽管韦处厚公务繁忙,但无论是在官署还是私下见面,两人的谈话总是关于佛教。

828年二月,白居易出任刑部侍郎,该部门主要负责监狱和囚犯的管理工作。我们可以确定他以人道的精神履行职责,白居易作品中提到这年晚些时候曾去洛阳处理过一次公务,但除此以外,他的诗文再没有涉及刑部的工作内容。

当时,朝廷的权力比唐朝任何时期都更加牢固、更加集中地掌握在宦官手中。虽然普遍认为年轻的文宗皇帝有努力向好的意愿,但他是被宦官们推上皇位的,所以也无力反对宦官的越权行为。三月份朝廷举行了"贤良方正"科考试,其中有一位名为刘蕡的考生。他提交的策论猛烈地抨击宦官,要求剥夺他们全部的军事和政府管理权力。主考官是白居易的好朋友冯宿(767—836),他和各位考官很赞同刘蕡的意见,但都不敢录取他。另有一位考生名叫李郃,已经通过了考试,但不满刘蕡的遭遇,作为抗议辞去了被授予的职位。李郃认为刘蕡的水平远远超过自己,其策论事实上是考试中最优秀的一篇。刘蕡终身没有在朝中为官,去世时只是某地方长官手下的一个低级幕僚。

可能是在这年冬天,元稹寄给白居易一系列诗歌,向他发出挑战,让白居易"继和",也就是说白居易要用相同的格式,一样的声韵来唱和。他接受了这个挑战,和诗经常遵循元稹的韵脚,但并不总是固守相同的主题。白居易写道:"微之又以近作四十三首寄来,命仆继和,其间瘀絮四百字、车斜二十篇者流,皆韵剧辞殚,瑰奇怪谲。……此足下素所长者,仆何有焉?今足下果用所长,过蒙见窘,然敌则气作,急则计生,四十二章麾扫并毕,不知大敌以为如何?……戏及此者,亦欲三千里外一破愁颜,勿示他人以取笑诮。"㉒

白居易写这些和诗似乎并没有如他声称的那般迅捷洒脱。其中多数诗篇应是在 829 年春季写就,但也有一些似是早在 828 年年底创作的。创作这组诗的第十六首时,他尝试遵循元稹的韵脚,但明显遇到了困难,一如他在自注中提到的,他不得不将一个老朋友周师范简写为"周师"以押韵。组诗的前二首内容是反对元稹沉迷道教,反对他资助一位名为"晨霞子"的道士。另有一首诗是回应元稹对苍华的祷告,苍华是发神,能避免谢顶。白居易说自己的头发太过稀疏,"秃似鹊填河",苍华也无可奈何。这里提到了一个典故,人们相信七月七日晚上,喜鹊会用羽毛搭建起一座横跨银河的桥梁,让牛郎和织女双星相会。所以在这个季节,看到的喜鹊总是羽毛稀疏。在第九首诗中,白居易回忆起 823 年在杭州与元稹的短暂相聚:"会笑始哑哑,离嗟乃唧唧"。距那时六七年已经过去了,但他们都是"官家身",谁知道下次会面是何时呢?㉓

在回应元稹《寄问刘白》的和诗中,白居易说当元稹之作寄到时,他正好和刘禹锡在一起:"正与刘梦得,醉笑大开口。适值此诗来,欢喜君知否。遂令高卷幕,兼遣重添酒。起望会稽云,东南一回首。爱君金玉句,举世谁人有。功用随日新,资材本天授。吟哦不能散,自午将及酉。遂留梦得眠,匡床宿东牖。"㉔

这组和诗的第十五首是一篇叙事诗,题名《和李势女》。347年桓温在成都击败当地的统治者李势,将李势的女儿收为妾室。知道自己的妻子非常善妒,桓温将李势的女儿藏在书房里。但秘密还是泄露了,嫉妒的妻子带着利剑冲入书房。当时李势的女儿正坐在窗前梳理头发,桓温妻子看到这一幕被她的美貌深深震撼,剑跌落到地上,她抱住李势女儿说道:"阿子,我见汝亦怜,何况老奴。"㉕白居易将这个故事的几个版本融在一起,把它打造为一个道德故事,用来感化那些善妒的妻子。这首和诗与元稹原作具体有何关系,我们并不清楚,因为元稹825年之后的诗作全部失传了。

在第十七首诗中,白居易唯一一次提及作为刑部侍郎的职责。他自我告诫,"月俸八九万",㉖不仅仅是为了自己的吃饱穿暖。维护正义,用丹笔实施惩戒是他的职责所在。但他也不可以将那些被他流放到荒漠边疆的人抛诸脑后,或者让监狱中的囚犯超期服刑哪怕一天。

组诗中的另一首描写了一个家庭生活场景,显然是829年年初的事。那是个深夜,没有访客,白居易百无聊赖,将灯芯挑高,喝酒"数杯"。他的妻子亦喝了"一盏",其余的酒分给了女儿罗子和侄子龟儿。白居易醉眼迷离但并不困倦,坐着聆听风吹窗纸的凄凉声音,想起了过去几周内他的四位朋友韦处厚、孔戢、钱徽和崔植先后离世。他们或是在公职任上去世或是才享受到短暂的闲暇不久即离世。白居易像往常一样问自己还要多久才打算退休。

元稹寄来的诗中询问白行简去世后龟儿的情况。白居易在组诗第二十首中说,很长时间内他都无法谈及任何与白行简去世相关的事。他提到现在白行简的妻子和儿子龟儿都和他生活在一起,白行简的妻子正病着,但没有进一步展开说这两人的其他情况。这首诗主要是表达对弟弟去世的悲伤,但是以传统的极为诗意的语言来表达的。白居易伤痛之情更为直观的表达,见于828年十二月三十日写就的祭文,这类文章用来献给逝者的灵魂。三十日那天家人举行祭祀,这标志着整个丧礼的结束。祭祀仪式的一部分是要告知逝者家族的近况:"吾去年春授秘书监赐紫,今年春除刑部侍郎,孤苦零丁,又加衰疾,殆无生意,岂有宦情,所以俛俛至今,待终龟儿服制。今已请长告,或求分司,即拟移家,尽居洛下,亦是夙意,今方决行,养病抚孤,聊以终老。合家除苏苏外,并是通健。龟儿颇有文性,吾每自教《诗》《书》,二三年间,必堪应举。阿罗日渐成长,亦胜小时。吾竟无儿,穷独而已。茶郎叔母以下,并在郑滑,职事依前……遥怜在符离庄上,亦未取归。宅相得彭泽场官,各知平善。骨兜、竹石、香钿等三人,久经驱使,昨大祥斋日,各放从良,寻收膳娘,新妇看养。下邽杨琳庄,今年买了,并造院堂已成。往日亦曾商量,他时身后甚要新昌西宅,今亦买讫。尔前后所著文章,吾自检寻编次,勒成二十卷……拟凭崔二十四舍人撰序,他日及吾文集,同付龟、罗收传。前年以来,合家所造斋供功德,皆领得否?朔望晨夕,飨奠复尝来无?"

白居易接着说，自从弟弟去世以来，他的梦中几乎没有出现过他的身影。他的魂魄是否已经分开四散了？他不敢相信，如果白行简的灵魂还在，两年过去了，竟然没有任何相关迹象。但他还是抱有一丝希望，希望自己的话有可能被逝者听到，他做出祈愿："犹冀万一，闻吾此言。痛心痛心，千万千万！尚飨！"㉗

这篇祭文中提到了一些人物，有些我们并不了解。比如苏苏，我们就对她一无所知，只能推测是一位长期患病之人。"茶郎"是白居易的从弟白敏中，后来于846年成为宰相。"宅相"是白居易哥哥白幼文的儿子。"遥怜"很可能是宅相同父异母兄弟。崔舍人（崔二十四，即崔咸）时不时出现在白居易作品中，有一次提到他去世，时间应该是在834年，但祭文里的崔舍人是不是就是他也不能完全确定。

显然，白居易的离职申请获批需要一定时间。829年二月中旬在写给元稹的一首诗中，白居易表达了他在长安的孤独，希望早日摆脱困境离开这个是非之地。他感到只要继续待在长安，815年的灾难随时可能再次发生。实际上，早在828年年末，他就在诗中表示，自己不够聪明，不能预见官场的风云变幻，同时年纪也大了，难以再承受一次政治风暴："家山泉石寻常忆，世路风波子细谙。老校于君合先退，明年半百又加三。"㉘无疑，白居易辞职的原因之一是他政治上的主要支持者韦处厚在五十五岁时突然去世。韦氏不依附任何党派，他的继任者路随也是如此。白居易预感权力会落到自己妻子的家族——杨氏家族——所支持的派别手中。这是很危险的，因为他担心一旦将来杨家支持的那一派倒台，他会受到牵连。政治的钟摆摆动到高点必定会摆向反方向。后来的实际情况是，白居易因为杨氏姻亲而与之有联系的那个党派，也就是李宗闵和牛僧孺领导的那一派确实于829年秋天掌握了大权，但直到833年才失势，所以从政治角度看，白居易没有必要那么急迫地远离长安。他是以健康状况为由提出离职申请的，打算获批后漫游中国东部并拜访元稹，但这个计划最后没有实施。

828年或829年初，礼部的一位小职员卢某请白居易和其他两位知名人士在他的一本名为《碎金》的书末题词。这是一部冷僻字字典，无疑是想为写作者提供帮助，令其作品多一些不寻常的学问气息。白居易显然认为这部书有些怪诞和学究气，在为此所写的两首诗中，就作者费力收集的奇特表达开起了玩笑。第一首诗由于找不到相关词汇对应的英文，几乎无法翻译。第二首诗大概是这样：

满卷玲珑实碎金，展开无不称人心。
晓眉歌得白居易，几踸卢郎更敢寻。[29]

我将原文中的一个词语翻译成了"timpings and tampings"，这个冷僻的词语是用来描述人蹒跚和跛行的。这本书目前只发现一个手抄本存世（S.6204），由斯坦因（Aurel Stein）从敦煌莫高窟带回欧洲，现藏于大英博物馆。《碎金》似乎曾有一定的流传，因为日本遣唐使慈觉（794—864）847年带回日本一些物品，物品目录中显示有这本书和一份《长恨歌》的单册。

白居易在春末抵达洛阳。他被授予了"太子宾客分司东都"

的职位，实际上没有什么要做的具体工作。与过去许多次回家不同，这次是"长归"（"永远的回归"）。在未来十七年的余生中，他只有在一次旅行中离开了洛阳几英里。当马车夫将车轿停在竹扉前时，他首先想到的是此前从杭州和苏州带回的园林之宝。他抚摸新生的竹笋，计算盛开白莲花的数目。他从苏州带来的平底船的船首龙头需要重新涂漆了，河南尹王起824年为他修建的小桥的栏杆已有些歪斜，同样需要修缮。夜深人静月亮升起时，白居易走进花园去看他的仙鹤，突然记起自己不在洛阳时允许裴度借走了它们。那些鹤来自杭州东北的华亭，他此前还从杭州的天竺三寺带回了一块形状奇特的石头。白莲花是从苏州带来的，而另一块石头则来自附近的太湖。杨贞一（也许是白夫人的亲戚）曾送给他三块平滑的青石，现在被用作园内舒适的座椅。白居易从长安带回了十名舞者和音乐家，有时会让他们在湖中小岛的凉亭内演奏《霓裳羽衣舞》的序曲。

九月份，元稹终于被召回京城，回京途中在洛阳停留了一段时间。我们不知道他和白居易相聚多久。记录这次会面的材料只有两人分别时写的三首诗，其中两首出自元稹，一首出自白居易，后者写道："唯近者公拜左丞，自越过洛，醉别愁泪，投我二诗。"㉚元诗二首如下：

君应怪我留连久，我欲与君辞别难。
白头徒侣渐稀少，明日恐君无此欢。

自识君来三度别，这回白尽老髭须。

恋君不去君须会，知得后回相见无。㉛

白居易的应答诗则更为轻松一些。他说，两人的确上了年纪，但都很健康，没必要担心前途暗淡。"醉收杯杓停灯语，寒展衾裯对枕眠。"㉜

奇特的是，在那个冬天，白居易和元稹都生了儿子。白居易以他的朋友崔玄亮的姓作为儿子的小名，称他为"阿崔"。元稹为儿子取名"道保"。遗憾的是，两个孩子都夭折了。元稹一抵达长安就被任命为尚书左丞。830年年底，白居易被任命为洛阳的市长。这里我用"市长"（mayor）这个词只是为了行文方便，其实这个职位并非市政性质的职位，而是由中央政府任命的。它只存在于中国的八九个主要城市中，职责与地方刺史大致相同。㉝白居易没有像在苏州那样啧有烦言，但我们再次看到他抱怨说作为地方官，上午的庭审才结束，下午的庭审就又开始了。囚犯在他面前来去不断，案牍如山般堆积在桌子上。长安的政治局势此时变得非常紧张，白居易却能安居洛阳，对此他经常表示庆幸。

830年秋，文宗决定对宦官发动突袭，为此密谋于宋申锡，并拜之为相。宋申锡清慎介洁，不趋党与，以此闻名。但是宦官们得到了风声，反过来编造证据说宋申锡真正的想法是废黜皇帝，要让文宗的弟弟登上大宝。文宗相信了这套说辞，撤销了宋申锡的宰相职务。在一场闹剧般的宫廷调查之后，宋申锡被判为死刑。此时白居易的朋友崔玄亮勇敢地站了出来，要求就针对宋申锡的指控进行正规的法律审查。根据白居易的记述，所有人都相信宋申锡是无辜的，但当时聚集在朝堂之上的官员中，只有崔玄亮敢于犯颜进谏，抗议武断的指控。结果"天威赫然"（就是说，皇帝发怒了），崔玄亮被不断地命令离开朝堂。依据《新唐书》本传的记载，崔玄亮随后将官帽放在了丹陛上，并引用孟子的话提醒文宗："众人皆曰杀之，未可也；卿大夫皆曰杀之，未可也；天下皆曰杀之，然后察之，乃寘于法。"㉞接着崔玄亮评论道，"今杀一凡庶，当稽典律，况欲诛宰相乎？臣为陛下惜天下法，不为申锡言也。"㉟

此案激起了公众的强烈愤慨，崔玄亮的抗议广为人知，得到了人们的广泛赞扬。宦官们开始担心，如果执行死刑，城中可能会爆发无法控制的骚乱。因此他们最后同意将宋申锡的判决改为流放到四川的开州。两年后，宋申锡在那里去世。

831年七月二十二日，元稹在武昌去世。他于七月二十一日患病，仅一日即过世。大约三个月后，白居易以清酌庶羞之奠祭祀元稹的灵魂，在祭文中提到他"抚棺一呼"，由此看来，元稹的棺椁应该是经洛阳运回长安的。在祭文结尾，白居易说他和元稹这样深厚的友谊，必然是此前数世的累积。"多生以来，几离几合，既有今别，宁无后期？"㊱元稹去世后，白居易写了两首正式的哀词，之后在长安城外举行的葬礼上，他又写了三首供抬棺人唱的"挽歌词"。元家还请他撰写通常具有传记性质的墓志铭，并且将元稹的银鞍玉带及其他一些物品送给他作为报酬，"价当六七十万"。白居易不想接受报酬，好几次将这些物品退回。但元家坚持如此，最后他将这些谢礼转送给洛阳附近的香山寺，用于支付重建这座已经破败的寺庙的费用。负责这一工程的僧人清闲是元稹的朋友，他承诺将捐赠者记为元稹，而非白居易。

“予应曰：‘呜呼！乘此功德，安知他劫，不与微之结后缘于兹土乎？因此行愿，安知他生不与微之复同游兹寺乎？’言及于斯，涟而涕下！”㊲

白居易和元稹的友谊非常著名，人所周知。但奇异的是，两人真正相处的时间其实很少，其中有802年到806年的部分时间，810年的几天，815年的几周，然后是819年的几天。尽管821年到822年的一年多时间里他们都在长安，但元稹那时专注于政治，两人很少见面。之后就是829年在洛阳最后的会面了。但是在这前后整个时期，他们的情感却如此紧密地交织在一起，以至于不可能撰写白居易的生平而不在某种程度上同时撰写元稹的生平。本书的一个重要组成部分就是他们情感之间的互动。此后本书内容会变得简单，因为不必再记录两个人的生活了。同时，书中叙述的焦点也会更为分散一些，主要记录白居易的一些短暂的交往和他的一些熟人。

穆阿德（A. C. Moule）的杰作《一五五〇年前的中国基督教史》（*Christians in China before the Year* 1550）的读者应该记得，九世纪的中国对基督教有过少数几次记载，其中一次来自一位名为舒元舆的人。在他那篇颂扬佛教的文章（《唐鄂州永兴县重岩寺碑铭》）中，舒元舆说，“国朝沿近古而有加焉，亦容杂夷而来者，有摩尼焉，大秦焉，祆神焉。合天下三夷寺，不足当吾释寺一小邑之数也。”几乎不为人们所知的是，元稹去世之后，白居易最亲近的朋友之一就是这位舒元舆。舒氏出生于大约780年前后。831年，他和崔玄亮一起要求对宰相宋申锡的指控进行合理的调查，也许正是因为这个原因，几个月后他被从刑部罢免，安排了一个低微的闲职。他在洛阳定居,很快就和白居易成为朋友。832年夏的一天,白居易邀请他前来过夜,说在这苦热的天气里,舒元舆是他唯一想见的人(《苦热中寄舒员外》)。秋天,白居易称羡舒元舆的自由,因为可以想在香山寺住多久就住多久,并将这种自由和自己作为河南尹的繁忙生活进行了对比。白居易在洛阳附近的山区休假十天之后不得不回到官署,此时舒元舆的两首赠诗成为他唯一的慰藉。在菊花日(九月九日),他邀请舒元舆前来喝酒,"不见舒员外,秋菊为谁开",㊳并让两位歌女演唱自己写的诗。

833年秋日的一天,白居易与舒元舆在龙门山彻夜长谈。白居易提出存在两种生活方式——一种是利他的,致力于纠正各种不公现象,另一种是个人主义的,致力于完善自身。这两种很难结合,如果没有能力实践第一种,那就只有"龙门醉卧香山行"了。㊴不久之后,白居易站在樱桃树下,想象着春天花开千万朵的景象。但是那时他将和谁坐在那低垂的枝桠下呢?"不论崔李上青云,明日舒三亦抛我。"㊵

大约是在七月初,舒元舆被召回京城。在洛阳居住的这段日子,他并非一味漫游乡间或者坐于花树之下。当时,一项新的打击宦官的计划正在洛阳酝酿之中,或许是为了更好地保密。舒元舆是计划的主要制订者,就在他与白居易亲密交往的时期,他和一位名为李训的人也频繁会面。李训表面上是在洛阳为母亲守丧,过着平静的生活,但实际上正在秘密组织反对宦官的行动。李训是八世纪一位知名宰相的后代,㊶同时也是822年出任宰相的李逢吉的侄子。科举中他表现突出,被视为《易经》的权威。

历史学家认为他是个冒险家。无论如何，他即将展开的行动必然包含大量的残酷和伪装。我们并不知道白居易是否见过李训，也不知道他是否了解舒元舆在洛阳的秘密活动。在一首写于834年秋天或冬天的诗中，他提到军队被削减了，时代变得更加和平，看起来他并未察觉到即将席卷长安的政治风暴。

在评述自己829年至834年写于洛阳的诗作时，白居易注意到除了几首因亲朋故去而写的作品，其他的"苦词无一字"——它们都是宁静享受的记录。他声称这种快乐"岂牵强所能致耶"，都是源于他真实的生活处境。[42]他和家人生活富足，有酒、有音乐、有美景，还有充足的闲暇去享受它们。如果他还不快乐，那真是太反常了。然而这些美好都依赖现在国家内部的安稳和平。他要恭喜文宗，恭喜他将国家治理得如此之好。白居易的恭喜显然不是发乎内心，因为他很清楚，历史上从未有哪一个时期宦官拥有这么大的权力，也从未有哪一个时期政治积怨能如此扭曲行政管理。白居易声称他在洛阳写的诗语调轻松并非是刻意为之，但我怀疑这种说法能否被完全认同。在这一时期的一首又一首诗中，他把自己描绘成一个无害的年老酒徒，衰朽昏聩，没有兴趣再关注外界发生的各种事情。在我看来，他采用这种方式是为了打消政治上的猜疑。白居易崇敬的阳城，据说在大约790年等待适当的时机采取政治行动时也采用了类似的策略。尽管白居易声称自己感到十分地满足，但不乏几分"牵强"，尤其是有关饮酒的诗作，其中根本没有表现出任何兴奋之感，这一点和杭州时期的作品，比如写给玲珑的诗，形成了明显对比。

关于河南尹官邸中的酒水，白居易写过一组诗，下面是其中两首：

> 自惭到府来周岁，惠爱威棱一事无。
> 唯是改张官酒法，渐从浊水作醍醐。

> 忆昔羁贫应举年，脱衣典酒曲江边。
> 十千一斗犹赊饮，何况官供不著钱。㊸

832 年冬，刘禹锡前往苏州出任刺史途中，在洛阳住了两个星期。这是白居易在元稹过世后第一次与刘禹锡相见：

> 欲话毗陵君反袂，欲言夏口我沾衣。
> 谁知临老相逢日，悲叹声多语笑稀。㊹

毗陵是元稹 823 年到 829 年治理地区的泛称，夏口指元稹去世时所在的武昌地区。在新年来临之际的一场大雪中，白居易送别了刘禹锡。他祝贺苏州在半个世纪内迎来第三位诗人刺史。前两位指 785 年时的韦应物和 825 年时的白居易自己。

注 释

① 全诗如下："江州司马日，忠州刺史时。栽松满后院，种柳荫前墀。彼皆非吾土，栽种尚忘疲。况兹是我宅，葺艺固其宜。平旦领仆使，乘春亲指挥。移花夹暖室，洗竹覆寒池。池水变渌色，池芳动清辉。寻芳弄水坐，尽日心熙熙。一物苟可适，万缘都若遗。设如宅门外，有事吾不知。"

② 《去岁罢杭州今春领吴郡惭无善政聊写鄙怀兼寄三相公》。全诗如下："为问三丞相，如何秉国钧？那将最剧郡，付与苦慵人。岂有吟诗客，堪为持节臣。不才空饱暖，无惠及饥贫。昨卧南城月，今行北境春。铅刀磨欲尽，银印换何频。杭老遮车辙，吴童扫路尘。虚迎复虚送，惭见两州民。"

③ 《郡斋旬假始命宴呈座客示郡寮》。全诗如下："公门日两衙，公假月三旬。衙用决簿领，旬以会亲宾。公多及私少，劳逸常不均。况为剧郡长，安得闲宴频？下车已三月，开筵始今晨。初黔军厨突，一拂郡榻尘。既备献酬礼，亦具水陆珍。萍醅箬溪醑，水鲙松江鳞。侑食乐悬动，佐欢妓席陈。风流吴中客，佳丽江南人。歌节点随袂，舞香遗在茵。清奏凝未阕，酡颜气已春。众宾勿遽起，群寮且逡巡。无轻一日醉，用犒九日勤。微彼九日勤，何以治吾民？微此一日醉，何以乐吾身？"

④ 《题西亭》。白居易在后面继续写道："始觉芳岁晚，复嗟尘务拘。西园景多暇，可以少踟蹰。……此宜宴嘉宾，鼓瑟吹笙竽。荒淫即不可，废旷将何如？幸有酒与乐，及时欢且娱。忽其解郡印，他人来此居。"

⑤ 《秋寄微之十二韵》。白居易在诗的前半部分写道："娃馆松江北，稽城浙水东。屈君为长吏，伴我作衰翁。旌旆知非远，烟云望不通。忙多对酒榼，兴少阅诗筒。……览镜头虽白，听歌耳未聋。老愁从自遣，醉笑与谁同。……"

⑥ 《题笼鹤》。虎丘是位于苏州西北著名的游览胜地；娃馆即馆娃宫，位于苏州西部。——韦利原注

⑦ 《晚春寄微之并崔湖州》。

⑧ 《唐故虢州刺史赠礼部尚书崔公墓志铭》。

⑨ 《泛太湖书事寄微之》。

⑩ 《岁暮寄微之三首》之一。

⑪ 《故京兆元少尹文集序》。

⑫ 《眼病二首》之一。

⑬ 《自叹》。

⑭ 《重咏》。

⑮ 《卯时酒》。
⑯ 《与梦得同登栖灵塔》。
⑰ 《自问行何迟》。
⑱ 《梦行简》。
⑲ 《三教论衡》。
⑳ 《题道宗上人十韵》。关于汤惠休,参见《宋书》卷七十一《徐湛之传》:"时有沙门释惠休,善属文,辞采绮艳,湛之与之甚厚。世祖命使还俗。本姓汤"。"碧云"是暗指江淹(444—505)仿汤惠休风格的《休上人怨别》一诗。——韦利原注
㉑ 佛经中有许多章节将般若(即"超越的智慧")对觉悟的佛教徒所产生的影响比喻为提炼金矿的过程。这里我不清楚白居易具体指的是哪一个章节。——韦利原注
㉒ 《和微之诗二十三首·序》。
㉓ 《和微之诗二十三首·和祝苍华》、《和微之诗二十三首·和寄乐天》。
㉔ 《和微之诗二十三首·和寄问刘白》。
㉕ 参见《世说新语·贤媛》。——韦利原注
㉖ 《和微之诗二十三首·和自劝二首》。
㉗ 《祭弟文》。
㉘ 《除夜寄微之》。
㉙ 《寄卢协律》。
㉚ 《祭微之文》。
㉛ 元稹《过东都别乐天二首》。
㉜ 《酬别微之》。
㉝ 白居易实际担任的是"河南府尹"。
㉞ 崔玄亮似乎是凭记忆引用《孟子》,不准确。——韦利原注。《孟子·梁惠王下》原文为:"诸大夫皆曰可杀,勿听;国人皆曰可杀,然后察之;见可杀焉,然后杀之。故曰,国人杀之也。"
㉟ 《新唐书》本传(见卷一百六十四)原文为"玄亮置笏在陛",放置的是"笏",不是官帽。

㊱《祭微之文》。
㊲《修香山寺记》。
㊳《九日代罗樊二妓招舒著作》。
㊴《秋日与张宾客舒著作同游龙门醉中狂歌凡二百三十八字》。
㊵《履信池樱桃岛上醉后走笔送别舒员外兼寄宗正李卿考功崔郎中》。
㊶ 唐肃宗时期宰相李揆的族孙。
㊷《序洛诗》。
㊸《府酒变法》《府酒自劝》。
㊹《初见刘二十八郎中有感》。

第十三章 太子宾客分司东都

833年四月，在担任了相当长一段时间的河南尹之后，白居易以健康为由提出辞职，他的这段任职时间远超当时的常规年限。他回归到原来太子宾客的虚职。李德裕最近重新回到权力中心，那些之前冒犯过他的人都在寻找避风港。白居易的朋友张仲方曾经反对给李德裕过世的父亲追授官衔，因此觉得辞去长安的官职，到洛阳觅一清闲职位乃明智之举。至于白居易，可以想见的是，即便是在洛阳，他认为也是低调些好。在辞职不久后写就的一首诗中，他庆幸地说好在"世"（即政权）似乎已经忘记了他这个人，如果还记得他，即便世人都知道他没有野心，生活很平静，恐怕也难以平安周全。①

白居易许多朋友去世了。832年崔群去世，833年崔玄亮去世，后者在遗嘱中请求白居易撰写墓志铭，并将自己的玉磬琴留给了他。李绅是少数几个还在世的早年的朋友，他和白居易上次见面还是822年。833年，他在洛阳短暂停留，之后便动身前往越州出任元稹之前担任过的职务。白居易在洛桥上与李绅分别时，回忆起当年在长安他们只能勉强凑足钱买一点粗糙的浑酒，而现在两人是在用金杯互祝健康！但是很快"珊瑚鞭动马头高"，②又到了再一次分别的时刻。

秋天，李德裕提议在科举考试中完全取消诗和赋的创作，只考察有关道德和政治问题的策论文。他可能是想完全废除考试制度。李德裕的祖父曾科举及第，但此后，他们家就没有保留《昭明文选》这一考生们的常备读物。他本人的职位是靠门荫得来的，因此对"寒士"评价不高。"寒士"就是如白居易这样凭科举考试出人头地但家境一般的士子。李德裕认为："朝廷显官，须是公卿子弟。何者？自小便习举业，自熟朝廷间事，台阁仪范，班行准则，不教而自成。寒士纵有出人之才，登第之后，始得一班一级，固不能熟习也。则子弟成名，不可轻矣。"③

834年春季的科举考试有可能是按照新计划进行的。但是那年夏天李德裕失去了权力，于是十月份礼部即宣布，在835年春季的考试中，写诗将再次成为科目之一。

元稹去世后，白居易诗歌交流的主要伙伴是刘禹锡。833年冬，白居易写信给刘禹锡，说已经将二人最近酬唱的诗歌编为《刘白吴洛寄和卷》，以832年冬天刘禹锡离开洛阳前往苏州时白居易所写送别诗为开篇。在这封信中白居易评论说，出色的诗句和优秀的诗篇往往因难见巧，灵感来源于对手设置的陷阱，以及作者为摆脱困境而做的努力。当代读者很容易明白，诗人要遵循对手的韵脚确实是很难的，但原作者到底在哪些地方故意为"应答者"设置陷阱（这肯定是诗歌唱和的重要一部分），则不那么容易辨别。

这一时期，白居易回到了"马上妓"这一主题，十年前他从道德角度对此进行过解读。这一次则没有任何道德上的说教。他描绘道：冬天一名歌妓骑在马上，"银篦稳篸乌罗帽"，她让人想起了什么？哦，"王昭君妹写真图。"④王昭君是前往沙漠匈奴部落和亲的汉朝女子，在不少画作中，她的形象是雪中骑在马上，穿戴着华丽的服饰。这首诗由于其对仗结构，很难令人满意地翻译成英文。它具有某些十八世纪日本木刻版画的优雅。

834年初冬，白居易的老朋友李宗闵（现为反对李德裕的党派的领导者）被从山西南部召回出任宰相。大约在这个时候，白居易到洛阳北部的山区游玩，想着攀登天坛峰（像元稹三十年前曾做过的那样）。但他心力不足，没能上去。他写了一首诗（《早冬游王屋自灵都抵阳台上方望天坛偶吟成章寄温谷周尊师中书李相公》），送给了新任宰相李宗闵和一位姓周的道士。由这首诗可知，在很久以前，李宗闵和这位周姓道士在即将展开各自事业的时候，曾一起攀登过天坛峰。两人为那壮丽的景色所触动，都发誓要将自己奉献给伟大的事业——配得上他们的努力与天赋的伟大事业。他们决定要么在公共事务方面有所成就，要么在追求道家真理上取得成功。现在两人都实现了自己的誓言。李宗闵佩戴金印，而周道士的外衣上翳有高级修行者标志的玉芝。白居易认为天坛峰会很有兴趣知道这两位有志之士的事迹，于是将自己叙述这段往事的诗刻在了山石之上。

834年，刘禹锡从苏州调离，出任汝州刺史，汝州是一个位于洛阳东南五十英里的地方，远没有苏州重要。835年初白居易梦见了他：

> 昨夜梦梦得，初觉思踟蹰。
> 忽忘来汝郡，犹疑在吴都。

吴都三千里，汝郡二百馀。
非梦亦不见，近与远何殊。
尚能齐近远，焉用论荣枯。
但问寝与食，近日两何如。
病后能吟否，春来曾醉无。
楼台与风景，汝又何如苏。
相思一相报，勿复慵为书。⑤

白居易最近将女儿嫁给了一个名叫谈弘谟的青年，他是四门博士，即七八品官员的子弟学校的教师。对于这位青年，我们所知甚少。也许他是白居易 803 年担任校书郎时某位谈姓同事的儿子。十年后，谈弘谟还是八品（第二低的品级）官员，这门亲事显然不那么登封。处理好这些烦难的家务事后，白居易决定去下邽的田庄短暂游览一下。白居易从弟白敏中的母亲 833 年一月在下邽去世，白敏中正为母亲守孝，在当地过着隐退的生活。待二十五个月的守孝期满后，按照惯例，白敏中会被召回担任新的省级职务。白居易此行的目的应该就是赶在白敏中被征召之前去看望他。他似乎也利用这次机会拜访了内兄杨汝士。杨汝士当时是同州刺史，同州在下邽以北不远处。⑥在一首诗中，白居易告诉白敏中，预期他会在寒食节（三月初）后的某天抵达，他还将自己比作隐士向长，向长在儿女婚嫁之后即隐居起来，不知所踪。⑦这个比喻当然并不严谨，因为白居易在春天结束之前又回到了洛阳。他的旅行很舒适，有骑从携带酒杯酒杓，还有乐师跟随：

> 家僮解弦管，骑从携杯杓。
> 时向春风前，歇鞍开一酌。⑧

他这次在下邽过得如何，我们并不清楚。回程途中，坐在抬得高高的轿子里，白居易发现"旅行时可以像在家一样舒适"，而反过来当然也是一样的。此后十一年的余生中，白居易再也没有旅行过。随后来临的那个夏天天气酷热，他也因此更愿意待在家里。白居易头发尽落，瘦削，时间又都是自己的（正如他庆幸地总结的那样），在面对热浪时有得天独厚的优势。他在此时写下两首优美的绝句，经常被人引用：

> 山僧对棋坐，局上竹阴清。
> 映竹无人见，时闻下子声。

> 小娃撑小艇，偷采白莲回。
> 不解藏踪迹，浮萍一道开。⑨

在这个夏天，白居易将自己的作品集，一共六十卷，寄给了江州庐山的东林寺保管，并叮嘱不允许外借给访客或带出寺庙大门。九月九日，白居易被任命为同州刺史，接替到兵部任职的杨汝士。他以健康原因拒绝了这个职务。这份新职的薪水是很诱人的，但（正如他好几次说的）他对赴任同州感到"慵懒"（"同州慵不去"），而要筹钱则有更便宜的手段。他将长安新昌里的房子卖了，"卖却新昌宅，聊充送老资。"⑩

与此同时，首都即将发生悲剧性的事件。我们之前已经提到李训832年在洛阳与白居易的朋友舒元舆有过密谋，现在他又找到了一个叫郑注的人。郑注因为曾从事过实用性的行业——行医，而被统治阶层所轻视。835年秋，李训和郑注共同制订了一个三步走的计划，以期重振唐朝：一、结束宦官的统治；二、从吐蕃手中夺回甘肃；三、将现在由准独立的军阀控制的东北部完全纳入中央政府的控制。除了三项计划本身，当然还有一些必要的前提条件。政治上的党派拉锯战使得任何长期的计划都无法实施，必须首先停止。李德裕此前已经被他的反对者们外放到遥远的地方。而现在这些反对者，其中包括李宗闵和白居易的姻亲杨家人，也都被放逐了。计划要实施还需要大批军队。可能是为了获取兵源，李训提议对和尚进行考试，不能背诵佛经的就剥夺僧籍，征兵入伍。但是郑注觉得他们已经得罪了两大派系的支持者，再去激怒佛教徒这样一个强大的利益集团是很危险的，这样的考试因此不久就中止了。

十月，宦官领袖之一王守澄去世（据信是被李训和郑注下令毒杀的）。原定计划是要在几周后的王守澄葬礼上围歼宦官。然而，如同类似策划中常有的情况，原计划在最后一刻被一个仓促构思、协调不周的新计划取代，定在葬礼前一周左右执行。新计划要诱使宦官头目，包括左右神策军的将领，进入一个藏有刀斧手的兵营后院。一位计划参与者在十一月二十一日的早朝报告说兵营附近下了甘露（一种天赐之物）。文帝应该是知晓这一计划，便借机让宦官头目们去那里看看报告是否属实。正当这些人进入营房大门时，一阵疾风吹开了遮挡刀斧手的帐幕。宦官们急忙撤退，一回到早朝大殿就将文帝挟持回宫中。被招募来执行计划的刀斧手袭击了宦官，大约杀死了其中的十二个人。然而很快神策军士兵就赶到了，在宦官将领的带领下开始剿灭所有可能参与这次计划的人。三位宰相被处决，其中一位是王涯，白居易当年外放江州即拜他所赐。另一位是贾𫗧，和白居易一同参加了800年的进士考试，两人尽管不算是密友，但关系一直不错。第三位就是舒元舆，如我们已经看到的，他从始至终都是计划的参与者之一。从白居易832年到834年写给他的众多诗作中可以看出，他那时已经成为白居易的密友。白居易友人中卷入这场悲剧的还有博学的僧人宗密（780—841），但他毫发未伤。计划败露后李训经过化装得以逃离长安，向宗密寻求庇护，此后在长安以南的群山中住了一段时间。宗密833年到洛阳拜访过白居易，李训很有可能是那时认识他的。此后，因庇护李训，宗密被捕，他承认知道李训谋诛宦官的事，而他之所以庇护李训是因为佛家的原则是发现任何人有困难，无论后果如何，都要给予帮助。拘捕他的宦官将领为宗密的勇气和虔诚所震撼，最终释放了他。在接下来的日子里，长安爆发了抢劫和骚乱。除了宦官再也没有其他权威存在，任何与计划沾边的人都被处决，没有审判和申诉。这种情况持续了数周。

　　白居易在多首诗中提及了这一事件，然而他的表达方式十分含蓄、审慎且隐晦，所以翻译起来并不容易。这一系列诗中最为人所知的一首是《九年十一月二十一日感事而作》。诗的标题下有一条自注："其日独游香山寺"，表明白居易这一天待在洛阳附近的香山寺。这首诗的第五句暗指著名诗人兼音乐家嵇康。262年嵇康因政治原因被判死刑，行刑前索要他的琴，在抚琴时平静离世。第六行提到公元前208年政治家李斯的去世。李斯和他的儿子被带往刑场时，回头对儿子说："吾欲与若复牵黄犬俱出上蔡东门逐狡兔，岂可得乎！"

> 祸福茫茫不可期，大都早退似先知。
> 当君白首同归日，是我青山独往时。
> 顾索素琴应不暇，忆牵黄犬定难追。
> 麒麟作脯龙为醢，何似泥中曳尾龟。⑪

第三句"当君白首同归日"也是用典。300年，石崇和潘岳同时被执行死刑。临刑前，潘岳向石崇感慨，两人"可谓'白首同所归'"，"白首同所归"是潘岳早年的一句诗，此时吟诵颇有预言意味。⑫白居易这首诗最后用了乌龟的譬喻，来自《庄子》中的一个著名故事。⑬如此分析下来，该诗典故很多，未免有些掉书袋的嫌疑。但这些典故在当时是人所熟知的，读者会瞬间领会其中的含义。毫无疑问，白居易在写这首诗时，心中所想的肯定是那一天被处决的高级官员们。其中他最牵挂的应该是舒元舆，他们两人直到前不久都还是每天相伴的朋友。但是在本诗和同类多首诗歌中，白居易对受害者的同情之感，以及朋友离世的伤痛之感都比不上另外一种感触——对自己抵抗住诱惑，没有重回权力中心的庆幸之感（sense of thankfulness）。这里，我用了"thankfulness"（直译为"感谢"）这个词，并不是说白居易对上天表示感谢,而是说他对自己当初留在洛阳的决定感到欣幸。洛阳的职位虽然相对低一些,但留在东都的这个决定,现在看来显然是正确的。"谨慎得到回报",成为他这一系列诗歌的主题。在一首小心地命名为《咏史》的诗中(题下自注:"九年十一月作",这个注可能是之后加的),白居易对比了古代野心勃勃的政治家和及时从公共生活中抽身者的结局,前者悲惨,后者则远为幸福,最后总结道:"乃知祸福非天为。"在另一首诗中,他说火只烧"润屋",风浪只倾覆装载过多的船只。同样,"鱼能深入宁忧钓,鸟解高飞岂触罗。"他提醒人们,"世间自取苦人多。"⑭此外,他还将独立池边整日一动不动的仙鹤与"争食"乌鸢、"争窠"之雀进行了对比。⑮

还有两首诗值得一提,它们大概作于两大派系的成员一个接一个被贬谪的那个秋天,当时还没有发生"甘露之变"。在这两首诗中,白居易将那些被外放官员的命运与自己的惬意隐居进行了对比:"始知洛下分司坐,一日安闲直万金。"(《闲卧有所思二首其一》)这两首诗中的第二首应该是写给某个刚刚被贬到南方的友人(也许是他妻子的堂兄杨虞卿),其中白居易写道:"今日怜君岭南去,当时笑我洛中来。虫全性命缘无毒,木尽天年为不才。大抵吉凶多自致,李斯一去二疏回。"⑯

白居易谢绝同州刺史之职后不久,他的朋友刘禹锡接受了这个职位。而白居易自己则被授予了一个更高的职位(太子少傅分司东都),月俸达到十万。现在他当然可以说自己"未苦贫"。⑰

年月飞逝,"走若下坂轮"。按照中国的计算方式,白居易已经六十五岁了。"假使得七十,祗有五度春,逢春不游乐,但恐是痴人",⑱他这样提醒自己,现在要做的就是跨上马到山里去游玩。"闻健朝朝出,乘春处处寻。天供闲日月,人借好园林。渐以狂为态,都无闷到心。平生身得所,未省似而今。"⑲

837年三月三日,河南尹李珏祓禊洛滨。庄稼收成很好,首都的政治动荡也比预期更快地平息下来。宦官们做得太过分,甘露之变几周内无差别的杀戮甚至疏远了当初最反对这次阴谋及其领导者的官员们。在李石和郑覃的领导下,世袭官僚阶级逐渐掌控了政局。一个短暂、有秩序的平稳时期到来了。每个人都拿出了自己的最佳表现。文宗自豪地指出,他穿的内衣被洗了三遍。

祓禊之日,资深政治家,现为东都留守的裴度邀请了很多朋友宴会于舟中。白居易、刘禹锡(已经从同州回来),以及白居易的女婿谈弘谟都在受邀之列。他们都去了,当天岸边围观的人也很多。

> 夜归何用烛,新月凤楼西。⑳

夏天,牛僧孺出任东都留守。白居易和元稹早年为官时都曾得到他不少指点。现在他来到洛阳,作为故人在之后的几年中与白居易交往频繁。牛僧孺深陷党派争斗,是白居易妻子所属杨氏家族支持一方的领袖。㉑但洛阳是一个没有是非纷争的地方,无论外部世界多么危险,在洛阳即便是与党魁交往也是安全的。白居易秋天写给牛僧孺一首诗,邀请他和刘禹锡到自己家中来,在诗中他特意强调自己这么做并不是寻求什么政治援助:"要路风波险,权门市井忙。世间无可恋,不是不思量。"㉒

837年冬，白居易的女儿罗子产下一名女婴，他满足地想道："怀中有可抱，何必是男儿。"㉓他在接下来的一年中写的最著名的作品是《醉吟先生传》，乃模仿陶潜《五柳先生传》的一篇自况文字。其开篇如下："醉吟先生者，忘其姓字、乡里、官爵，忽忽不知吾为谁也。宦游三十载，将老，退居洛下。"在洛阳他"凡酒徒、琴侣、诗客多与之游"。此外，他还学习佛法，"通学小中大乘法，与嵩山僧如满为空门友"。在后世演义出来的关于白居易的传奇故事中，如满是很重要的角色。但在白居易本人笔下却很少提到如满，这是其中少有的一次。如满是伟大的马祖禅师的弟子。有一个故事说，当唐顺宗（805年）听到如满对他说"生亦未曾生，灭亦未曾灭"时大受触动，"帝闻大悦。益重禅宗。"㉔如果白居易后期诗作没有丢失那么多的话，我们可能会知道更多关于如满的情况。

白居易在《醉吟先生传》中继续写道："每良辰美景或雪朝月夕，好事者相遇，必为之先拂酒罍，次开诗箧，诗酒既酣，乃自援琴，操宫声，弄《秋思》一遍。若兴发，命家僮调法部丝竹，合奏《霓裳羽衣》一曲。若欢甚，又命小妓歌《杨柳枝》新词十数章。㉕放情自娱，酩酊而后已。往往乘兴，屦及邻，杖于乡，骑游都邑，肩舁适野。舁中置一琴一枕，陶、谢诗数卷，舁竿左右，悬双酒壶，寻水望山，率情便去，抱琴引酌，兴尽而返。如此者凡十年。其间赋诗约千馀首，岁酿酒约数百斛，而十年前后，赋酿者不与焉。"

面对妻子和家人的忧虑和指责，醉吟先生回应道："凡人之性鲜得中，必有所偏好，吾非中者也。设不幸吾好利而货殖焉，以至于多藏润屋，贾祸危身，㉕奈吾何？设不幸吾好博弈，一掷数万，倾财破产，以至于妻子冻馁，奈吾何？设不幸吾好药，损衣削食，炼铅烧汞，以至于无所成、有所误，奈吾何？今吾幸不好彼而目适于杯觞、讽咏之间，放则放矣，庸何伤乎？不犹愈于好彼三者乎？"

白居易长期以来试图说服世人他在政治上是无害的，在这篇文章中，我看到了（也许很多读者会认为我的观点有些奇怪）这一宣传活动的顶点。838年，白居易妻子的一个亲戚（远房亲戚）杨嗣复成为宰相。依据过往经验，他及其同党不太可能执政超过一两年。当他们下台时，所有与之有关的人，无论是因为政治还是因为婚姻而有关系的人，都会处于危险之中。白居易的妻子毕竟和杨嗣复一样都是"弘农杨氏"，这会让白居易受到猜忌。一旦反对党上台，尽管白居易年事已高，也随时可能离开洛阳舒适的职位，再次被外放到南方某个蛮荒之地。有一则故事说，有人把白居易的作品呈给反对党领袖李德裕，李氏拒绝阅读，并说自己从来不喜欢白居易，而且也不会改变这一态度。关于那个时期名人的大部分轶事显然都是政治宣传，用来抹黑一方或另一方的领导人。上述故事无疑是由李德裕的敌人散播出来的，以显示李德裕多么刻薄和充满偏见。然而，他和白居易可能确实不喜欢彼此。836年的大部分时间李德裕都在洛阳，当时白居易与时不时来洛阳居住的要人几乎都有来往，但和李德裕似乎没有见过面。840年秋，李德裕开始执政并延续了很长一段时间，在这期间他全面清洗了自己不喜欢的官员，白居易或许因为既老且病，被他放过了。㉗

在首都，局势再次变得异常不稳定。838年年初，有人试图刺杀宰相李石，他一直在勇敢地对抗宦官。公众普遍认为刺客是宦官仇士良雇佣的，仇氏是835年甘露之变大规模处决和屠杀的主要推动者，一直在宫中担任高级职务。

839年春，白居易的情绪非常低落，几乎不去任何地方。"往还多是白头人"，因为"少年嫌老可相亲"。㉘一代新人已经长大，他感觉自己在其中没有位置。在新年假期当中，他独自一人登上了天宫阁：

天宫日暖阁门开，独上迎春饮一杯。
无限游人遥怪我，缘何最老最先来。㉙

二月，他为一座他在担任苏州刺史时规划的南禅院转轮经藏写了一篇题词。现在，这个千佛堂转轮经藏以"缗三千六百"建成，大概相当于我们现在这个时期的一千八百英镑，收藏经卷5058卷。在题词最后，白居易呼吁（考虑到之后几年佛教寺庙和机构遭到的破坏，他这么做意义重大）"凡我国土宰官支提上首暨摩摩帝辈"㉚给予转轮经藏以保护并不断增修，"经有缺必补，藏有隙必葺，堂有坏必支。"这样做了，"真佛弟子，得福无量；反是者，非佛弟子，得罪如律。"㉛

完成这篇题词后的第二天，白居易又写了一篇短文，说明自己会把一套《白氏文集》寄给苏州南禅院。毫无疑问，文集会随同这篇短文一道派送。"悉索弊文，归依三藏者，其意云何？"白居易解释说是因为他长久的一个愿望："且有本愿，愿以今生世

俗文字放言绮语之因，转为将来世世赞佛乘转法轮之缘也。"㉜

注　释

① 详见《池上有小舟》："我若未忘世，虽闲心亦忙。世若未忘我，虽退身难藏。"
② 《醉送李二十常侍赴镇浙东》。
③ 《旧唐书》卷十八上武宗纪。
④ 《同诸客嘲雪中马上妓》。
⑤ 《梦刘二十八因诗问之》。
⑥ 拜访杨汝士以及回到下邽，参见《别杨同州后却寄》等诗。——韦利原注
⑦ 关于向长，参见《后汉书》卷一百十三《向长传》。——韦利原注。向长字子平，两汉之交隐士，儿女娶嫁既毕即与好友游五岳名山。其事迹在诗文中常用作"不以家事自累"的典故。此处指白居易诗："子平嫁娶贫中毕，元亮田园醉里归。"见《将归渭村先寄舍弟》。
⑧ 《西行》。
⑨ 《池上二绝》。
⑩ 《诏授同州刺史病不赴任因咏所怀》。
⑪ 《九年十一月二十一日感事而作》。
⑫ 潘岳原诗："投分寄石友，白首同所归。"（《金谷集作诗》）
⑬ 参见我的《中国古代的三种思维方式》（*Three Ways of Thought in Ancient China*）第86页。——韦利原注
⑭ 《感兴二首》。
⑮ 《问鹤》。
⑯ 《闲卧有所思二首》。
⑰ 详见《从同州刺史改授太子少傅分司》："留侯爵秩诚虚贵，疏受生涯未苦贫。月俸百千官二品，朝廷雇我作闲人。"
⑱ 《春游》。
⑲ 《寻春题诸家园林》。

⑳《三月三日祓禊洛滨》。
㉑ 此处提及的"党派斗争"以及之前提到的"两大派系"的争斗,中国历史上习惯称为"牛李党争","牛党"主要领袖有牛僧孺、李宗闵、令狐绹;"李党"主要领袖有李德裕、郑覃。
㉒《分司洛中多暇数与诸客宴游醉后狂吟偶成十韵因招梦得宾客兼呈思黯奇章公》。
㉓《小岁日喜谈氏外孙女孩满月》。
㉔ 参见《五灯会元》卷三。
㉕《杨柳枝》是当时流行的曲调,白居易和他同时代的诗人都曾为该曲调填过词。——韦利原注
㉖ "贾祸危身"意味着,拥有大量财富的人会被构陷,他的财产会被政府或宦官抢夺。——韦利原注
㉗ 这里提到的李德裕故事出自五代孙光宪《北梦琐言》:"白少傅居易,文章冠世,不跻大位。先是刘禹锡大和中为宾客,时李太尉德裕同分司东都。禹锡谒于德裕曰:'近曾得《白居易文集》否?'德裕曰:'累有相示,别令收贮,然未一披。今日为吾子览之。'及取看,盈其籍笥,没于尘坌。既启之而复卷之,谓禹锡曰:'吾于此人,不足久矣。其文章精绝,何必览焉。但恐回吾之心,所以不欲观览。'其见抑也如此。衣冠之士,并皆忌之,咸曰:'有学士才,非宰臣器。'识者于其答制中见经纶之用,为时所排,比贾谊在汉文之朝,不为卿相知。人皆惜之。葆光子曰:'李卫公之抑忌白少傅,举类而知也。初文宗命德裕论朝中朋党,首以杨虞卿、牛僧孺为言。杨、牛即白公密友也。其不引翼,义在于斯,非抑文章也,虑其朋比而制掣也。"
㉘《四年春》。
㉙《早春独登天宫阁》。
㉚ 关于"摩摩帝"这一术语的讨论,参见 Sylvain Lévi 在《亚洲学刊》(*Journal Asiatique*) 1915 年 3 月和 7 月号上的论文。——韦利原注
㉛《苏州南禅院千佛堂转轮经藏石记》。
㉜《苏州南禅院白氏文集记》。

第十四章 最后岁月

839 年十月五日，白居易"得风痹之疾"，"左足不支"，但精神似乎完全不受影响，正如他自己所说，病后之吟咏更多于未病之时。组诗《病中诗十五首》就创作于发病几周之后。在第五首中他自问，即便身体强健，还有什么要做的呢？他已经尽了自己的家庭义务，"家无忧累身无事，正是安闲好病时。"①第八首就是我多年前翻译过的那首：

> 交亲不要苦相忧，亦拟时时强出游。
> 但有心情何用脚，陆乘肩舆水乘舟。②

在第九首中他向一位要回到嵩山地区的朋友告别，嵩山位于洛阳东南方：

> 登山临水分无期，泉石烟霞今属谁。
> 君到嵩阳吟此句，与教三十六峰知。③

在第十首诗中，就像他后期作品中经常做的那样，白居易引用了《维摩诘经》。根据佛教传说，维摩诘非常圣洁，没有什么可以玷污他的。他出入青楼酒肆，成为生活于俗世而又不属于俗世的代表。白居易一次又一次在他晚年诗作中将自己比作这位圣人，尤其是生病的时候，比如这次生病就是如此。而白居易这样比较是因为维摩诘也生病了。《维摩诘经》内容的主要架构是，维摩诘生病了，但很难找到合适的圣人去探望他。《病中诗十五首》组诗中的一首即题为《罢灸》。中国的艾灸是将干枯的艾枝卷为一团，放在身体上相应的部位，然后用凸透镜或镜子点燃。《维摩诘经》云："是身如浮云，须臾变灭也。"而白居易的诗是这样的：

  病身佛说将何喻，变灭须臾岂不闻？
  莫遣净名知我笑，休将火艾灸浮云。

  白居易知道自己快到彻底退休的年纪了，而退休后只能拿到现在薪水的一半，所以中风之后不久，他就盘点了家中的财产和目前的开销，以实施必要的节约措施。显然，他最好别再养马，同时也决定遣散歌妓樊素。樊素善唱《杨柳枝》，人们就多用"杨柳枝"称呼她。她已经陪伴白居易大约十年了。即将与歌女和爱马分别，这让白居易想到了（也会让今天的中国人想到）项羽与虞姬的爱情传奇。公元前202年，项羽与他最爱的歌女虞姬在垓下分别，之后又和屡屡与他一起走向胜利的战马分别。④与虞姬分别时，他唱道：

  力拔山兮气盖世，时不利兮骓不逝。
  骓不逝兮可奈何，虞兮虞兮奈若何。

模仿这首诗的韵律,白居易写下了《不能忘情吟》,离别的时刻来临时,他实在不忍心与马儿和樊素分离:

骆、骆,尔勿嘶,素、素,尔勿啼,骆反厩,素反闺。
吾疾虽作,年虽颓,幸未及项籍之将死。
何必一日之内,弃骓兮而别虞兮,乃目素兮素兮。
为我歌杨柳枝,我姑酌彼金罍,我与尔归醉乡去来。

樊素留了下来,但只是多待了一阵。她在840年春天的最后一天离开:

病共乐天相伴住,春随樊子一时归。⑤

一些舞者和乐师作为杂役留了下来,帮助白居易或打理花园或配置药物。

与樊素的分别唤起了白居易对早年恋情的回忆:

往年江外抛桃叶,去岁楼中别柳枝。⑥

白居易作品中只有三次提到"桃叶"。826年底他回到京城时将桃叶留在了苏州。桃叶的真名叫"陈结之",有可能是位官妓,依附于苏州刺史。840年秋白居易已经部分康复,某天在自家池塘划船时忽然发现一块太湖石上刻着三个字:"陈结之",字是十五年前刻上去的。从苏州带回来的这块太湖石,十五年前的刻字，都是只有自己才知道的一段往事的印记。白居易在可以确定写于 832 年的一首诗中说，他对桃叶的感情已经消失，但给人的印象则恰恰相反，这首表达了最强烈感情的奇异之作即题为《结之》：

> 欢爱今何在，悲啼亦是空。
> 同为一夜梦，共过十年中。

839 年冬天白居易感觉自己即将离世，第二年春天来临，他恢复了一些体力，感觉就像是即将远行的一个人，已经打好包裹，也做好了心理准备，却忽然发现似乎不必这么急于出发。然而，恢复并不显著，他告诉写信祝贺他康复的刘禹锡，自己还没有痊愈，"须知差与否，相去校无多。"⑦

840 年春，白居易付给画家杜宗敬（只知道是画家，其他情况未知）三万钱，用于描画阿弥陀佛的西方净土，并发愿道："一切众生有如我老者，如我病者，愿皆离苦得乐，断恶修善，不越南部，便睹西方。"⑧大约在同一时间，他还委托别人画了一幅弥勒佛的兜率天宫的画，弥勒佛是未来佛，将这幅画供奉起来时白居易做出了相似的祈愿。但他为之祝福的人（包括他自己）是否在弥勒佛降世时能从阿弥陀佛的西方净土转移到未来佛的兜率天宫，则很难说。白居易做这些都是获得福报的方法。但是给阿弥陀佛净土作画和给弥勒佛的兜率天宫作画以获得福报，这之间有什么异同，二者是什么关系，在我看来，白居易似乎没有好好想过。在一本名为《逸史》的书中，有一则有趣的故事，⑨讲述了白居易对未来佛的崇拜:"唐会昌元年(841),李师稷中丞为浙东(长江三角洲以南地区)观察使。有商客遭风飘荡,不知所止。月馀,至一大山。瑞云奇花,白鹤异树,尽非人间所睹。山侧有人迎问曰:'安得至此?'具言之。令维舟上岸。云:'须谒天师。'遂引至一处,若大寺观,通一道入。道士须眉悉白。侍卫数十。坐大殿上,与语曰:'汝中国人,兹地有缘方得一到,此蓬莱山也。既至,莫要看否?'遣左右引于宫内游观。玉台翠树,光彩夺目,院宇数十,皆有名号。至一院,扃锁甚严,因窥之。众花满庭,堂有茵褥,焚香阶下。客问之。答曰:'此是白乐天院,乐天在中国未来耳。'乃潜记之,遂别之归。旬日至越,具白廉使。李公尽录以报白公。先是,白公平生唯修上坐业,及览李公所报,乃自为诗二首,以记其事及答李浙东云:'近有人从海上回,海山深处见楼台。中有仙龛开一室,皆言此待乐天来。'又曰:'吾学空门不学仙,恐君此语是虚传。海山不是吾归处,归即应归兜率天。'⑩然白公脱屣烟埃,投弃轩冕与夫昧昧者固不同也,安知非谪仙哉。"⑪

《逸史》故事中提到的两首诗在白居易作品集中确实存在,白居易在《客有说》题下注中说,"客即李浙东也,所说不能具录其事。"我想事情的真相大概应该是这样:当时白居易在日本的巨大影响力已经开始显现,有一位商人在访问日本时被问及白居易是否还在世,对方还说如果白居易能来日本,当地会为他举办盛大的欢迎仪式,此外还有类似的话。李师稷听到这些后,便把商人的经历改编成了一个典型的道教传说,内容应该大体上与刚翻译的那个故事相似。在这则传说中,日本被描绘为一福祉之岛。我猜想李师稷编就的这则传说应该只是一个雅趣的小品，他无疑已经听说了白居易正病着，编撰这则小品目的是让白居易高兴起来，供他一笑。白居易也以同样轻松的心境写了《客有说》《答客说》两诗。当时道教势头比佛教强劲，而白居易也很乐意有次机会声明他无论如何都不打算放弃佛教。

这时候，白居易的亲家翁皇甫郎中——他的女儿应该是嫁给了龟儿或白居易的其他侄子——要去绛州（山西西南）赴任。白居易到洛阳郊外为他送别。在赠别诗中他说，"娇孙同慰老心情。"⑫这个我翻译为"pretty"的"娇"字是表示喜爱之情的字眼，男女均可适用。不久之后，白居易的女儿罗子又生了一个孩子，这次是个男孩，让白居易很高兴。但"外孙"，也就是女儿的儿子，不是宗族继承人，所以从家庭观念上来看，外孙不如亲孙重要。

840年一月，文宗皇帝去世，在宦官提议下，文宗的一个弟弟继承了皇位，而不是原来正式确定的成美太子。新皇帝登基时二十六岁，历史上称为武宗。合法确定的原太子被取代，这遭到了白居易的姻亲——宰相杨嗣复的强烈反对，因此为武宗宫内外的支持者所敌视。夏天，杨嗣复不再担任宰相，但暂时保留了其他几个高级职务。他在这一时期经常给白居易写信，并曾寄过一首表示乐天知命情怀的诗作，白居易对此非常赞赏：

道行无喜退无忧，舒卷如云得自由。
良冶动时为哲匠，巨川济了作虚舟。
竹亭阴合偏宜夏，水槛风凉不待秋。

遥爱翩翩双紫凤，入同官署出同游。⑬

杨嗣复还送来了大量的礼物，如茶、药品和暖和的衣物；最重要的是他读了并且很欣赏白居易带有自传性质的小品《醉吟先生传》。据白居易说这部作品让所有人都笑了——"醉傅狂言人尽笑"。⑭三个月后，杨嗣复被贬谪到南方，九月，他最大的敌人李德裕成为宰相并一直掌权到白居易去世前不久，这五年是唐朝历史上的多事之秋。

九月二十五日，伴随着香火饮食和管磬歌舞，一座新的藏经楼在洛阳东南的香山寺正式开放。白居易应僧侣之邀撰文记录了它的规划和落成过程（《香山寺新修经藏堂记》）。两个月后，他送给香山寺一部他的诗集，其中汇聚了过去十一年在洛阳写下的作品。他再次为将世俗文字送给佛教寺院致歉，并又一次提及他的"本愿"："愿以今生世俗文字之业，狂言绮语之过，转为将来世世赞佛乘之因，转法轮之缘也。"（上次送文集给苏州南禅院时也说过这样的话。）他还说道："安知我他生不复游是寺，复睹斯文，得宿命通，省今日事，如智大师记灵山于前会，羊叔子识金环于后身者欤？"⑮

840年左右白居易写有四首诗，可以展示他此时的生活理念和状态。这四首诗在他的文集中是排在一起的。第一首题为《自题小园》：

不斗门馆华，不斗林园大。
但斗为主人，一坐十馀载。

> 回看甲乙第，列在都城内。
> 素垣夹朱门，蔼蔼遥相对。
> 主人安在哉，富贵去不回。
> 池乃为鱼凿，林乃为禽栽。
> 何如小园主，拄杖闲即来。
> 亲宾有时会，琴酒连夜开。
> 以此聊自足，不羡大池台。

第二首题为《病中宴坐》：

> 有酒病不饮，有诗慵不吟。
> 头眩罢垂钓，手痹休援琴。
> 竟日悄无事，所居闲且深。
> 外安支离体，中养希夷心。
> 窗户纳秋景，竹木澄夕阴。
> 宴坐小池畔，清风时动襟。

接下来的这首警告人们远离炼金术，是白居易晚年写的众多同类诗作之一。它相当契合当时的情况，因为新皇帝醉心于寻找长生不老药，周围已经聚拢了不少道士。白居易在诗中说，对生活的爱恋是没有极限的，早逝的人羡慕活到中年的人，而后者又羡慕活到老年的人；但是老年人也并不满足，他们必须寻求永生：

> 朝吞太阳精，夕吸秋石髓。
> 徼福反成灾，药误者多矣。
> 以之资嗜欲，又望延甲子。
> 天人阴骘间，亦恐无此理。
> 域中有真道，所说不如此。
> 后身始身存，吾闻诸老氏。⑯

第四首是写给刘禹锡的，时间很有可能是841年，那时白居易的身体状况已经大大改善：

> 前日君家饮，昨日王家宴。
> 今日过我庐，三日三会面。
> 当歌聊自放，对酒交相劝。
> 为我尽一杯，与君发三愿。
> 一愿世清平，二愿身强健。
> 三愿临老头，数与君相见。⑰

刘禹锡应是与白居易同时患病，并且也受到了跛行的困扰。大约在同一时期，白居易写了一首名为《梦上山》的诗：

> 夜梦上嵩山，独携藜杖出。
> 千岩与万壑，游览皆周毕。
> 梦中足不病，健似少年日。
> 既悟神返初，依然旧形质。

> 始知形神内，形病神无疾。
> 形神两是幻，梦寐俱非实。
> 昼行虽蹇涩，夜步颇安逸。
> 昼夜既平分，其间何得失。

在这个阶段，有必要暂时将视线转向一些公共事件。而要讲清楚公共领域发生的事件，也必须离开841年，放眼更广阔的时间段。在过去的二十年里，唐朝的北方邻居回鹘人一直在与黠戛斯进行战争，黠戛斯是一个部落，中心位于叶尼塞河上游萨彦山以北约100英里处，也就是现在的西伯利亚西部。《新唐书》中对黠戛斯人的描绘细致且有趣，说他们"赤发、皙面、绿瞳"。黠戛斯人说的是与回鹘语相似的突厥方言，并使用回鹘文字，但他们信仰萨满教，而不是摩尼教，主要依赖牧业为生，但也从事农业。黠戛斯于840年攻破回鹘汗庭斡耳朵八里（位于鄂尔浑河上游），回鹘此前就在内斗，斡耳朵八里被破后即四散而去。其中人数众多的一支向南迁移到唐朝边境，希望从唐政府那里得到援助。黠戛斯击败回鹘的众多战利品之一是821年嫁给回鹘可汗的唐朝公主。[18]黠戛斯急于与唐朝保持良好关系，遂遣使者护送公主回长安，但在途中被回鹘人劫留。842年冬一个黠戛斯使团抵达长安，第一时间询问公主的情况，在得知事情经过后，表示"上天入地"也要将公主救回。然而在击败回鹘人之后，黠戛斯的势力开始向西南方扩展，似乎再也没有接近过山西边境。

斡耳朵八里被摧毁后，回鹘人一直没有永久的行政中心，他们开始使用公主作为谈判筹码，以期获得黄河弯口东北的一个军镇——振武。唐朝内部有人主张发动战争消灭回鹘，但李德裕认为，"穷鸟入怀，犹当活之"，回鹘现在遇到困难，乘其困而击之是不合适的。他提醒同事们，回鹘曾帮助唐朝平定安史之乱，"今为邻国所破，部落离散，穷无所归，远依天子，无秋毫犯塞，奈何乘其困而击之！"[19]

但是回鹘由于粮食异常匮乏，842年开始不断侵扰唐朝领土。朝廷内反对回鹘的情绪高涨。生活在长安的几百名回鹘人被逮捕处决。[20]到了秋天，唐朝政府决定将回鹘人从边境赶走，并夺回公主。这项复杂精细的任务交给了石雄（？—848），石雄接到的指示是不能正面激战亟攻，以免危及公主安全，唐军要闪击奇袭，如此方能令对方无暇顾及公主，快速退却。回鹘就在振武城外结营驻扎，石雄深夜点燃了放置于城墙周围的火把，并在巨大的鼓声中驱赶大群牛马向回鹘营地冲去。火光明亮、马蹄杂沓、鼓声轰鸣，回鹘措手不及，仓促应战。最终公主被成功救出，并于843年二月二十五日回到长安。

古代军事史中有很多类似的突袭，总是大获成功。但真正出人意料的是，在类似事件发生过无数次之后，突袭仍然奏效。

回长安途中经过山西南部时，石雄射中一只红色鹭鸶。红色是吉祥的颜色；此外，突然出现的红鸟是传说中武王伐纣取得胜利的预兆。844年九月后的某天，石雄当时已经成为兵部尚书，给白居易看了描绘这一场景的画作。白居易写诗称赞石雄"弦抨赤羽火星流"。[21]在白居易晚年作品中，只有极少数与外界时事相关，这首诗是其中之一。

吐蕃在这个时期由于内部纷争实力也大大削弱了。唐朝一些官员提议趁此机会收复在中亚地区的失地。然而李德裕表示反对，认为收复失地后唐朝没有足够的军事力量驻守，即便有军队驻守，后勤供给也是个大问题。他指出，在过去很长一段时间，唐朝北部边境的布防就已经将现有军事力量发挥到了极限。李德裕更注重的是内部改革，当时似乎迎来了最终解决宦官问题的时机。㉒李德裕任淮南节度使（837—840）时，宦官杨钦义为监军。杨钦义现在宫中位居高位，相当赞成限制宦官的权力。844年秋，新颁布的法令规定宦官监军不得干预军政，只能调动少量近侍护卫。845年夏，神策军的宦官将领被要求除去兵权，并将他们指挥的军队并入常规军。左将军杨钦义赞同，但右将军鱼弘志拒绝，这项措施应该没有实施。如读者将会看到的，剥夺宦官军权与另一更著名的事件紧密相关，这就是在845年达到高潮的对佛教的攻击。㉓

本书旨在展示白居易生平事迹，如果给读者详细描述842年至845年佛教遭到的限制与打击，那未免内容过多且喧宾夺主，尤其在本书尾章这么做更不适宜。白居易作为虔诚的佛教徒和众多僧侣的朋友，可以确定他自然不会不关心佛教正在经历的厄运，但由于他晚年的很多诗作都散佚了，我们无法知道他对佛教遭受打击的具体反应，因此灭佛问题与白居易传记的相关性也就变得相当有限。鉴于此，下文只简述那些为限制佛教而采取的措施，以及这些措施会被采纳的原因。842年冬，一位名叫眩玄的和尚声称可以通过"剑轮魔术"击败回鹘，经过测试被发现是个十足的骗子。白居易的朋友"短李"（李绅）春天时已经成为宰相,他提议下令让一些僧尼离开寺庙,回归到世俗生活。这些僧尼包括练习咒术和气功的、从军队中逃脱的(这点就和尚而言)、有妻子家室的,以及不遵守其他戒律的。法令还规定,僧尼有钱物或田地庄园,要将这些财产交给政府,如果想保留,就必须还俗且在未来承担两税徭役。负责管理长安佛教机构的宦官仇士良想办法让法令推迟了几个月实施。但843年初,超过三千名僧尼被还俗,而且法令还规定了僧侣所蓄奴婢的数目,僧仅可留奴一人,尼许留婢二人。

844年冬,很多小寺庙关闭了;年纪大的和尚被转移到大寺庙,而年轻和尚则被开除僧籍。随着一系列措施的出台,"年轻和尚"所指的范围越来越广,到845年夏所有五十岁以下的和尚都被还俗。更加严厉的措施在夏末和初秋出台,到八月份,官方宣布总计已有260,500名和尚与尼姑还俗,以及合计2000名景教徒、祆教徒和摩尼教徒还俗。广袤的良田和150,000名奴隶收归国有。空置寺庙的所有有用之物均被剥夺,僧侣们未能成功隐藏的金属塑像也被熔化铸成钱币。随后又有一道规定颁布,按此规定,洛阳只留下二十名僧人。

这些措施被描绘成主要来自皇帝武宗和他的道教顾问,而不是来自宰相。《旧唐书·李德裕传》中,没有提及任何反佛教的措施。《新唐书》相关内容和《旧唐书》差不多,只是提到有僧人逃到半独立的东北部地区,但没有说僧人逃跑、反佛教措施和李德裕有任何关系。李德裕更像是一位兼容并蓄主义者,而不是严格的道教徒。826年他对江苏茅山一座祠堂内尹子(传说中老子的老师)、老子和孔子的塑像表示出过兴趣。但他也写诗赞美过佛陀的弟子迦叶，以及佛家的"禅床"。他在恭贺皇帝对寺院采取措施的奏疏中明显带有反佛教的语气，这是作为一个好的臣子所必需的，但在这里他再次呈现出兼容主义者的面貌，对儒家传统和早期道教教义都同样深表敬仰。作为宰相，李德裕必然要对灭佛的措施表示赞同（甚至有一些证据表明是他在842年启动了最初的限制措施），但他这样做很可能是出于经济而非宗派考量。限制佛教对于经济和社会意义重大。显然，两千万人口（中央政府管辖区域）无法养活拥有奴婢、土地和各类财产而又不交一分税的三十万的寄生阶级。如果逃兵和罪犯总是能通过遁入空门躲避官府追捕，那么军队就无法维持，法律也无法执行。

如我们所见，从843年到846年去世，白居易这段期间的大部分作品都已遗失。幸存部分没有提及反佛教措施，因此我们只能推测他在这件事情上的态度。我认为，白居易可能总体上赞同早期的措施，甚至可能会赞同那项让五十岁以下僧人还俗的规定（生效于845年四月）。他的僧人朋友中大多数都已超过五十岁。但对于那年晚些时候采取的更为激进的措施，白居易可能会感到震惊。他可能会因艺术品被毁而痛心，也会为失去生活来源的年长的僧人朋友而担心。此外，他也一定会忧虑那三套文集，之前他就是认为佛寺很安全才把它们分藏在三座寺庙之中，现在却出现这样的情况，实在是有些造化弄人的意味。此外，寺庙和尼庵偶尔会提供一些医疗服务，这种服务在845年完全停顿：寺庙依靠出售"悲田"的农产品来维持的医院，在灭佛政策实施后好几个月没有任何供给。直到冬末，人们才找到了替代性的方法。尽管白居易本人衣食无忧，在家生活得很好，但我们可以想象当得知残疾人和病人无人照料时，他内心的痛苦。可惜的是，845年下半年及之后的白居易诗作或其他体裁的作品，没有一篇流传下来。

白居易生命最后几年中发生的大事大致如此。我们已经离开"白居易生平"这个主题很远了，连他生病和部分恢复之后的事情都谈到了。现在我们言归正传，再回到840年与841年之交时期他的个人生活。当时有个人要去江州，白居易让他带上了一首诗，该诗将被题写在庐山草堂的墙壁上，也会展示给东、西二林寺的僧众们：

> 三十年前草堂主，而今虽在鬓如丝。
> 登山寻水应无力，不似江州司马时。
> 渐伏酒魔休放醉，犹残口业未抛诗。
> 君行过到炉峰下，为报东林长老知。㉔

841年，白居易去嵩山看望他的老朋友如满，分别时写下了这首诗：

> 劳师送我下山行，此别何人识此情。
> 我已七旬师九十，当知后会在他生。㉕

如满至少一年后还在世，因为842年春天白居易派了一位画家去为他画像。

六十九岁（按中国算法是七十岁）是公务员退休的年龄。

841年白居易在享受了全薪病假100天之后,以刑部尚书之职致仕,享半薪。退休明显是从下一年起生效。下面这首诗应该作于842年年初,部分内容以非常温和的方式对那些打算在他去世后继承财产的人进行了调侃:

> 达哉达哉白乐天,分司东都十三年。
> 七旬才满冠已挂,半禄未及车先悬。㉖
> 或伴游客春行乐,或随山僧夜坐禅。
> 二年忘却问家事,门庭多草厨少烟。
> 庖童朝告盐米尽,侍婢暮诉衣裳穿。
> 妻孥不悦甥侄闷,而我醉卧方陶然。
> 起来与尔画生计,薄产处置有后先。
> 先卖南坊十亩园,次卖东都五顷田。
> 然后兼卖所居宅,仿佛获缗二三千。
> 半与尔充衣食费,半与吾供酒肉钱。
> 吾今已年七十一,眼昏须白头风眩。
> 但恐此钱用不尽,即先朝露归夜泉。
> 未归且住亦不恶,饥餐乐饮安稳眠。
> 死生无可无不可,达哉达哉白乐天。㉗

白居易当时身体恢复得不错,甚至有去江东再次品尝"鲈鱼莼菜"的念头。㉘但病情似乎后来又有反复,841年末他寄诗给河南尹卢贞,当时卢贞正在举行宴会以送别旧的一年:

荣闹兴多嫌昼短，衰闲睡少觉明迟。
当君秉烛衔杯夜，是我停灯服药时。
枕上愁吟堪发病，府中欢笑胜寻医。
明朝强出须谋乐，不拟车公更拟谁？㉙

白居易成功地"隐"于洛阳直到为官生涯结束，但从他生命最后几年写的几首诗中可以看出，他也在反思自己是否有些过于谨慎了。的确，因为坚决不与任何党派站到一起，他成功避免了很多朋友经历的灾难。他没有被拉到"独柳"行刑，㉚也没有到岭南或海角的疫病肆虐的蛮荒之地受苦。但尽管他躲掉了这些苦难，尽管他声望很高，他的官宦生涯并不能说成功。与他同期的翰林学士（裴垍、王涯、杜元颖、崔群、李绛）最后都做到了宰相。诚然，李绛被刺杀，王涯在835年甘露之变中被宦官所杀，但另外三位虽然都经历了宦海浮沉，到底是寿终正寝。而产生过哪怕一位宰相的家族都会被永久提升到一个特殊的社会阶层。从白居易几篇作品中可以明显看出，他有时也会想，不为他自己，而是为了家族的荣誉，他是否也应该冒险当一回宰相。在他的姻亲掌权时，他出任宰相应该是很有条件的。一则故事这样说，白居易的一个侄子有一次问他，为何他在翰林院的同事都当了宰相，唯独白家没有这份荣耀，白居易笑着答道："汝少以待！"㉛841年白居易从弟白敏中在洛阳待了一段时间，相处过程中白居易看出他既有能力也有志向给家族带来这项荣誉。事实也确实如此，在白居易去世前三个月，白敏中拜相，将白氏提升到中国统治阶级的最高阶层。这情形和元稹的一样，元稹822年拜相，虽然任期很短，元家地位却大为提升。

白居易远害全身，但代价不小。他本人也认识到了这一点，下面这首《洞中蝙蝠》体现得最为清晰。需要先解释一下，当时人们普遍认为千年鼠会长出翅膀化为蝙蝠：

> 千年鼠化白蝙蝠，黑洞深藏避网罗。
> 远害全身诚得计，一生幽暗又如何。

842 年七月，刘禹锡去世。元稹去世之后，刘禹锡成为白居易最亲密的朋友。白居易写道："岂无晚岁新相识，相识面亲心不亲。人生莫羡苦长命，命长感旧多悲辛。"㉜这首诗应该是作于 843 年，大约同一时间还有这首《题石泉》：

> 殷勤傍石绕泉行，不说何人知我情。
> 渐恐耳聋兼眼暗，听泉看石不分明。

844 年，白居易写的诗流传至今的不到十二首，其中很少提到疾病。他似乎精神状态很好，说这是他一生中最快乐的时光，自己是洛阳最幸福之人。牛僧孺 842 年到 844 年冬担任东都留守，白居易喜欢和他回忆过去的时光。㉝当初白居易和元稹常常向牛僧孺寻求政治建议，某天觥筹交错之后，他笑着再次向牛僧孺咨询：

> 抖擞尘缨拎白须，半酣扶起问司徒。

不知诏下悬车后,醉舞狂歌有例无。㉞

回顾自己的为官历程,白居易写道:"历想为官日,无如刺史时。欢娱接宾客,饱暖及妻儿。自到东都后,安闲更得宜。分司胜刺史,致仕胜分司。"㉟

在另外一首诗(作于844年)中他说:

诗章人与传千首,寿命天教过七旬。
点检一生徼倖事,东都除我更无人。㊱

在写下"诗章人与传千首"时,他可能想到了杜甫等诗人,人们认为杜甫的诗只有一小部分留存了下来,用韩愈的话说就是"流落人间者,太山一毫芒"。㊲

844年,经白居易提议,悲智院僧人们拓宽了洛水(洛阳就是因为洛水而得名)支流伊水的一段危险的河滩:"东都龙门潭之南有八节滩、九峭石,船筏过此,例反破伤。舟人楫师,推挽束缚,大寒之月,裸跣水中,饥冻有声闻于终夜。予尝有愿,力及则救之。会昌四年,有悲智僧道遇适同发心,经营开凿,贫者出力,仁者施财。呜呼!从古有碍之险,未来无穷之苦,忽乎一旦尽除去之。"㊳

在佛教饱受攻击之时,僧人们以实际行动证明他们的存在对社会偶尔会有些实实在在的作用,白居易应该很高兴看到这一点。

可能在这一年,当然也可能是在843年至846年期间,白居易写下《禽虫十二章》。他长期以来一直在写这种小品，有时是为了警告自己勿要贪婪或有其他老年的恶习，有时只是为了一笑而已。元稹和刘禹锡都写过类似的题材，对此很有兴趣。"顷如此作，多与故人微之、梦得共之……今则独吟，想二君在目，能无恨乎。"（"序"）《禽虫十二章》有很多佛典道经中的语言，以及涉及鸟兽习性的内容，白居易对其中一些加了自注。其中有几首应当与时事有关。例如：

> 蟏蛸网上胃蜉蝣，反覆相持死始休。
> 何异浮生临老日，一弹指顷报恩雠。㊴

这首诗明显指的是李德裕和牛僧孺之间已拉锯了近四分之一个世纪的政治斗争。844 年冬天时李德裕五十七岁，牛僧孺六十五岁。李德裕本可以让他的老对头在洛阳平稳度过余生，但却先将牛僧孺赶到半蛮荒之地的福建汀州，随后（十一月时）又将他赶到数百英里以南的广东循州。还有一首也与时事有关，白居易在自注中说："有所悲也"。

> 兽中刀鎗多怒吼，鸟遭罗弋尽哀鸣。
> 羔羊口在缘何事，闇死屠门无一声。㊵

毫无疑问，这首诗也是有所指的；白居易的自注也说明了这一点。诗中默默接受命运的羔羊是谁或者说是什么呢？我推测这里想说的很可能是佛教僧侣生活的实质性消亡。当时有很多富有影响力和声望的高僧，也有不少位高权重的教外支持者。但据我们现在掌握的情况来看，除了偏远地区的一些军阀为佛教说过几句话，就再没有捍卫佛教的声音了。我的推测是，这首诗是白居易唯一一次在诗文中提及反佛教措施，但我不确定我的推测就是正确的。

接下来的这首诗提到了一种流行的观点：在十天一循环的周期中，燕子从不在第五或第六天筑巢；喜鹊则从不在岁星（木星）升起时筑巢。这首诗显然没有什么隐藏的深意：

> 燕违戊己鹊避岁，兹事因何羽族知？
> 疑有凤王颁鸟历，一时一日不参差。[41]

845年三月二十一日，白居易为六位七十岁以上的老人举办宴会。出于礼貌，河南尹和另一位高官尽管没有到七十岁，也受到了邀请。如果我们从字面上理解这首诗中的一句，会发现白居易当时五岁的一个孙辈也在场：

> 岿峨狂歌教婢拍，婆娑醉舞遣孙扶。[42]

宴会中白居易最感兴趣的嘉宾应该是八十一岁的卢真。数年前卢真到洛阳时曾给白居易展示过自己的诗集，其中很多首都是写给元稹的，白居易很受触动。元稹和卢真应该是804年熟络起来的。809年他们都失去了妻子，共同的悲痛让两人关系更加紧密，此后很多年都有通信往来。

845年五月一日，白居易在自编文集的结尾写下了这样一段文字：

> 白氏前著《长庆集》五十卷，元微之为序，《后集》二十卷，自为序。今又《续后集》五卷，自为记。前后七十五卷，诗笔大小凡三千八百四十首。集有五本，一本在庐山东林寺经藏院，一本在苏州南禅寺经藏内，一本在东都胜善寺钵塔院律库楼，一本付侄龟郎，一本付外孙谈阁童，各藏于家，传于后。其日本新罗诸国及两京人家传写者，不在此记。又有《元白唱和》《因继集》共十七卷，《刘白唱和集》五卷，《洛下游赏宴集》十卷，其文尽在大集内录出，别行于时。若集内无而假名流传者，皆谬为耳。㊸

如我们所看到的，白居易在文中提及日本流传有他的文集。我此前也提到白居易在日本非常受欢迎，在前文那个旅行者的故事中，白居易同样被描绘成东方某神奇岛屿所殷勤期待的贵客。我们不确定他的诗作何时传至日本。㊹但特别巧合的是，就在白居易写下《白氏长庆集后序》的这一天，日本来华高僧慈觉将白居易文集装入行李中，化装成平民逃离长安，一两周后经过了洛阳。在未来几个世纪的日本，"文集"或不加任何修饰的"集"就是特指白居易的诗文集。日本文学中也特别多地提及白居易诗文。比如《源氏物语》的作者紫式部在她的日记中告诉我们，尽管当时对女性学习汉语存有偏见，但"从前年夏天开始，周围无人之时，我会与皇后偷偷阅读两本歌集。当然，这不是正式的课程，皇后只是随意地选自己喜欢的，东学一点，西学一点。不过，尽管如此，我认为此事最好还是不要向任何人提及。"紫式部是宫廷侍女，她与皇后一起阅读的正是白居易的诗，相关作品收录在今天通行的白居易诗文集的第三、四卷。

《源氏物语》中引用的大量中国诗歌要么来自白居易，要么来自白居易的朋友元稹和刘禹锡。而中国八世纪的伟大诗人要到很晚才为日本人所知。李白的作品在九世纪末被提及，但流传仅限于很小的范围。杜甫则要晚至十四世纪。前文那个旅行者的故事中说，海岛当地人为白居易准备了一个特别的院宇，这至少象征着他在日本文学中无可取代的位置。

毫无疑问，白居易生命最后阶段的最重要事件是他的从弟白敏中成为了宰相，这不仅对他本人，而且对整个家族都影响巨大。为了理解这是如何发生的，我们必须再次审视他生命最后两年的政治局势。大约在 840 年，回鹘和吐蕃几乎同时衰落，宦官的地位也由此大为削弱。因为随着回鹘和吐蕃力量减弱，唐朝北部和西部边境驻扎的军队即可减少，宦官领导的两支神策军的力量相对于常规部队也就下降了。到了 845 年，人们开始普遍反对李德裕的大权独揽，对他共同的敌意将宦官和朝廷文官暂时联合了起来。武宗对李德裕言听计从，但身体状况却在下降，因为年轻一辈中没有合适人选，拟定继位者是武宗的叔叔光王。李德裕的敌人——他们的领袖为白敏中，同时也有宦官的支持——因此希望光王能为己所用。光王出生于 810 年，是宪宗皇帝的第十三子。他年幼时被认为有些迟钝，大概十二岁时生了场大病，期间忽然"光辉烛身"（这个故事确实是这么说的），他立即从床上坐起,"正身拱揖,如对臣僚"。照顾他的乳媪以为他精神错乱了,找来他的哥哥穆宗,穆宗看过后,只是轻拍他的后背,并说道:"此吾家英物,非心恙也。"㊺光王沉默寡言,内心想法不形诸外表。在武宗(841—846)时期,"让光叔开口说话"成为一项受欢迎的娱乐。光王登基后(武宗薨于846年三月),人们明显感觉到,这种巨大的沉默之下隐藏着强有力的决心。作为皇帝,"光叔"立即开始清除旧政权。四月,他就将李德裕及其主要支持者调到地方任职,并任命白敏中为宰相;不久被外放的李德裕的对手,其中包括白居易的朋友牛僧孺,被召回到京城附近担任职务。道士赵归真被处决,他在反佛教中发挥过重要作用,很多道教领袖被流放。五月,反佛教措施被正式撤掉,不过在武宗去世时,它们实际上就已经停止了。

在生命的最后阶段,白居易目睹了政治钟摆的最后一次摆动。各种形式的政治报复一直延续到了唐朝覆亡,但是中国政治史上最长且最著名的宿怨已经结束。牛僧孺847年去世,白居易姻亲杨氏家族的最后一位成员似乎在同一时间去世。李德裕849年去世,地点在最令人畏惧的海南岛的崖州。

846年新年第一周,吃着盘蔬饼饵,白居易想到了朋友牛僧孺、杨嗣复和李珏,他们那时都在贬谪地。如果能看到"洛阳春",估计这些朋友用什么来交换都愿意。㊻大好春光不善加利用,那就太辜负它了。尽管家人忧虑白居易的身体承受不住反对他出门,他依然一场宴饮接着另一场宴饮,一次欢游接着另一次欢游。在下面这首诗中,他提及暖和的衣服和火炉,应该是写于当年秋天:

置榻素屏下，移炉青帐前。

书听孙子读，汤看侍儿煎。

走笔还诗债，抽衣当药钱。

支分闲事了，爬背向阳眠。㊼

846年的两三首诗是他最后留存下来的作品。关于他去世的情况，我们只知道时间是846年八月，其他则一片空白。白居易曾说，"凡平生所慕、所感、所得、所丧、所经、所逼、所通，一事一物已上，布在文集中，开卷而尽可知也。"㊽确实如他所言，他的生平经历全部在他的诗文之中。诗文不再有，正如时钟之停止走动，记录便也不再有了。㊾

注　释

① 《病中诗十五首·病中五绝其二》。
② 《病中诗十五首·病中五绝其五》。
③ 《病中诗十五首·送嵩客》。
④ 关于垓下之战，参见《史记》卷七《项羽本纪》。——韦利原注
⑤ 《春尽日宴罢感事独吟》。
⑥ 《对酒有怀寄李十九郎中》。
⑦ 《酬梦得见喜疾瘳》。
⑧ 《画西方帧记》。
⑨ 这则有趣的故事收入《太平广记》卷第四十八；《逸史》的作者可能是卢肇（820—880）。——韦利原注
⑩ 空门指佛教；兜率天是未来成佛的弥勒所住的天界。——韦利原注
⑪ 文中所引白居易二诗分别是《客有说》《答客说》。《逸史》已逸，但《逸史》中这部分内容为《太平广记》所引用保留，见《太平广记》卷第

四十八。
⑫《皇甫郎中亲家翁赴任绛州宴送出城赠别》。
⑬《和杨尚书罢相后夏日游永安水亭兼招本曹杨侍郎同行》。
⑭《继之尚书自余病来寄遗非一又蒙览醉吟先生传题诗以美之今以此篇用伸酬谢》。
⑮《香山寺白氏洛中集记》。智大师指智顗(538—597),天台宗的实际创始人,其生平事迹详见道宣《续高僧传》卷十七《智顗传》;羊叔子指羊祜(221—278),西晋时期的政治家,他识金环的故事见《晋书·羊祜传》。
⑯《戒药》。"吾闻诸老氏",参见《老子》七章:"是以圣人后其身而身先,外其身而身存"。——韦利原注
⑰《赠梦得》。
⑱ 这里的回鹘可汗指回鹘的崇德可汗,公主指唐穆宗之妹太和公主,太和公主于821年出嫁回鹘崇德可汗。
⑲《资治通鉴》卷二百四十六武宗上。——韦利原注
⑳ 处决长安和其他地方的回鹘人,只有圆仁《入唐求法巡礼行记》中有记录。——韦利原注
㉑《河阳石尚书破回鹘迎贵主过上党射鹭鸶绘画为图猥蒙见示称叹不足以诗美之》。
㉒ 圆仁《入唐求法巡礼行记》对宦官被剥夺神策军指挥权有描述。——韦利原注
㉓ 以上关于灭佛措施的描述,主要参考了《入唐求法巡礼行记》。——韦利原注
㉔《寄题庐山旧草堂兼呈二林寺道侣》。白居易自注:"此诗凭钱知进侍御往题草堂中也。"
㉕《山下留别佛光和尚》。
㉖ "冠"和"车"是官位的象征。——韦利原注
㉗《达哉乐天行》。
㉘《偶吟》。

㉙《岁暮夜长病中灯下闻卢尹夜宴以诗戏之且为来日张本也》。车公指车胤,《世说新语·识鉴》刘孝标注引《续晋阳秋》:"胤既博学多闻,又善于激赏。当时每有盛坐,胤必同之,皆云'无车公不乐'。太傅谢公游集之日,开筵以待之。"——韦利原注

㉚ 独柳是唐代长安刑场。

㉛ 李商隐《刑部尚书致仕赠尚书右仆射太原白公墓碑铭》。可以比较白居易诗《李留守相公见过池上泛舟举酒话及翰林旧事因成四韵以献之》,特别是其中"同时六学士,五相一渔翁"这一句。——韦利原注

㉜《感旧》。

㉝ 843年白居易写的《太湖石记》被刻在牛僧孺花园的石头上。——韦利原注

㉞《戏问牛司徒》。

㉟《偶作寄朗之》。

㊱《狂吟七言十四韵》。

㊲ 韩愈《调张籍》。这是带有夸张的说法,杜甫存诗也有千余首。韩诗全文如下:"李杜文章在,光焰万丈长。不知群儿愚,那用故谤伤?蚍蜉撼大树,可笑不自量。伊我生其后,举颈遥相望。夜梦多见之,昼思反微茫。徒观斧凿痕,不瞩治水航。想当施手时,巨刃磨天扬。垠崖划崩豁,乾坤摆雷硠。惟此两夫子,家居率荒凉。帝欲长吟哦,故遣起且僵。翦翎送笼中,使看百鸟翔。平生千万篇,金薤垂琳琅。仙官敕六丁,雷电下取将。流落人间者,太山一毫芒。我愿生两翅,捕逐出八荒。精诚忽交通,百怪入我肠。刺手拔鲸牙,举瓢酌天浆。腾身跨汗漫,不著织女襄。顾语地上友,经营无太忙。乞君飞霞佩,与我高颉颃。"

㊳《开龙门八节石滩诗二首(并序)》。

㊴《禽虫十二章·其八》。

㊵《禽虫十二章·其六》。

㊶《禽虫十二章·其一》。

㊷《胡吉郑刘卢张等六贤皆多年寿予亦次焉偶于弊居合成尚齿之会七老相顾既醉且欢静而思之此会稀有因成七言六韵以纪之传好事者》。

㊸ 《白氏长庆集后序》。

㊹ 肯定不晚于838年。——韦利原注

㊺ 详见《旧唐书》卷十八下宣宗纪。

㊻ 《六年立春日人日作》。

㊼ 《自咏老身示诸家属》。

㊽ 《醉吟先生墓志铭（并序）》。

㊾ 目前白居易文集最全的那波道园本（1618年日本活字复宋刻本）包含3578篇作品。考虑到1618年版本中可能有一两篇没有收录，白居易被丢失的作品（诗歌和散文）约为260篇。72卷至75卷全部丢失，71卷也显然不全。著名政治家陶穀（903—970）在写于953年的《龙门重修白乐天影堂记》中说白氏文集为70卷，陶是翰林学士，又曾任职集贤院，从其文章可知他对白氏文集非常熟悉，他说"70卷"是确切数字，而不只是为了凑个整数。可见白氏文集在首次印刷之前，后五卷到十世纪中期时已经丢失，或难得一见。《旧唐书》和《新唐书》白居易传中说白氏文集为75卷，可能只是套用白居易本人的说法，而不是这些史书的编者见到过75卷本。白居易送给寺院的文集很可能在845年和尚们隐藏宝物时丢失了，龟儿及其孙辈保存的文集很可能在黄巢起义（881—883）时长安大火中被焚毁。我们知道，当李克用883年收复长安时，基本没有房屋留存了。白居易的妻子是849年前往长安的，其他家庭成员和她一同前往。——韦利原注

译后记

《白居易的生平与时代》（The Life and Times of Po Chu-I）是西方第一部以诗文为史料的中国作家传记，如果不拘泥于原作标题，译为《白居易诗传》未尝不可。该书1949年出版后立刻成为汉学经典，影响深远，此后如洪业（William Hung）《杜甫：中国最伟大的诗人》（Tu Fu, China's Greatest Poet, 1952）等一系列著作都是步其后尘。

本书作者韦利（Arthur Waley, 1889—1966）是二十世纪英国最杰出的汉学家和翻译家，著译等身。白居易之后，他继而推出了有关李白（The Poetry and Career of Li Po, 1950）和袁枚（Yuan Mei: Eighteenth Century Chinese Poet, 1956）的两部作品。在前后三部诗人传记当中，《白居易的生平与时代》被公认为最佳，也被不少学者视为韦利所有汉学成果中的代表作。李白、袁枚后来都有西文研究著作问世，《白居易的生平与时代》却一直无以为继，问世近八十年后仍然是关于白居易的唯一刊行和广泛阅读的西文专书，这或许最好地说明了它难以超越、无可替代的学术价值。

韦利从接触中国诗歌伊始就高度关注白居易，1918年他出版了好评如潮的《汉诗170首》（A Hundred and Seventy Chinese

Poems），该书分为两部分，第一部分是历代诗歌，第二部分则全部是白居易诗作，共六十首。次年他推出《汉诗增译》（More Translations From the Chinese），又收入了白居易诗作五十余首。除了最为集中的这两处，韦利的白诗翻译还散见于其他作品，如《废琴》《村居卧病》《叹老》三篇，作为最初的尝试收入他第一部译著《中国诗选》（Chinese Poems, 1916）。1920年代后期，韦利将研究重点转向了先秦文献，此前他总共翻译了约一百三十首白居易诗歌，蔚为大观，这也为他时隔二十年重新回到这一课题奠定了良好的基础。

韦利本身是诗人，英文造诣深厚、文笔活泼优雅，这是一般汉学家难以企及的。《白居易的生平与时代》最显明地体现了这一点。为了雅俗共赏，特别是让普通读者产生兴味，韦利可谓煞费苦心，他在"前言"中指出，自己面临的一大困难是如何让读者不被过多的人物关系所困扰，"中国人的名字很难记住，特别是那些面目模糊的，对于白居易亲朋好友中个性鲜明的，我给予了重点描述，而那些不太鲜明的则做了简单化处理和适当删减，特别是他妻子杨家的七八个亲戚，虽然关于他们有不少轶事，但我感觉难以给读者留下清晰和有趣的印象"。在删减的同时，他突出了和白居易关系密切的人物，特别是交游唱和的友人，如元稹、刘禹锡、崔玄亮、李建等。这一方面是将白居易的生平和创作放在更大的脉络中来考察，凸显书名中"时代"的内涵，另一方面也基于韦利对中国古代诗人的认识：极重友情。书名中"时代"的内涵还体现在韦利对于白居易所处中唐政治、经济、文化状况的论述，其中含有不少引人入胜的细节，如宫廷道教、监狱管理、官员工资、国家和地方祭祀活动、《霓裳羽衣曲》、"司马"职位的由来和性质，等等。这些看似轻松的内容背后，是韦利多年枯灯黄卷的广泛阅读和深厚积累。

本书根据 THE LIFE AND TIMES OF PO CHU-I 772-846 A. D.（London: George Allen & Unwin Ltd, 1949）译出。正文十四章，每章论述白居易生平的一个时期，如第一章是出生 772 年至 800 年，第二章是 800 年至 805 年。原文无章节标题，为了方便阅读，译文予以增加。第一至九章由顾钧翻译，第十至十四章由陶欣尤翻译，顾钧负责统稿。

作为"广大教化主"，白居易"诗名流播鸡林远"，唐代以来一直被日本奉若神明。《白居易的生平与时代》早在 1987 年就由花房英树翻译成日文出版（东京：みすず书房），是本次汉译的重要参考。韦利在西方汉学界声名显赫，但其众多著作罕见中译本，希望本书成为一个有益的开端。

感谢华文出版社包岩社长、国际儒联出版委员会吴浩主任的多方关照，感谢责任编辑吴文娟的辛勤工作。希望这本小书能对白居易和唐代文学研究起到一点推动作用，对于其中的疏漏之处，也期盼着专家和读者的批评与指正。

顾　钧

2024 年 11 月 12 日